# La Gauche et le peuple

Jacques Julliard
Jean-Claude Michéa

# La Gauche et le peuple

## Lettres croisées

Flammarion

## Dernières parutions de Jacques Julliard

*Les Gauches françaises (1762-2012) : figures et paroles* (avec Grégoire Franconie), Flammarion, Champs, 2014.

*Le Choc Simone Weil*, Flammarion, 2014.

*Les Gauches françaises (1762-2012) : histoire et politique*, Flammarion, Champs, 2013.

*Pour repartir du pied gauche*, Flammarion-*Libération*, 2010.

*La Reine du monde : essai sur la démocratie d'opinion*, Flammarion, 2008 ; Champs, 2009.

*Le Choix de Pascal : entretiens avec Benoît Chantre*, Desclée de Brouwer, 2003 ; Flammarion, Champs, 2008.

*L'Argent, Dieu et le diable : Péguy, Bernanos, Claudel face au monde moderne*, Flammarion, 2008.

*Le Malheur français*, Flammarion, 2005.

*Que sont les grands hommes devenus ? : essai sur la démocratie charismatique*, Saint-Simon, 2004 ; Perrin, Tempus, 2010.

*Rupture dans la civilisation : le révélateur irakien*, Gallimard, 2003.

*La Mort du roi : autour de François Mitterrand. Essai d'ethnographie comparée* (dir.), Gallimard, 1999.

## Dernières parutions de Jean-Claude Michéa

*Le plus beau but était une passe*, 2014.

*Les Mystères de la gauche*, 2013.

*Le Complexe d'Orphée*, 2011.

*La Double Pensée*, « Champs », 2009.

*L'Empire du moindre mal*, Climats, 2007.

*Orwell éducateur*, Climats, 2003.

*Impasse Adam Smith*, Climats, 2002 ; réédition « Champs », 2006.

*Orwell anarchiste tory*, Climats, 1995, nouvelle édition 2000.

*L'Enseignement de l'ignorance*, Climats, 1999, nouvelle édition 2006.

*Les intellectuels, le peuple et le ballon rond*, Climats, 1998, nouvelles éditions 2003 et 2010.

*Les Valeurs de l'homme contemporain* (avec Alain Finkielkraut et Pascal Bruckner), éditions du Tricorne-France culture, 2001.

ISBN : 9782081313132

*Jacques Julliard à Jean-Claude Michéa*

*Octobre 2013*

Cher Jean-Claude Michéa,

Il y a longtemps que je voulais vous écrire.

J'ai lu la plupart de vos livres à mesure qu'ils paraissaient, et mon sentiment premier a été chaque fois l'admiration pour votre originalité intellectuelle – vous êtes inclassable – et pour le courage solitaire qu'ils supposaient : à l'écart des modes, et même des contre-modes. Pour avoir renoncé à la tentation d'être central, vous ne cédez pas non plus à celle de l'excentricité, histoire de vous faire pardonner.

Quant au fond, je suis constamment partagé entre la connivence et l'objection. Connivence, parce que nous partageons les mêmes allergies, les mêmes refus. Vous me l'avez du reste confirmé lors de notre unique rencontre, dans un studio de France Culture. « Je vous lis, m'avez-vous dit, je consonne avec tout ce que vous écrivez. Jusqu'au moment où se produit le déraillement. Tout à coup, je m'aperçois que je ne vous suis plus. » En gros, si je vous ai bien compris, lorsque je passe de la critique libertaire du capitalisme consumériste à l'arsenal intellectuel de feu la deuxième gauche, avec tout ce qu'il suppose de concessions et de complicité avec l'ennemi.

Permettez-moi de vous retourner le compliment. J'applaudis, avec souvent une pointe de jalousie, à votre critique féroce de ce capitalisme consumériste, sous les doubles espèces de la production et de la consommation : l'alliance, en somme, des pages saumon du *Figaro* et des pages arc-en-ciel de *Libération*. Vous y voyez, non sans raison, le triomphe du capitalisme moderne, du « capitalisme absolu » dites-vous, puisqu'il est parvenu à faire des prisonniers en plein cœur du camp adverse, là où l'individualisme libertaire compose avec la dépersonnalisation libérale de nos sociétés. Et puis, à un moment donné, je m'aperçois que je ne vous suis plus, que vous m'avez laissé en plan, solitaire et déconcerté, en pleine campagne. Ce moment est celui où vous passez de la critique implacable de ce capitalisme absolu à l'espérance éperdue dans les capacités de résistance et d'invention du peuple. Car j'ai beau chercher, votre peuple, je ne le trouve pas. Et dire que c'est moi qui passe pour le plus « péguyste » de nous deux ! Enfin, nous en reparlerons.

Quand, au printemps dernier, vous avez publié *Les Mystères de la gauche, de l'idéal des Lumières au triomphe du capitalisme absolu*, je me suis fait réflexion qu'à partir de ce livre passionnant, nos points d'accord et de désaccord dépassaient l'espace de nos modestes personnes et qu'ils posaient un problème central dans la société. Je l'ai formulé comme suit, et vous avez bien voulu accepter de faire de cette question le fil conducteur de notre échange épistolaire : « Le peuple est-il de gauche ? »

## *Première lettre*

Attention ! Vous n'êtes pas le peuple, je ne suis pas la gauche ! Partir sur cette convention constituerait la plus mauvaise base pour notre débat. Convenons plutôt que dans cette affaire, chacun de nous est assez sensible au point de vue de l'autre pour admettre que ce dernier puisse, au moins implicitement, faire la part belle au sien propre. Vous n'avez pas, j'en suis sûr, la prétention de représenter le peuple à vous tout seul, ni même de vous instituer son porte-parole autorisé. Quant à moi, à chaque moment de ma vie, la gauche officielle, la gauche régnante a toujours marqué suffisamment de distance à mon égard pour m'ôter toute tentation de la représenter. Je lui en aurai toujours une gratitude infinie, car en refusant de me reconnaître à part entière comme l'un des siens, elle a fait de moi un homme libre.

Si vous trouvez que j'exagère, voici une petite anecdote que je crois significative. Quand j'ai publié, en septembre 2012, une *Histoire des gauches françaises* plutôt volumineuse, j'ai eu le plaisir d'être invité pour m'en expliquer dans les milieux les plus divers. À Normale Sup, à Sciences-Po, chez les catholiques et les francs-maçons, à droite, au centre gauche et à l'extrême gauche. Devinez de quel lieu je n'ai reçu aucun signe de vie ? De la rue de Solférino, bien entendu ! Cela n'a pas empêché certains socialistes de réagir à titre individuel, comme Guillaume Bachelay et Alain Bergounioux. Et même François Hollande, à titre de président. Mais le PS en tant que tel n'a pas paru intéressé. Chers socialistes ! Ils ont souvent été critiqués dans le passé pour leur hyper-intellectualisme, leur tendance à l'abstraction. Ce n'est pas un reproche que je leur ferais aujourd'hui, loin de là ! Il y a longtemps que le parti de Jaurès et de Blum, de Mitterrand et de Rocard, a cessé d'aspirer au titre de parti de l'Intelligence.

Mais je me laisse entraîner à ce qui viendra à son heure dans notre débat.

J'ai quatre questions à vous poser, ou plutôt, quatre sujets dont je voudrais débattre avec vous, étant entendu que, dans un échange de ce genre, l'essentiel n'est pas d'avoir raison de son interlocuteur et de triompher de ses objections, mais de faire avancer le problème posé. Celui-ci, je le répète, est central pour l'avenir du pays. Le fossé entre le peuple et ses représentants ne cesse de se creuser, au point de menacer aujourd'hui les bases du pacte démocratique, et de laisser la porte ouverte à toutes les aventures. Certes, ce fossé a toujours existé. Il est constitutif de la démocratie représentative, où il y a des représentants et des représentés. La parfaite communication entre les deux, l'équivalent de ce que les mathématiciens appellent une relation transitive, est par nature impossible. Serait-elle même souhaitable, dans la mesure où elle supposerait la réduction du représentant à l'état de boîte aux lettres anonyme, neutre et sans importance ? Mais il est de fait que le fameux fossé est devenu un gouffre, dès lors que les deux parties tendent à s'ignorer réciproquement. Non seulement le citoyen ne veut plus rien savoir de ses représentants, mais on peut se demander s'il sait encore qu'il a des représentants. Les principes de cette démocratie représentative sont plus ignorés, plus méprisés que ceux de la monarchie absolue à la fin de l'Ancien Régime. Voilà, je crois, la justification profonde de notre débat.

Alors, mes quatre questions, les voici :

1. Quand le peuple et la gauche ont-ils été unis ? Non pas confondus, mais unis ? Vous pensez que c'est au XX^e siècle, moi je pense que c'est au XIX^e.

2. Qu'est-ce que le peuple en 2013 ? Au-delà des distinctions classiques entre le peuple conçu comme l'ensemble des citoyens (*populus*) et le peuple conçu comme la partie la plus plébéienne de la société (*plebs*), la question est de savoir si un peuple en tant que tel existe toujours, quand l'individualisme propagé par le capitalisme moderne tend à dissoudre toute collectivité, ses traditions, son vouloir, et jusqu'à son identité ?

3. Quelle est la nature du divorce actuel entre le peuple et les milieux dirigeants ? La distinction qui tend à s'imposer entre le social, conçu comme conséquence du statut économique des gens, et le sociétal, conçu comme conséquence de leur statut culturel, n'est-elle pas la ruse suprême du capitalisme ?

4. Sur quoi repose aujourd'hui la différenciation sociétale, qui impose la domination culturelle des classes dominantes sur les classes dominées ? La culture « bobo » est-elle un avatar de la culture occidentale, et notamment de l'ère des Lumières, ou au contraire la négation même de l'idée de culture, avec ce qu'elle implique de travail de soi sur soi, ou comme disait Fernand Pelloutier, de la culture de soi-même ?

Voilà. Je suis convaincu que vous avez d'autres questions à soulever, et que la dynamique du débat ne tardera pas à enrichir une problématique un peu trop abstraite et systématique, j'en ai conscience.

Permettez-moi d'user de ma position d'interpellateur, et sans perdre de temps d'aborder la première question, en vérité la moins importante mais, dans l'immédiat, celle qui nous divise le plus.

Pour vous, l'acte de naissance de la gauche moderne, fruit d'un compromis historique entre le mouvement ouvrier et les partis de la gauche bourgeoise, c'est, en 1899, sous le coup des menaces que les anti-dreyfusards font courir à la République, la constitution du gouvernement Waldeck-Rousseau, qui comprend à la fois le socialiste Millerand et le marquis de Galliffet, le fusilleur des Communards. Le résultat, c'est la dissolution du mouvement ouvrier dans un vaste et vague « camp du Progrès ».

Cette alliance bancale durera jusqu'aux années 1970, lorsque la gauche bourgeoise se convainc qu'il n'y a pas d'alternative au capitalisme libéral. En un mot, la gauche est pour vous un phénomène tardif et provisoire, coincée qu'elle est entre la « Défense républicaine » du début du XXe siècle et le néolibéralisme enfin débarrassé de la concurrence soviétique : un phénomène du XXe siècle exclusivement.

Je prétends à peu près le contraire. Je pense que l'alliance du peuple et de la bourgeoisie progressiste est le grand fait politique et social du XIXe siècle, que l'irruption du bolchevisme a fait voler en éclats.

Au moins sommes-nous d'accord sur un point : c'est que cette alliance est aujourd'hui bancale, en voie de disparition.

Mais avant de vous faire valoir mes raisons, cet avertissement au lecteur. Il ne s'agit pas d'instituer entre nous une querelle d'historiens ou de spécialistes du mouvement ouvrier, puisque après tout, si nous sommes en désaccord sur le point de départ, nous nous retrouvons quant au point d'arrivée.

Le point important, qui fait débat entre nous, c'est que vous paraissez refuser que le peuple, et spécialement le peuple ouvrier, ait jamais pu être touché par l'aile du Progrès et la philosophie des Lumières. Cette idée me choque. Réserver le monopole de l'idée de progrès à la bourgeoisie me paraît non seulement désobligeant pour les classes populaires, mais historiquement inexact.

Je vous accorde que c'est le cas au XVIII^e^ siècle où l'accès à la science, et à la philosophie progressiste qui en résulte à partir de Turgot et de Condorcet, est le fait des classes dominantes, bourgeoisie et aristocratie. Mais la Révolution change la donne. Le pacte passé entre la bourgeoisie éclairée et les diverses couches du peuple n'est pas seulement politique, il est d'abord culturel. C'est l'idée qu'il y a un avenir commun possible entre toutes les classes de la société, et que cet avenir repose sur le développement des sciences et des techniques. L'idéal encyclopédique de Condorcet et de Diderot n'est pas seulement scientifique, il a une dimension sociale qui se concrétise dans la philosophie de l'Histoire du premier.

Réduite à ses grandes lignes, celle-ci se décompose ainsi : le progrès scientifique produit le progrès technique, qui à son tour permet le progrès social, qui ouvre la voie au progrès moral d'une humanité réunifiée et enfin réconciliée avec elle-même. On peut trouver ce causalisme un peu trop linéaire, un peu trop simpliste, et les monstres du XX^e^ siècle nous ont fait définitivement rompre avec la dernière partie de la proposition.

Depuis Auschwitz, nous n'acceptons plus l'idée que le progrès technique, fût-il complété par le progrès social (ah ! les Volkswagen des ouvriers allemands sous le nazisme !) produise nécessairement le progrès moral de l'humanité. Pour excuser la barbarie soviétique, on peut toujours invoquer l'état d'arriération de la Russie du début du XX^e^ siècle, mais dans le cas de l'Allemagne, l'un des pays les plus « civilisés » du monde, la barbarie nazie est inexplicable selon les canons de Condorcet.

Si donc il est aujourd'hui impossible de partager l'optimisme technologique absolu des hommes des XVIII^e^ et XIX^e^ siècles, il n'est pas non plus nécessaire de céder au catastrophisme. Le progrès technique est axiologiquement neutre, voilà ce qu'on peut dire, et le mauvais usage qui en a été fait par le capitalisme sous sa forme sauvage et prédatrice ne le condamne pas, pas plus que la loi de la gravitation ne nous oblige à nous précipiter dans tous les gouffres qui s'ouvrent devant nous.

Et surtout je ne vois pas pourquoi la vocation des classes populaires se réduirait à la conservation des traditions de toutes sortes, face à une bourgeoisie qui aurait l'apanage du changement. Il me semble au contraire que depuis la nuit des temps, ce sont les classes les plus exploitées qui ont le plus intérêt à un changement des modes d'exploitation. Elles n'en recueillent pas nécessairement leur libération, mais au moins un allègement de leurs conditions de travail. En eux-mêmes, ni le machinisme ni même le taylorisme n'impliquent nécessairement, comme ce fut, il est vrai, souvent le cas, une aggravation de ces conditions. C'est l'usage qui en a été fait par le capitalisme industriel pour accroître ses profits qui en est responsable, pas la machine elle-même. Au contraire : beaucoup de penseurs et d'économistes ont vu dans celle-ci un moyen pour l'homme d'échapper pour partie à la malédiction du travail et aux dures contraintes de la survie. Ce que les Anciens ont toujours condamné dans la machine, ce n'est pas la machine elle-même, mais l'usage qui en est fait par le capitalisme pour accroître la production, et avec elle l'exploitation. La révolution technique ne dispense pas d'une révolution sociale, qui devrait avoir pour but le changement des conditions de travail. Mais inversement, Simone Weil a bien vu que, sans la révolution technologique et la maîtrise de l'outil de travail par les ouvriers, la révolution politique et même sociale ne changerait rien aux conditions matérielles d'existence du prolétariat. Elle avait d'ailleurs sous les yeux l'exemple de l'Union soviétique pour s'en convaincre.

Je prétends même que c'est sur les effets libérateurs escomptés du progrès technique et du machinisme que se fonde l'alliance de la bourgeoisie progressiste et des couches populaires. Nul n'a mieux traduit cet état d'esprit que Saint-Simon. Je me garderai de faire de l'auteur du *Nouveau Christianisme* un porte-parole de la classe ouvrière. Mais sa philosophie est représentative des espoirs suscités en son temps par le progrès technique. Que Marx ait vu en lui un socialiste, fût-ce sous une forme utopique, et non un simple technocrate, en dit long sur l'état d'esprit de l'époque. Chez Fourier plus encore, l'optimisme technologique poussé jusqu'aux limites de l'imaginaire est la condition de son « socialisme ». À mesure que le siècle avance, cet optimisme s'affirme, notamment chez Auguste Comte, où le progrès combiné à l'ordre est la condition de la réconciliation de l'humanité avec elle-même. Et je n'ai pas besoin de dire que cette philosophie est celle des républicains les plus proches de l'idéal socialiste comme Victor Hugo, et des socialistes eux-mêmes comme Jaurès. Mais le peuple lui-même, qu'en pense-t-il ?

La réponse, c'est son comportement. Tout au long du XIXe siècle, qui va de 1789 à 1917, le peuple a accepté *de facto* l'alliance politique avec la bourgeoisie. Je dis bien « politique », parce que la bourgeoisie ne lui en a jamais proposé d'autre. Pas d'alliance sociale pour un meilleur partage des fruits de la croissance. Peu de législation sociale, jusqu'à la fin du XIXe siècle. Dans ce domaine, Bismarck a longtemps été plus généreux que les républicains de la Troisième.

De cette situation, on peut légitimement conclure que le peuple a fait un marché de dupes, et que dans les grandes circonstances, lors des révolutions de 1789, 1830, 1848, il a tiré les marrons du feu au profit de la bourgeoisie. Oui, on peut soutenir cela, à de fortes réserves près. Mais on ne peut nier le phénomène.

Sauf en deux circonstances essentielles et dramatiques, et je pense bien que vous m'attendez là : lors des journées de juin 1848 et lors de la Commune de Paris. Dans les deux cas, la question posée est d'abord sociale, non politique, et la bourgeoisie, admirablement et sinistrement incarnée par Thiers, vérifie en notaire pointilleux le contrat implicite. « Ce n'est pas dans mon rôlet ! »

Alors, on massacre. La répression de juin 1848 et de la Commune de Paris démontrent qu'en matière de férocité de classe, la bourgeoisie française n'a rien à envier à aucune de ses voisines. Avec l'approbation, il est vrai, de la paysannerie, qui constitue alors la classe la plus nombreuse. Les soulèvements de 1848 et de 1871 sont des insurrections ouvrières dans un peuple de paysans, c'est là une des raisons de leur échec.

Je crois que plus ou moins inconsciemment, la classe ouvrière française a intégré cette donnée. La société française de l'époque n'est pas coupée en deux, comme le prévoyait Marx, mais en trois. Et la dynamique de la lutte des classes s'en trouve changée. Du reste, c'est ce que Marx lui-même reconnaît dans *Le 18 Brumaire de Louis-Napoléon Bonaparte*. Toujours ces sacrés paysans français, qui cassent les schémas les mieux étudiés.

Est-ce pour cela que la classe ouvrière, après s'être remise de ses défaites, accepte de faire la paix – que dis-je ? de collaborer – avec ses massacreurs ? Le fait est qu'elle y consent, et je vois là un des arguments les plus forts en faveur de la thèse que je défends. En dépit du sang versé, la classe ouvrière revient obstinément à l'alliance avec la bourgeoisie progressiste, parce qu'elle a espoir dans le progrès. Sous le second Empire finissant, et en dépit des concessions que leur fait Napoléon III, ce sont les ouvriers qui fournissent les plus forts contingents à l'opposition républicaine. Cela se voit lors des élections législatives, comme celles de mai-juin 1869 et lors du plébiscite du 8 mai 1870, où ce sont les grandes villes et les quartiers ouvriers qui donnent les plus forts contingents aux candidats libéraux et au camp du refus de l'Empire. Même après la Commune, le peuple n'oublie pas, mais il finit par pardonner à la bourgeoisie républicaine. Et quand le régime paraît menacé, comme en 1899, le peuple de Paris, avec ses ouvriers, ses employés, ses artisans, répond présent lors de l'inauguration du monument de Jules Dalou, *Le Triomphe de la République*, le 19 novembre. Visible à Paris, la chose est encore plus vraie en province. Et pendant les années heureuses de la Troisième, le radicalisme bourgeois, avant de devenir rural, s'appuie sur le peuple des grandes villes. L'alliance existe bel et bien.

Sous quelle forme ? Sous celle du Front populaire. Au-delà de l'expression, qui date de 1935-1936, la Gauche française a toujours vécu sous le régime, ou tout au moins, avec le mythe de l'éternel front populaire. Il s'appelle le Tiers-État en 1789, le parti du *National* en 1830, le Bloc des gauches en 1902, le Front populaire proprement dit en 1936, il se survit en 1972 avec le Programme commun et en 1997, avec la Gauche plurielle de Lionel Jospin. C'est un concept insubmersible, qui résiste à tous les aléas, à toutes les conjonctures, à toutes les révolutions, sous une forme il est vrai un peu plus affaiblie à mesure que le temps passe et que la structure sociale de la France se transforme. Pourquoi cette permanence ? Jaurès, qui fut à la fois théoricien et praticien de cet éternel front populaire, l'a fort bien expliqué dans la joute qui l'a opposé à August Bebel, au Congrès de l'Internationale socialiste d'Amsterdam (1904). L'Allemagne, explique en substance le dirigeant socialiste français, n'a pas connu de révolution bourgeoise. La France, si. Elle s'appelle la Révolution française tout court, et a eu lieu en 1789. Elle a eu pour principe caractéristique l'émergence en France d'une bourgeoisie progressiste qui a fait alliance avec le peuple contre les forces d'Ancien Régime. C'est ainsi. Les schémas marxistes peuvent bien grincer et s'essouffler à expliquer le phénomène, qu'importe : il est là, bien là, et la vérité historique nous est plus chère que les vérités de Karl Marx lui-même. Notre histoire de France contemporaine est le fruit de cette particularité française, jusqu'à la participation d'un socialiste, Alexandre Millerand, puisque c'est l'objet immédiat du débat, au gouvernement de Waldeck-Rousseau.

L'acquis de cette alliance, c'est le suffrage universel, les libertés publiques, tout cela dont la classe ouvrière allemande ne dispose pas et que nous appelons la République. C'est une grave erreur, enracinée depuis longtemps dans la pensée des marxistes, que de limiter la conscience prolétarienne à l'univers économique et social. Comme si elle était insensible à la dimension proprement politique de la vie publique, avec son cortège de soubresauts et ses enjeux proprement intellectuels et spirituels. C'est une étrange vision d'une classe dont on affirme par ailleurs qu'elle a vocation à exercer une dictature au moins provisoire que de la réduire à ses besoins physiologiques. Comme si les ouvriers n'avaient que des intérêts et pas de passions !

C'est avec de tels raisonnements que l'on décrète au passage qu'ils n'ont pas de patrie, alors que toutes guerres les montrent à l'avant-garde du patriotisme !

S'agissant des classes ouvrières françaises et allemandes, l'évolution historique a abouti à un étrange chiasme. Pour les raisons évoquées plus haut, la classe ouvrière française a été politiquement intégrée et socialement tenue à l'écart, tandis que dans le même temps, faute d'une révolution bourgeoise, la classe ouvrière allemande a été politiquement tenue à l'écart et socialement intégrée. J'ai analysé ce phénomène dans *Autonomie ouvrière* (1988), avec les conséquences qui en découlent : la figure habituelle de la gauche allemande s'appelle la social-démocratie ; celle de la France s'appelle l'Union des gauches, ou Front populaire. La première est peut-être supérieure en termes de conquêtes sociales – on peut en discuter –, la seconde offre une meilleure résistance à des mouvements politiques qui traversent les classes sociales, comme le fascisme.

Maintenant, pourquoi l'alliance des gauches bourgeoise et ouvrière, qui s'est affirmée au XIX^e^ siècle, est-elle devenue tantôt bancale tantôt caduque au XX^e^ siècle ?

La réponse est simple et tient à l'affirmation d'un autonomisme ouvrier, tout d'abord, avant la Première Guerre mondiale, sous la forme du syndicalisme révolutionnaire, puis, après 1917, sous celle du communisme.

Il y a en effet, cher Jean-Claude Michéa, quelque chose de paradoxal dans la position que vous défendez, celle d'une naissance tardive de la gauche, sous la forme d'un compromis historique entre le peuple et une partie de la bourgeoisie dans le contexte de l'affaire Dreyfus, c'est-à-dire au tournant du XX^e^ siècle. Autrement dit au moment précis où l'aile marchante de cette classe ouvrière tente de s'émanciper de la tutelle de la bourgeoisie parlementaire et invente le syndicalisme révolutionnaire ! J'avoue ne pas bien comprendre. Certes, ce dernier est bien loin de représenter l'ensemble du monde du travail, et surtout, il est loin d'entraîner l'ensemble de celui-ci dans l'autonomisme, c'est-à-dire la sécession vis-à-vis de la bourgeoisie de gauche. Tout se passe en effet comme si les ouvriers jouaient une sorte de double jeu : ils suivaient la CGT de Griffuelhes dans la lutte sociale (autonomiste), mais approuvaient la SFIO de Jaurès dans la lutte politique (collaboration avec la bourgeoisie progressiste).

Si hostile qu'il ait été à la subordination du syndicat au parti, le syndicalisme révolutionnaire n'en a pas moins, à saute-mouton par-dessus la guerre, apporté au communisme naissant une aide considérable : l'autonomisme ouvrier et marxiste, conforme à la ligne définie par les soviétiques et le Komintern, quitte à faire à la droite, pendant toute la période, jusqu'au Front populaire, le cadeau du pouvoir.

Du compromis historique tel que vous l'évoquez, il ne reste plus rien, puisque le Parti socialiste, sensible à la surenchère communiste, se garde bien de participer à des gouvernements bourgeois.

De plus, le mouvement ouvrier et socialiste se trouve, pendant l'entre-deux-guerres, coupé en deux par la sécession communiste. La gauche, puisqu'il faut l'appeler par son nom, se trouve fort mal de cette situation. Jusqu'en 1917, elle pouvait bien être divisée entre divers partis, elle n'en constituait pas moins, prise dans son ensemble, le parti de la République face à la réaction. Tout cela n'existe plus, et désormais, la France est coupée non pas en deux, mais en trois, comme l'a plusieurs fois souligné Maurice Agulhon : il y a désormais la droite, la gauche et l'extrême gauche. Le plus souvent, la coupure principale n'est plus celle qui opposait jadis la gauche et la droite, mais celle qui passe entre la gauche et l'extrême gauche. C'est toute l'histoire de la Quatrième République, et l'invention par Léon Blum de la « troisième force », qui dit bien ce qu'elle veut dire : que la gauche comme maison commune de tous les républicains n'existe plus.

Certes, dans cette décadence de l'idée de gauche, il existe une éclaircie, un été de la Saint-Martin voulu par Moscou : le Front populaire. Il est remarquable que les vieux réflexes, ceux de la gauche d'avant 1917, se retrouvent soudain, comme par miracle. Il n'est pas jusqu'à Maurice Thorez qui ne trouve un véritable épanouissement personnel dans une conjoncture provisoire qu'il n'a pu décider lui-même. Il se sent au fond plus à l'aise, et le Parti communiste avec lui, comme extrême gauche du parti républicain que comme faction sectaire qui fait des socialistes (« sociaux-fascistes ») sa cible principale. Mais cette conjoncture dorée ne dure pas. Le pacte germano-soviétique impose sa logique propre, et après la Libération, la guerre froide la sienne.

Depuis lors, la gauche au sens du XIXe siècle n'existe plus. Le communisme lui a eu la peau. Il est possible qu'avec la quasi-disparition de celui-ci elle renaisse. Mais à franchement parler, je ne le crois guère. Il existe désormais, à la gauche de la gauche, les *membra disjecta* des anciennes extrêmes gauches qui, dans la tradition sectaire qui est la leur, préfèrent de beaucoup voir la droite occuper le pouvoir, plutôt que la social-démocratie. Une telle extrême gauche n'a pas d'avenir, mais son pouvoir de nuisance est considérable, et son rêve secret est une « droitisation » de la social-démocratie telle qu'elle-même puisse retrouver un espace. Mais ce rêve est une rêverie. Nous en reparlerons.

J'arrête ici ces remarques déjà trop longues. Il nous sera beaucoup plus facile, le moment venu, de nous accorder sur le jugement à porter concernant la gauche actuelle. Si j'ai pourtant tenu à m'attarder sur son passé historique, c'est parce qu'en privant le peuple de la philosophie du progrès, vous le privez, je le crains, de tout avenir. Au risque d'en faire un conservatoire. Enfin, nous verrons bien. J'ai hâte de connaître votre réponse. Le but, je le répète, est de tenter de faire avancer une réflexion commune. C'est d'autant plus urgent, je le dis en toute simplicité, que nous ne trouverons pas beaucoup de concurrents sur notre route.

Croyez, cher Jean-Claude Michéa, à mon estime et à ma sympathie.

*Jean-Claude Michéa à Jacques Julliard*

*Novembre 2013*

À lire votre lettre, cher Jacques Julliard, on mesure mieux le paradoxe de nos « démocraties » modernes (puisque tel est le nom dont se pare officiellement le système représentatif libéral). Le peuple, en effet, n'y est plus considéré comme la solution. *Il est devenu le problème.* Que le terme de « populisme » – naguère encore indissociable des traditions révolutionnaires les plus estimables – en soit ainsi venu, depuis maintenant plus de trente ans, à désigner le *crime de pensée suprême* en dit d'ailleurs long sur l'ampleur d'un tel retournement idéologique (quel militant de *La Cause du peuple* – même averti des pouvoirs de manipulation du monde universitaire et médiatique – aurait pu imaginer, au début des années 1970, la possibilité d'un renversement sémantique aussi stupéfiant ?) Les présupposés philosophiques du « populisme » sont pourtant d'un minimalisme extrême. D'une certaine façon, le républicain Machiavel en avait déjà énoncé clairement le principe – bien avant Michelet, Hugo, Tolstoï ou Péguy – lorsqu'il observait qu'on ne « peut honnêtement et sans faire tort à autrui satisfaire les Grands, mais avec le Peuple on le peut : car le désir du Peuple *est plus honnête* que celui des Grands, ces derniers voulant opprimer, celui-là ne pas être opprimé » (vous remarquerez, au passage, que le « populisme » repose donc beaucoup moins sur une « idéalisation » des gens ordinaires que sur une conscience lucide des effets moralement et psychologiquement corrupteurs de tout pouvoir et de toute position privilégiée. L'Évangile ne dit rien d'autre lorsqu'il rappelle qu'il « est plus facile à un chameau de passer par le chas d'une aiguille qu'à un riche d'entrer au royaume des cieux »). Qu'un jugement politique aussi simple – et auquel auraient immédiatement souscrit, au XIXe siècle, la plupart des socialistes et des républicains – puisse donc désormais être présenté comme l'expression d'une « forme invertie du racisme social » (telle est, par exemple, la thèse extravagante défendue par Frédéric Lordon) permet de mesurer la profondeur exacte du gouffre psychologique, moral et intellectuel qui sépare aujourd'hui la Gauche et les classes populaires.

Bien entendu – et pour reprendre ici le vocabulaire de Marx –, le fait que ces classes populaires existent *en elles-mêmes* (dans un monde libéral – on a presque fini par l'oublier – le *piratage*, direct ou indirect, d'une partie croissante de la valeur produite par le travail de la majorité constitue toujours la source ultime de la richesse des élites) ne signifie pas pour autant qu'elles existent *pour elles-mêmes*. La conscience d'appartenir à une même classe sociale (et non pas seulement, par exemple, d'être ouvrier bronzier à Belleville ou typographe à Besançon) n'a assurément rien de naturel ni de spontané. C'est pourquoi le « peuple » – considéré non plus dans sa seule réalité « sociologique » mais également *en tant que sujet politique* capable de se mobiliser et de faire *cause commune* pour défendre à la fois ses intérêts et sa dignité – se présente toujours, en dernière instance, comme le produit d'un travail d'organisation spécifique et donc d'une histoire politique propre à chaque nation (l'ouvrage de E.P. Thompson sur la formation de la classe ouvrière anglaise – publié en 1963 – demeurant ici l'ouvrage de référence). Travail d'organisation politique dont l'objectif doit être de rendre progressivement possible l'émergence d'un véritable *langage commun* entre les différentes composantes du « peuple » ou de la « classe » (on connaît ainsi le rôle central que les pratiques de « correspondance » entre les différentes sections ouvrières ont joué dans le développement de la première Internationale). Et, par là même, de les aider à mieux comprendre la nature exacte du système de domination auquel elles sont assujetties – quoique sous des formes chaque fois spécifiques – ainsi qu'à surmonter les préjugés et les incompréhensions réciproques qu'engendrent inévitablement les multiples « contradictions au sein du peuple » (le conflit millénaire entre éleveurs et agriculteurs – depuis Abel et Caïn – représentant sans doute la forme la plus ancienne de ce type de contradiction).

Comme vous le voyez, cher Jacques Julliard, ce n'est donc pas tant « mon » peuple qui serait devenu aujourd'hui introuvable. Ouvriers, employés, techniciens, paysans, artisans, petits commerçants, petits entrepreneurs ou petits fonctionnaires constituent toujours – que je sache – l'immense majorité de la population active. Même si l'*apartheid* croissant – induit par la mondialisation – entre une France « périphérique » et une France « métropolitaine » tend à rendre ces classes populaires de plus en plus invisibles aux yeux du haut clergé médiatique et universitaire (les « sociologues » de gauche se montrant, comme toujours, les plus aveugles et les plus manipulables sur cette question). Ce qui a bel et bien disparu, en revanche, ce sont les « grands récits » fédérateurs qui – il y a quarante ans encore – permettaient aux différentes composantes de ce « peuple » de se définir d'abord par leur commune opposition à la *grande bourgeoise dominante* (voire aux « deux cents familles ») et donc d'imaginer – quand bien même ce serait de façon « utopique », « réformiste » ou « totalitaire » – un *avenir commun* dont l'exploitation de l'homme par l'homme (réhabilitée, de nos jours, sous le nom de « choc de compétitivité ») n'aurait plus été l'unique horizon. De ce point de vue, le Mai 68 *ouvrier et populaire* – celui dont le souvenir a été immédiatement effacé de la mémoire officielle au profit du seul Mai *étudiant* et du spectacle généreusement offert par Daniel Cohn-Bendit et ses semblables – représente la dernière grande manifestation historique de cette conscience collective anticapitaliste. Tout comme l'ouvrage, sur le moment encore iconoclaste, de Pierre Birnbaum (*Le Peuple et les gros : histoire d'un mythe*, Paris 1979) – ouvrage dans lequel l'auteur s'efforçait de ramener le concept d'exploitation du grand nombre par une minorité capitaliste à un *« mythe » d'extrême droite aux connotations antisémites* – marquera une étape intellectuelle décisive dans la formation du nouveau paradigme antipopuliste de la gauche mitterrandienne (Bernard-Henri Lévy et Michel Foucault se chargeant, pour leur part – et sous la bannière officielle de l'« antitotalitarisme » et des « droits de l'homme » – d'assurer le triomphe médiatique et universitaire de la nouvelle *doxa*). Or à partir du moment où la Gauche du XX$^{e}$ siècle s'était définie comme le principal dépositaire de ces « grands récits » de résistance (récits qui étaient, de surcroît, la source d'une véritable *fierté* populaire – au point qu'à l'époque de Sartre le fait, pour un intellectuel, de ne pas être né prolétaire engendrait encore le sentiment d'une « dette » à expier) c'est donc clairement dans la conversion accélérée de celle-ci au libéralisme moderne (la synthèse idéologique – si l'on préfère – entre l'économie de marché mondialisée et ce que Friedrich Hayek appelait, depuis le début des années 1970, la « lutte contre toutes les discriminations ») qu'il convient de chercher la cause politique première de ce terrible *sentiment d'abandon* qui s'est aujourd'hui emparé de toutes les classes populaires.

J'en viens donc à notre question fondamentale. Cette incapacité manifeste des gauches *occidentales* contemporaines (le problème n'est évidemment pas propre à la France) à prendre la mesure philosophique exacte de *l'exaspération* croissante des classes populaires face aux effets les plus destructeurs du nouveau mode de vie capitaliste (il leur est, en effet, *structurellement* impossible d'interpréter cette exaspération des gens ordinaires autrement que comme un signe d'une « peur de l'autre » et d'un « repli frileux sur soi ») constitue-t-elle un simple phénomène conjoncturel et passager, ou trouve-t-elle, au contraire, sa source véritable dans les longues durées de l'Histoire ?

Pour répondre à cette question il est évidemment indispensable – j'espère que le lecteur nous pardonnera ce détour historique – de revenir un instant sur cette « alliance du peuple et de la bourgeoisie progressiste » dans laquelle vous dites voir « le grand fait politique et social du XIX^e siècle ». Il me semble, en effet, que cette interprétation – dont je ne conteste pas, vous le verrez, qu'elle contienne une part importante de vérité – conduit malheureusement à perdre de vue deux points absolument essentiels. D'une part, mais vous le reconnaissez vous-même, on ne doit pas oublier que de vastes secteurs du monde paysan et « provincial » – donc du « peuple » – ont longtemps continué de vivre, au XIX^e siècle, sous la tutelle morale de l'Église, et même, dans certains cas, sous celle des derniers représentants locaux de l'ancienne noblesse (il suffit ici de relire Balzac, Stendhal ou George Sand). À tel point que Blanqui avait même envisagé, un temps, de supprimer le droit de vote des provinciaux « pendant au moins soixante-dix ans » et de proposer en échange le principe d'une « dictature parisienne » (son rêve s'est donc en partie réalisé mais sous une forme évidemment très différente de celle qu'il avait envisagée). D'autre part – et c'est beaucoup plus ennuyeux – cette manière de voir invite précisément à gommer tout ce qui faisait – au XIX^e siècle – *l'originalité radicale du projet socialiste.* Dans la mesure où cette question des rapports historiques entre la Gauche et le socialisme originel constitue l'axe central de tous mes livres (il n'y a que l'inénarrable

Luc Boltanski pour avoir pu suggérer – Cf. *Libération* du 14 septembre 2013 – que ceux-ci n'avaient pas d'autre objectif, en réalité, que de « stigmatiser les Arabes qui menacent nos valeurs ancestrales » et la concurrence sauvage des « pays émergents », deux sujets sur lesquels je n'ai évidemment jamais écrit un seul mot !), je vais donc m'efforcer de reprendre aussi simplement que possible les bases essentielles de mon argumentation.

Comme on le sait, l'historiographie de gauche contemporaine repose sur deux postulats fondamentaux. Le premier est celui qui veut que le clivage entre la « droite » et la « gauche » (tel que nous l'utilisons encore aujourd'hui) soit né avec la Révolution française et qu'il n'ait cessé, depuis lors, d'opposer de façon globalement inchangée les partisans du « Progrès » et des « Lumières » – ou encore du « Mouvement » – à ceux de l'« Ordre » et de la triste « Réaction » (on songera, par exemple, aux deux estampes célèbres de Julien Léopold Boilly – peintes en 1816 et conservées à la Bibliothèque nationale – qui représentent, l'une le visage mélancolique et tourné vers le passé de l'*Ultra*, et l'autre celui souriant et tourné vers l'avenir du *Libéral*). Quant au second postulat, il affirme que ce clivage épuise *nécessairement* la totalité du champ politique et qu'en conséquence, toute volonté d'en contester la valeur absolue, ou de s'y soustraire d'une façon ou d'une autre, est soit illusoire, soit mystificatrice (c'est généralement ici que l'universitaire de gauche standard – ou son équivalent journalistique – met fin à tout débat possible en convoquant rituellement le célèbre propos du philosophe

Alain – énoncé dans les années 1930 – selon lequel tout individu qui se prétendrait « ni de droite ni de gauche » trahirait, *par là même*, le fait qu'il est un homme de droite). Propos d'Alain – il n'est sans doute pas inutile de le rappeler au lecteur contemporain – qui trouve curieusement une de ses sources idéologiques majeures dans la pensée napoléonienne. Comme Bonaparte, en effet, le confiait au général Bertrand, lors de son entretien du 18 juin 1819 (à Sainte-Hélène donc), « il n'y a en France que deux choses : la Révolution et la Contre-révolution, l'Ancien et le Nouveau Régime, les privilèges et le Peuple [...]. Ainsi, en dernière analyse, *il n'y a que deux partis.* D'un côté, les ultras, *de quelque dénomination qu'on les affuble* ; de l'autre les hommes de la Révolution. *Les Blancs et les Bleus* » (on remarquera, au passage, que l'Empereur n'hésitait donc pas à se ranger lui-même dans la longue lignée à venir des *hommes de gauche*).

Cette interprétation de la politique moderne comme affrontement perpétuel entre l'« ancien » (le monde des « Blancs ») et le « nouveau » (celui des « Bleus ») – affrontement censé traverser toutes les dimensions de l'existence humaine, depuis l'économie, l'art et les normes morales jusqu'à la vie sexuelle ou affective des individus (on l'a encore vu récemment lors des débats autour du projet Taubira de réforme libérale de la *filiation* et du *mode de production et d'échange des enfants*) – correspond indéniablement à une partie de la réalité. Aucun projet d'émancipation du genre humain ne saurait évidemment s'accommoder du maintien des inégalités de naissance, de la domination patriarcale, de la persécution des minorités ou encore de ces contraintes traditionnelles – qu'elles soient d'origine religieuse ou non – qui sont manifestement incompatibles avec la dignité des individus ou avec leur droit manifeste à agir et penser librement. C'est bien pourquoi les principaux courants du socialisme originel s'accordaient presque toujours à voir dans cette partie de l'héritage des Lumières et de la Révolution française (autrement dit, dans cette défense inconditionnelle des libertés *fondamentales* que Marx – dans *Le Capital* – proposait d'inscrire dans « une modeste *Magna Carta* » philosophiquement distincte, à ce titre, du « pompeux catalogue des droits de l'homme » de la bourgeoisie) l'une des conditions politiques majeures de la future *société sans classes*. Il suffit de se souvenir ici du puissant mouvement des ouvriers chartistes anglais.

Le problème, c'est qu'en réduisant ainsi *la totalité* de la vie politique moderne à cet affrontement répétitif et monotone entre une droite supposée « réactionnaire » par essence et une gauche « progressiste » par nature – autrement dit, en contraignant la vie politique moderne à entrer, de gré ou de force, dans le lit de Procuste de la philosophie des Lumières –, on s'interdisait, du même coup, toute possibilité de critiquer de façon réellement cohérente cette grande industrie capitaliste, *fondée sur les principes mêmes de l'économie politique des Lumières*, et dont le développement spectaculaire – au lendemain des guerres napoléoniennes et donc de la fin du blocus continental – allait précisément jeter les bases de ce qu'on appellerait désormais la *question sociale* (Charles Dunoyer – l'un des principaux représentants de la gauche libérale des années 1830 – écrivant ainsi que la nouvelle société capitaliste ne faisait, en somme, que poursuivre « l'œuvre d'affranchissement commencée depuis tant de siècles et qui tend à dérober, de plus en plus, les existences individuelles à *l'action illégitime du corps social ou de ses délégués* »). S'il y a bien une chose, en effet, que les premiers socialistes avaient eu l'intelligence de percevoir immédiatement (depuis la critique pionnière de Sismondi), c'est que ce *nouvel ordre industriel libéral* – fondé sur l'accumulation sans fin du capital et la transformation corrélative des anciennes populations rurales en prolétariat urbain salarié – ne devait en aucun cas être compris comme une simple variante des sociétés d'Ancien Régime. Cet ordre nouveau constituait au contraire – selon le mot de Marx – un système « éminemment révolutionnaire » (la loi Le Chapelier en avait d'ailleurs fourni, dès 1791, le cadre juridique essentiel) dont le dynamisme technologique structurel (la science comme « force productive directe ») conduisait inexorablement à dissoudre toutes les anciennes manières de vivre et à noyer l'ensemble des valeurs traditionnelles « dans les eaux glacées du calcul égoïste ». Un système, en d'autres termes, dépourvu de « toute limite morale et naturelle » (Marx) et dont l'imaginaire ne reposait plus sur la crainte ancestrale de la nouveauté mais bien sur cette foi moderne en une *marche automatique de l'Histoire vers l'avenir radieux* dont Adam Smith, Turgot et Condorcet avaient inauguré la célébration.

On comprend alors pour quelles raisons les premiers socialistes se gardaient bien, la plupart du temps, de reprendre *sous sa forme intégrale* le discours des Lumières sur les « droits de l'homme » et le « progrès inéluctable de la Raison » (sans même parler d'un Fourier, profondément hostile à la Révolution française, et qui méprisait les philosophes des Lumières comme autant de « mangeurs de choux et de raves »). « *Le Droit considéré de manière abstraite* – écrivait, par exemple, Louis Blanc en 1839 – est le mirage qui, *depuis 1789*, tient le peuple abusé » (et l'auteur de l'*Organisation du travail* était pourtant le plus modéré des socialistes). Quant aux disciples socialistes de Saint-Simon, ils étaient parfaitement capables, dès 1831, de se démarquer aussi bien des tendances technocratiques de la pensée du maître que des dogmes politiques de la gauche libérale et républicaine de leur temps, en rappelant que « ce serait une erreur de croire que le fait capital de la Restauration fut la réapparition du jésuitisme et de la vieille noblesse ; *son caractère fondamental c'est le triomphe de la Bourgeoisie* ». Enfantin se montrant d'ailleurs plus précis encore lorsqu'il notait – à peu près au même moment – qu'« on commence à reconnaître qu'il ne s'agit plus de prêtres et de nobles comme en 89, *et même comme en 1829*, mais bien du peuple et des bourgeois, ou, mieux, des *travailleurs* et des oisifs » (on songe ici à Jules Guesde reprochant à la Gauche, au lendemain de la Commune, de toujours négliger « le véritable et unique ennemi : le capitalisme, pour un *adversaire de fantaisie :* le cléricalisme »).

Or à partir du moment où la dynamique *révolutionnaire* du capitalisme se voyait ainsi reconnue comme la principale menace pesant, non seulement sur le sort des classes laborieuses, mais également sur celui de l'humanité tout entière (ne serait-ce – écrivait Marx dans *Le Capital* – que parce qu'un système dont la logique constitutive est « de produire pour produire et d'accumuler pour accumuler » ne peut conduire qu'à « l'épuisement des deux sources dont jaillissent toute richesse, la terre et le travailleur »), il devenait évident que la notion de « Progrès » impliquée par la critique socialiste du libéralisme d'Adam Smith, de Frédéric Bastiat ou de Jean-Baptiste Say ne pouvait être identique à celle qui avait permis à la philosophie des Lumières de légitimer par avance le triomphe intégral du Marché et de *l'individualisme bourgeois.* Aux yeux des premiers socialistes, il apparaissait ainsi indispensable – pour reprendre les termes d'Engels – de rompre avec le postulat majeur de cette philosophie (que le collaborateur de Marx considérait d'ailleurs comme « le règne idéalisé de la bourgeoisie ») selon lequel « tout ce qui appartenait au passé ne méritait que pitié ou mépris » (on ne saurait mieux définir, aujourd'hui encore, les limites étroites et mutilantes de l'entendement universitaire « progressiste » ou des mystiques subventionnées de l'« avant-garde » artistique). De là, entre mille exemples, le célèbre *Toast à la Révolution* porté par Proudhon en octobre 1848 et qui figurait à une place de choix, naguère encore, dans toutes les bibliothèques socialistes (mais dont on peut malheureusement craindre qu'il n'évoque plus rien d'autre, pour un homme de gauche d'aujourd'hui, que le visage hideux de la « bête immonde » ou du « populisme qui vient »). « Qui dit révolution – écrivait, en effet, le fondateur de l'anarchisme français – dit nécessairement progrès, *dit par là même conservation.* Il s'agit de savoir à présent si, comme nos pères, nous serons *tout à la fois* [c'est Proudhon qui souligne] hommes de conservation et hommes de progrès ; car ce n'est *qu'à ce double titre* que nous serons des hommes de révolution ». Mais de là, également, cette « culture séparatiste » (je reprends ici l'expression que vous avez employée dans votre ouvrage sur *les gauches françaises*) qui allait si durablement marquer le mouvement ouvrier socialiste et qui rend donc, à mes yeux, bien peu crédible (sauf à céder à une illusion *rétrospective*) l'idée d'une harmonie première et *naturelle* entre l'anticapitalisme radical des *Rouges* et le « républicanisme » des *Bleus*. Même s'il est clair qu'un certain nombre de passerelles politiques et d'hybridations intellectuelles ont toujours existé entre ces deux courants – de même, d'ailleurs, qu'entre le socialisme originel et la critique « réactionnaire » d'un Lamennais, d'un Ballanche ou d'un Villeneuve-Bargemont (dans son remarquable ouvrage sur *Edgard Quinet et la question du jacobinisme*, François Furet va même jusqu'à parler – en s'appuyant surtout, il est vrai, sur l'œuvre de Buchez – d'une « eschatologie inséparablement socialiste et catholique »). Une telle idée impliquerait d'ailleurs, entre autres conséquences baroques, que Marx et Bakounine – autrement dit, les deux figures les plus marquantes du socialisme européen au XIXe siècle – n'auraient jamais cessé de revendiquer fièrement leur appartenance inconditionnelle à la « gauche » de leur temps. Supposition particulièrement absurde puisque, pour ne prendre que cet exemple, l'édition des œuvres de Marx-Engels publiée à Moscou en 1970 (je cite celle que j'ai sous la main) – n'inclut même pas le mot « gauche » dans son index final. Les gardiens du Temple devront donc se faire une raison : le positionnement anticapitaliste de

Marx et de Bakounine n'était, en son temps, *ni de gauche ni de droite*.

De ce point de vue, la publication – à l'occasion des élections partielles de 1864 – du fameux *Manifeste des soixante* (rédigé en grande partie par l'ouvrier ciseleur Henri Tolain) me paraît absolument exemplaire. Ce manifeste révolutionnaire invitait en effet le prolétariat – en contradiction, par conséquent, avec toute stratégie de « front républicain » – à présenter désormais lors de chaque élection (quitte à faire échouer pour cela – comme le rappelait Proudhon – « plusieurs candidatures de la soi-disant opposition démocratique ») des candidats qui seraient non seulement *socialistes* mais aussi, et surtout, *directement issus de la classe ouvrière* (notons que Marx verra dans ce manifeste radical « la première *charte de classe* d'un mouvement ouvrier français en voie de devenir adulte »). Et non moins exemplaire, comme on pouvait s'y attendre, la réaction immédiatement *indignée* de la Gauche républicaine devant un tel manifeste prolétarien, dont elle allait aussitôt dénoncer – selon les termes rapportés par Proudhon dans sa *Lettre aux ouvriers en vue des élections de 1864* – « le caractère *rétrograde* [c'est-à-dire « réactionnaire »], *illibéral, dangereux même*, par les méfiances, les alarmes, l'hostilité qu'elle ferait naître dans la classe bourgeoise » (comme on le voit, les principaux *éléments de langage antipopulistes* de l'intelligentsia de gauche contemporaine – « *réactionnaire* », « *antilibéral* », « *dangereux* » – étaient donc déjà en place dès la fin du second Empire).

Or, comme le soulignait encore Proudhon, une telle *déclaration d'indépendance* de la classe ouvrière n'était pourtant que la conséquence logique de son opposition radicale à la classe bourgeoise et à son système capitaliste. Classe bourgeoise dont Proudhon tenait d'ailleurs à préciser qu'elle englobait, à ses yeux, tous ceux qui ne vivaient pas *d'abord* du produit de leur travail – quand, d'aventure, ils travaillaient – mais essentiellement « du revenu de leurs propriétés, de leurs capitaux, de leurs dotations, pensions, subventions, actions, traitements, honneurs et bénéfices ». Le système de privilèges à l'abri duquel se développe la vie quotidienne de toute « élite » (que cette élite se définisse par sa richesse, son pouvoir ou sa gloire médiatique) tend nécessairement, en effet, à l'éloigner du monde *réel* – celui où vivent les *gens ordinaires* – et donc, par là même, des sources anthropologiques et psychologiques concrètes d'où jaillissent toute *conscience morale* et tout *sens commun* (*Inside Job*, le documentaire que Charles Ferguson à consacré aux rôles des élites dans la crise économique de 2008, en fournit une illustration particulièrement saisissante). Une fois ce point admis, il devenait donc effectivement indispensable, pour la cohérence politique d'un mouvement populaire, d'être constamment protégé contre toute tentative des intellectuels de la classe dominante (haut et bas clergés confondus) de le contaminer par leurs propres préjugés de classe ou, *a fortiori*, d'en prendre le contrôle et la direction (à tel point qu'un certain nombre de sections de la première Internationale, particulièrement méfiantes sur ce point, avaient même proposé d'en réserver l'adhésion aux seuls *travailleurs manuels*). C'est la raison pour laquelle, dans l'esprit de Proudhon et des premiers socialistes (et Marx partageait évidemment ce point de vue), les représentants de la « démocratie socialiste rouge » – c'est l'expression employée par Proudhon – devaient d'abord veiller à maintenir en toute circonstance leur précieuse *indépendance organisationnelle et idéologique* à l'égard des différents partis libéraux et bourgeois. Et cette exigence fondatrice impliquait, *au premier chef*, qu'ils sachent se démarquer clairement de toute opposition de gauche – qu'elle soit libérale ou même républicaine. Opposition de gauche – ajoutait Proudhon – dont l'« antisocialisme déclaré la rallie fatalement contre nous à la pensée réactionnaire » (cette remarque de Proudhon n'a rien d'outrancier. La gauche du second Empire ne s'opposait pas seulement, en effet, aux « puissances du passé ». Elle combattait tout autant – sinon même plus – ce « péril collectiviste » que symbolisaient, à ses yeux, « Rouges » et « Partageux »). D'où l'appel particulièrement clair sur lequel se termine sa *Lettre aux ouvriers* : « je vous le dis de toute l'énergie et de toute la tristesse de mon âme : *Séparez-vous* de ce qui s'est le premier séparé, séparez-vous, comme autrefois le peuple romain se séparait de ses aristocrates. *Separamini popule meus. C'est par la séparation que vous vaincrez* ».

Comme vous pouvez le voir, cher Jacques Julliard, l'idée d'une « culture séparatiste » propre au mouvement ouvrier socialiste originel (ou l'idée selon laquelle – pour reprendre vos propres mots – le mouvement ouvrier et socialiste du XIX^e^ siècle entendait « vivre à l'écart des conflits internes à la bourgeoisie et *rester sur son Aventin politique* ») n'est donc nullement le fruit de ma seule imagination. Même si cette lecture « séparatiste » ne peut effectivement être entièrement comprise, et donc pleinement acceptée, que si l'on admet *au préalable* que le terme de « gauche » ne pouvait pas encore posséder – entre 1815 et 1899 – le sens qui deviendra progressivement le sien *à partir de l'affaire Dreyfus* (la « bataille des encriers » – le mot est d'Albert Thibaudet – ayant joué un rôle décisif dans cette mutation sémantique). Autrement dit, dans le cadre de ce pacte de « défense républicaine » négocié entre les représentants parlementaires de la *bourgeoisie bleue* et du *prolétariat rouge* et dicté, au départ, par les seules urgences d'une situation politique exceptionnelle. Pacte de compromis et d'alliance au terme duquel le mouvement socialiste officiel s'engageait – toutes affaires anticapitalistes cessantes – à *privilégier temporairement* le combat contre les forces, il est vrai alors très puissantes, de la réaction cléricale et monarchiste (au grand dam, j'y reviendrai dans un instant, de ces « anarcho-syndicalistes » qui avaient tout de suite compris que ce « temporaire » avait toutes les chances de devenir *définitif*). Et ce sont bien, au final, les implications contraignantes de cette *Nouvelle Alliance* – devenue, avec le temps, effectivement définitive (jusqu'à engendrer à son tour une nouvelle Église, avec sa foi, ses dogmes, ses hérétiques et son Inquisition) – qui, seules, peuvent expliquer à la fois le *nouveau sens* qu'allait désormais prendre le terme de « Gauche » et l'existence de ce voile *rétrospectif* qui a fini par recouvrir entièrement jusqu'au souvenir de l'antagonisme originel entre les « Rouges » et les « Bleus ». À tel point qu'un homme de gauche d'aujourd'hui aurait probablement toutes les peines du monde à saisir le sens même de la critique – pourtant si répandue à l'époque –

d'un Prosper-Olivier Lissaragay (il fut un temps le compagnon d'Eleanor Marx) lorsqu'il rappelait en 1876 – dans son irremplaçable *Histoire de la Commune* – que si Thiers et la bourgeoisie versaillaise avaient pu aussi facilement isoler le prolétariat parisien et « tromper la province », c'est d'abord parce qu'ils pouvaient compter, à tout moment, sur trois forces fondamentales : « l'armée, l'administration *et la Gauche* ». On mesure tout le travail de réécriture idéologique (ou même parfois de pure et simple falsification) qui aura donc été nécessaire pour qu'un François Hollande, un Dominique Strauss-Kahn, un Pierre Bergé, un Jérôme Cahuzac ou un Pascal Lamy, puissent un jour se présenter, toute honte bue et sans susciter le moindre éclat de rire, comme les descendants directs – puisque officiellement « de gauche » – des martyrs de la Commune de 1871.

Ceci étant – et comme je vous l'ai annoncé au début de cette lettre – je me garderai bien de rejeter votre thèse dans sa totalité. La culture libérale étant par définition *fille des Lumières* (« Il ne faut point de législation – écrivait par exemple Diderot dans son *Voyage en Hollande* – où la nature a constitué un despote attentif, juste, ferme, éclairé qui récompense et qui punit toujours avec poids et mesure : *l'intérêt* ») il s'ensuit *logiquement* que toute société capitaliste est animée par définition – pour reprendre l'expression célèbre de Thibaudet – d'un mouvement historique *sinistrogyre* (nous vivons dans un monde – écrivait-il en 1932 – où « il est entendu qu'on va à gauche, d'une marche irrésistible et nécessaire de glacier, et où le langage politique voit dans l'homme qui dit conservation et arrêt l'homme qui pense marche arrière, le *réactionnaire* »). Mouvement « irrésistible » – dit encore Thibaudet – qui « place presque automatiquement à gauche de la génération qui s'en va la génération qui vient » et qui conduit donc à rendre de plus en plus difficile – *et, surtout, de moins en moins légitime intellectuellement* – toute perception *critique* de la dynamique historique du capitalisme (chaque nouvelle réforme « sociétale » impliquée par cette dynamique offrant régulièrement l'occasion de vérifier cette loi sociologique). C'est ce qui explique, entre autres, qu'une « droite » *moderne* ne soit le plus souvent qu'une ancienne gauche devenue incapable d'assumer *officiellement*, du moins devant son électorat populaire, les implications *objectives* inéluctables – particulièrement sur le plan moral et culturel – de son propre libéralisme (et Alain Finkielkraut a parfaitement raison, de ce point de vue, de rappeler que dans notre monde capitaliste développé « n'avoir personne à sa gauche, *c'est le bonheur de pouvoir intimider tout le monde* »).

Or une fois admise cette prodigieuse capacité de la bourgeoisie à présenter chaque *pas en avant* du système capitaliste comme l'expression même des progrès de l'Esprit humain (ou, en termes à la fois plus contemporains et plus modestes, comme une « modernisation » à la fois nécessaire et inéluctable) il devient plus facile de comprendre sous l'emprise de quels mécanismes « psycho-idéologiques » – « de 1789 à 1917 », pour reprendre votre datation – les classes populaires en sont effectivement venues, la plupart du temps, à appuyer ce mouvement historique supposé « naturel » qui permettait à la « bourgeoisie progressiste » (mais une classe sociale dont la richesse et les privilèges dépendent en permanence d'un processus culturel de « destruction créatrice » peut-elle ne pas être « progressiste » ?) de liquider progressivement tous les vestiges moraux et matériels de l'Ancien Régime et de la « Réaction » (à commencer, bien sûr, par le magistère spirituel de l'Église catholique). Le républicain Armand Carrel avait, du reste, fourni dès 1835 (dans son *Dossier d'un prévenu*) la clé récurrente de cet apparent paradoxe : « En 1789 le bourgeois avait parlé et le prolétaire applaudi. On était nécessairement d'accord tant que l'égalité n'était proclamée que du bourgeois au noble et non du prolétaire au bourgeois ; *tant que les droits politiques servaient à détruire l'aristocratie de naissance*, et non à constituer et à défendre l'aristocratie de fortune contre le prolétaire. *On devait s'apercevoir bientôt du malentendu.* » Et Marx n'ajoute, au fond, pas grand-chose à cette analyse lorsqu'il constate, dans le *Manifeste du parti communiste*, que « les prolétaires [au départ] ne combattent par leurs ennemis mais *les ennemis de leurs ennemis*, c'est-à-dire les vestiges de la monarchie absolue. Tout le mouvement historique est de la sorte concentré dans les mains de la bourgeoisie : *toute victoire remportée dans ces conditions est une victoire bourgeoise* ». Cette « alliance du peuple et de la bourgeoisie progressiste » dans laquelle vous voyez – non sans raison, encore une fois – « le grand fait politique et social du XIX^e^ siècle » ne prouve donc, à la vérité, qu'une seule chose (mais que, de nos jours, on a presque toujours tendance à oublier, surtout à gauche) : c'est que, depuis deux siècles, c'est bel et bien la bourgeoisie qui ne cesse, pour l'essentiel, de *remporter la lutte des classes* et d'imprimer ainsi son sceau « progressiste » sur le mouvement de l'histoire moderne.

Je tiens néanmoins à vous rassurer tout de suite. En reprenant à mon compte cette analyse marxisante, je ne songe pas un seul instant à contester le fait que les alliances politiques ambiguës qui se sont ainsi nouées entre le peuple et l'élite bourgeoise à l'occasion de ces « malentendus » répétés (vous-même n'hésitez pas à parler de « marché de dupes ») ont indiscutablement contribué, *par ailleurs*, à enraciner au plus profond de la psychologie populaire cette volonté de justice, ce sens de l'appartenance commune et cet attachement aux libertés publiques fondamentales (notamment à la liberté d'expression et au droit de vote) qui sont devenus une des conditions essentielles du fonctionnement – je reprends ici votre formule – de « ce que nous appelons la République ». Il s'agit là, en d'autres termes, d'acquis politiques extrêmement précieux et qui représentent en quelque sorte – si j'ose employer ce vocabulaire psychanalytique – les « bénéfices secondaires » du système de domination politique propre à l'*ancienne* bourgeoisie progressiste, patriotique et républicaine (disons – pour remuer nos souvenirs d'enfance – celle des manuels de Malet et Isaac). Il ne fait donc aucun doute, à mes yeux, qu'une authentique culture socialiste et populaire devrait non seulement intégrer ces acquis mais encore, et surtout, en développer au maximum le potentiel émancipateur (travail politique – et philosophique – d'autant plus indispensable que la logique procédurière du libéralisme culturel et son culte constitutif de l'*abstraction juridique* – fondement métaphysique de tout « politiquement correct » – ne peut conduire, de son côté, qu'à remettre progressivement en cause la plupart de ces acquis, et en premier lieu – on le voit bien aujourd'hui – cette *liberté de parole et de débat* que la gauche contemporaine tend trop facilement à considérer comme fondamentalement incompatible avec sa « lutte contre toutes les discriminations »).

Il reste qu'une fois reconnu cet aspect positif des choses, je ne vois pas en quoi le fait indéniable que la bourgeoisie soit ainsi parvenue, tout au long des deux derniers siècles, à maintenir globalement son emprise idéologique (je dis bien « idéologique » et non pas « morale ») sur les classes populaires, c'est-à-dire à les cantonner dans leur rôle traditionnel de *force d'appoint* ou même de *chair à canon* (sauf en de rares occasions historiques comme par exemple – pour ce qui est du seul XX^e siècle – 1907, 1936, 1945 ou 1968) devrait nous conduire à remettre en question la validité philosophique du projet socialiste *et de son idéal « séparatiste »*. À la lumière du monde dans lequel l'humanité est aujourd'hui contrainte de se débattre – et sous la condition, bien entendu, qu'on sache actualiser les principes de la critique socialiste originelle de manière à les rendre enfin compréhensibles et acceptables par l'immense majorité des classes populaires –, il me semble, au contraire, qu'un tel projet *est redevenu plus actuel que jamais*. D'une part, parce qu'il est précisément né, au début du XIX^e siècle, du besoin de dépasser les contradictions déjà manifestes d'un capitalisme industriel et financier qui n'était pourtant que *naissant*. Alors que nous avons aujourd'hui affaire à un capitalisme entièrement *développé* et dont les innombrables métastases, qui s'étendent désormais à la planète toute entière, colonisent progressivement toutes les sphères de notre vie (et ceci, il est important de le souligner, selon une logique historique dont Marx et Rosa Luxembourg avaient, *pour l'essentiel*, correctement décrit les lois et annoncé la plupart des effets). Et d'autre part, parce que dans ce champ de ruines qu'est la pensée critique contemporaine je ne vois pas d'autre modèle philosophique encore capable d'expliquer de façon aussi cohérente ce qui est devenu le paradoxe central de notre époque : *celui d'une société qui n'a jamais été aussi libérale quant à ses principes économiques, ni aussi à gauche quant à l'évolution de ses mœurs*. Mais j'imagine que nous aurons bientôt l'occasion de revenir sur les multiples questions que soulève cet *apparent* paradoxe.

J'en viens, à présent, aux deux objections précises que vous soulevez dans votre lettre. Selon vous, l'essor spectaculaire du syndicalisme révolutionnaire – au lendemain même de l'affaire Dreyfus – pourrait difficilement s'expliquer à la lumière du paradigme « séparatiste » que je défends. Il me semble, au contraire, qu'un tel essor s'accorde en tout point avec mes analyses. En refusant de s'associer au pacte d'alliance scellé entre la gauche républicaine et le mouvement socialiste officiel, cette « *aile marchante de la classe ouvrière* » qu'incarnait alors le syndicalisme révolutionnaire (je reprends ici votre excellente formule) montrait clairement, en effet, qu'elle entendait maintenir intégralement l'esprit du socialisme originel. Et donc ces traditions d'indépendance philosophique et organisationnelle qui avaient encore conduit un Jules Guesde et un Jean Jaurès, *aussi tard qu'en janvier 1898* (soit *quatre ans*, par conséquent, après le déclenchement de l'affaire Dreyfus), à cosigner un manifeste se terminant par l'appel célèbre : « Prolétaires, ne vous enrôlez dans aucun clan de cette *guerre civile bourgeoise* ! » (si je ne me trompe, c'est bien là un mot d'ordre « séparatiste » et « antisystème » !) Et la plupart de ces militants « anarcho-syndicalistes » – déjà très méfiants, par définition, à l'endroit de tout « socialisme d'État » – percevaient dans le soutien apporté par le socialisme officiel au président Émile Loubet et à la gauche républicaine (donc y compris à ce marquis de Galliffet qui avait été l'un des principaux bourreaux de la Commune) une énième occasion de vérifier la justesse de la célèbre boutade de Robert de Jouvenel (*La République des camarades*, 1914) : « il y a moins de différences entre deux députés dont l'un est révolutionnaire et l'autre ne l'est pas, qu'entre deux révolutionnaires dont l'un est député et l'autre ne l'est pas » (l'anarchiste Émile Janvion – l'un des fondateurs du mouvement d'éducation libertaire – ira jusqu'à dénoncer, quelques années plus tard, le règne bourgeois des « *Républirequins* », et à se gausser joyeusement de leur « *combat "contre la réaction", "contre la calotte" et autres diversions avec lesquelles les agents égareurs du véritable Capitalisme (plus actionnaire que réactionnaire) bernent, depuis un demi-siècle, le prolétariat* »). La vitalité manifeste du syndicalisme révolutionnaire, entre 1898 et 1914, ne prouve donc qu'une chose. C'est qu'un authentique mouvement ouvrier de masse, et de surcroît entièrement autonome (comme le sera, plus tard, le magnifique mouvement anarchiste espagnol), a pu *continuer* à se développer jusqu'au début de la Première Guerre mondiale, et ce alors même que l'essor parallèle d'une *nou-*

*velle* Gauche – George Orwell n'aura de cesse de le souligner – allait, tout au contraire, accélérer le processus de prise en main des partis « socialistes » officiels par les représentants idéologiques de ces *nouvelles classes moyennes* organiquement liées aux formes les plus dynamiques du capitalisme de consommation et de la société du spectacle. Qu'une Louise Michel, une Flora Tristan ou une Rosa Luxembourg aient pu ainsi céder la place à une Christiane Taubira, une Najat Vallaud-Belkacem ou une Cécile Duflot – sans que nul ne s'indigne ni même ne s'interroge – devrait suffire, une fois pour toutes, à prendre la mesure exacte de cette effarante *régression*, tout à la fois politique, morale et intellectuelle. Et si l'on devait chercher à tout prix une ancêtre politique commune à toutes ces dames de la gauche libérale, ce serait plutôt du côté de cette curieuse duchesse de Sutherland dont Marx moquait, dans *Le Capital*, les « initiatives mongoliques ». Non contente, en effet, d'exploiter d'une main de fer les paysans de ses innombrables domaines, elle mettait *parallèlement* son point d'honneur à afficher partout « son amour pour les esclaves noirs », jusqu'à organiser à Londres une réception triomphale en l'honneur de Harriet Beecher Stowe, l'auteur de la *Case de l'oncle Tom*. La duchesse de Sutherland apparaît donc bien, de ce point de vue, comme l'une des premières femmes politiques à avoir célébré *simultanément* l'exploitation de l'homme par l'homme et la « lutte contre toutes les discriminations ».

Quant au mouvement communiste il me semble qu'il relève du même type d'analyse. Né, pour l'essentiel, au lendemain de cette Première Guerre mondiale qui avait vu les courants majoritaires de l'Internationale socialiste sacrifier le combat anticapitaliste au profit de l'« union sacrée », il se proposait lui aussi, quoique sous des formes infiniment moins démocratiques et libertaires que l'anarcho-syndicalisme (comme Rosa Luxembourg ne cessera d'en faire le reproche à Lénine) de substituer à la politique *jaurésienne* d'« union de la gauche » (ou de « cartel des gauches ») celle d'un retour révolutionnaire à la *lutte anticapitaliste* et donc – là encore – aux traditions d'indépendance les plus solides du vieux mouvement ouvrier et socialiste (dans un discours prononcé devant le parti communiste alsacien au début des années 1920, Maurice Thorez ira même jusqu'à rappeler que la section française de l'Internationale communiste n'était « ni de gauche ni de droite »). Tel était, d'ailleurs, le sens premier du mot d'ordre « classe contre classe » – mot d'ordre qui invitait à mettre en place, dès maintenant, une véritable « contre-société » populaire et qui conduisait donc aussi bien – pour prendre deux exemples qui me sont familiers – à défendre l'indépendance absolue du mouvement espérantiste ouvrier qu'à soutenir le principe d'une « internationale sportive rouge », voire celui de jeux olympiques prolétariens *séparés*. Et seule la terrible défaite, en 1933, du Parti communiste d'Allemagne – due, entre autres, à une application particulièrement débile du concept de « front unique ouvrier » et à la sous-estimation correspondante du problème des classes moyennes et du danger hitlérien – contraindra le mouvement stalinien à accepter, à son tour, le principe d'une alliance *défensive* avec la social-démocratie et la *bourgeoisie de gauche* (alors incarnée, en France, par le tout-puissant Parti radical) dans le cadre essentiellement « républicain » et

« antifasciste » des politiques dites de « front populaire » (à tel point qu'en France, c'est seulement le mouvement *spontané* d'occupation des usines par la classe ouvrière qui obligera le gouvernement de Léon Blum à dépasser les limites originelles de son programme électoral et à concéder au peuple toute une série de conquêtes sociales objectivement révolutionnaires). C'est, avant tout, dans ce contexte historique particulier (et également, bien sûr, parce qu'ils devaient en permanence défendre les intérêts de classe de la nomenklatura « soviétique ») que les partis communistes occidentaux allaient en venir, eux aussi, à renoncer progressivement au vieil idéal socialiste d'autonomie populaire (*exit* Marx et sa stratégie de lutte des classes) et à se fondre peu à peu – tout comme, avant eux, le parti de Jules Guesde et de Jean Jaurès – dans la nébuleuse ambiguë de la Gauche moderne et de son culte « progressiste » du *mouvement pour le mouvement*.

Il me reste, pour conclure cette première lettre, à dissiper un dernier malentendu. Vous vous dites « choqué », cher Jacques Julliard, par le fait que je « paraisse refuser que le peuple, et spécialement le peuple ouvrier, ait jamais pu être touché par l'aile du Progrès et la philosophie des Lumières ». Le problème, c'est que je n'ai jamais rien dit de tel. Dans les *Mystères de la gauche*, j'écrivais, au contraire, que le projet socialiste était né sous une *double étoile* : « D'un côté il apparaît incontestablement comme l'un des *héritiers les plus légitimes de la philosophie des Lumières et de la Révolution française* – dans la mesure où il en reprend clairement à son compte le souci égalitaire et l'idée qu'un projet d'émancipation véritable n'a de sens que s'il s'inscrit sous des fins universelles. Mais, de l'autre, il représente également la critique la plus radicale et la plus cohérente de ce nouveau monde libéral et industriel [...] dont les principes constitutifs se fondent, par une curieuse ironie de l'histoire, sur le même héritage philosophique. » C'est pourquoi j'invitais le lecteur à « reprendre le problème sur des bases plus dialectiques » et à « accepter enfin d'avoir à *penser avec les Lumières contre les Lumières* ». Il me faut donc dire à présent un mot de cette *critique éclairée des Lumières*, dont Hegel est le grand précurseur, et qui ne constitue, selon moi, que l'autre face du projet socialiste originel.

Si on entend par « philosophie des Lumières » la simple croyance en la possibilité d'un monde pacifique et raisonnable dans lequel – à la différence de « l'absurde système féodal » – les hommes pourraient enfin vivre *libres* et *égaux*, il est clair que le socialisme originel (celui des Pierre Leroux, des Victor Considérant ou des Constantin Pecqueur) s'inscrit à peu près entièrement dans ce cadre intellectuel. C'est la raison pour laquelle la critique de ces premiers socialistes portait beaucoup moins sur l'idéal des Lumières lui-même (les idées d'*émancipation*, d'*égalité* et de *liberté* sont au centre de toutes leurs analyses) que sur la représentation « atomiste » de l'homme et de la société qui en constituait l'arrière-plan métaphysique. La plupart des philosophes des Lumières (je laisse ici de côté la question, complexe, de Rousseau et du « républicanisme civique ») concevaient, en effet, l'homme comme un *individu* « indépendant par nature » – doté, à ce titre, d'un certain nombre de « droits naturels », au premier rang desquels figurait la *propriété absolue de soi-même* – et censé n'agir qu'en fonction de son seul intérêt particulier (intérêt d'ailleurs plus ou moins bien *compris*, selon la quantité de raison qu'il se montrait capable de déployer). De là, l'idée – qui traverse toute la pensée politique du XVIII^e^ siècle – selon laquelle une société ne constitue, en dernière instance, qu'un simple *agrégat d'individus* originellement indépendants les uns des autres, et qui n'ont finalement accepté de se soumettre aux règles minimales de la vie commune que parce que chacun en attend, à titre privé, la meilleure protection possible de « sa vie, de ses biens et de sa liberté » (et il suffit de parcourir l'œuvre de John Rawls pour vérifier à quel point le libéralisme moderne – particulièrement dans ses variantes de gauche – reste toujours tributaire d'une telle vision monadologique). Or il n'est pas difficile de reconnaître dans cette anthropologie utilitariste (tout comme dans la psychologie naïve et réductrice qui en est le complément obligé) l'exemple même de ces « robinsonnades » que Marx n'a cessé de ridiculiser (les « plates fictions du XVIII^e^ siècle » disait-il encore) et qui caractérisaient, selon lui, aussi bien la métaphysique du libéralisme économique (« le chasseur et le pêcheur individuels et isolés, par lesquels commencent Smith et Ricardo ») que celle du libéralisme politique et culturel (la liberté comme « abstraction inhérente à *l'individu isolé* »).

C'est d'abord cet irréalisme absolu des postulats idéologiques de la pensée des Lumières (« l'homme – rappelait encore Marx – est non seulement un animal social, mais un animal *qui ne peut s'isoler que dans la société* ») qui expliquait, aux yeux des fondateurs du socialisme, non seulement le caractère inévitablement *abstrait* de sa conception de la liberté et de l'égalité – on pourrait dire, en parodiant Descartes, que les fameux « droits de l'homme » ne représentent, d'un point de vue socialiste, que *le plus bas degré de la liberté* politique (ce qui ne veut évidemment pas dire que la liberté qu'ils rendent en partie possible soit purement « formelle »), mais également le fait que son idéal d'émancipation ne pouvait s'incarner historiquement – en raison, précisément, de son caractère abstrait – que sous la seule forme de la *société libérale moderne* (autrement dit – pour reprendre la description qu'en proposait dès 1829 le manifeste de l'école saint-simonienne – que sous la forme d'une société dont l'horizon ultime serait nécessairement celui d'« une agrégation d'individus sans liens, sans relations et n'ayant pour mobile que l'impulsion de l'égoïsme »).

Sur un plan strictement politique, l'événement qui aura le plus contribué à ouvrir les yeux des défenseurs du peuple (autrement dit, des « populistes ») sur l'ensemble des potentialités négatives que l'idéal émancipateur des Lumières recelait à son insu est sans aucun doute l'adoption par l'Assemblée constituante, en juin 1791, de la loi Le Chapelier. En proposant d'abolir toutes les médiations sociales et historiques concrètes qui existaient encore entre l'individu et l'État libéral (« il n'y a plus que *l'intérêt particulier de chaque individu* et l'intérêt général » proclamait triomphalement Isaac Le Chapelier dans son rapport à l'Assemblée), cette *loi d'atomisation généralisée* réussissait, en effet – et du même mouvement – à *émanciper* les travailleurs de toutes les contraintes hiérarchiques et communautaires liées à l'ancien monde des corporations et du compagnonnage (à supposer qu'on puisse mettre toutes ces contraintes sur le même plan) tout en laissant ces travailleurs désormais *seuls et sans défense* face la tyrannie naissante du marché capitaliste. À tel point que Frederick Morton Eden (dont Marx disait qu'il était « le seul disciple d'Adam Smith, au XVIIIe siècle, à avoir produit une œuvre de quelque importance ») en était venu à reconnaître – dans son célèbre ouvrage sur la pauvreté publié en 1797 – que si les travailleurs de son temps étaient maintenant beaucoup plus pauvres, c'était paradoxalement « parce qu'ils étaient devenus plus libres ». Morton Eden en arrivait même à se demander, *à la lumière de la nouvelle situation historique*, si cette liberté en était véritablement une, et si la situation du nouveau prolétaire n'était pas, au fond, « pire que celle d'un esclave, ménagé du moins et nourri dans le propre intérêt de son possesseur ». C'est donc bien cette critique de la représentation de la liberté comme « abstraction inhérente à l'individu isolé » (individu dès lors fondé à revendiquer en permanence *le droit de faire ce qu'il veut de son temps, de son corps ou de son argent*) qui allait constituer – dès le début du XIXe siècle – le moteur philosophique principal de la protestation socialiste contre le capitalisme naissant (et qui éclaire du même coup la nature dialectique des rapports que celle-ci entretenait avec la philosophie des Lumières). Et, comme toujours, c'est à Proudhon – du fait de sa sensibilité anarchiste – que nous devons l'une des formulations les plus célèbres et les plus claires de cette critique. « Au point de vue social – écrivait-il ainsi dans les *Confessions d'un révolutionnaire* – liberté et solidarité sont des termes identiques : la liberté de chacun rencontrera dans la liberté d'autrui *non plus une limite, comme dans la déclaration des droits de l'homme de 1791*, mais un auxiliaire ; l'homme le plus libre est celui qui a le plus de relations avec ses semblables. »

S'il fallait se convaincre de l'incroyable modernité de ce développement socialiste de la vieille idée aristotélicienne selon laquelle l'homme – loin de pouvoir s'épanouir dans l'égoïsme, le narcissisme ou la cupidité – est, par essence, un *animal politique*, il suffirait de considérer un seul instant la question, devenue aujourd'hui emblématique, du travail dominical (est-ce d'ailleurs tout à fait un hasard si le premier essai politique de Proudhon – écrit en 1839 – était une *célébration du dimanche ?*) Comment ne pas voir, en effet, que c'est précisément au nom du droit *absolu* de chacun (considéré – pour reprendre la formule de Marx – en tant qu'individu « séparé de l'homme et de la communauté ») à organiser son temps et sa vie quotidienne *en fonction de ses seuls intérêts privés* qu'on nous presse désormais d'en finir avec ce terrible « tabou » d'un autre âge ? Au nom, par conséquent, du vieux dogme libéral selon lequel tous les *contrats* que peuvent nouer, à titre privé, deux individus adultes et consentants (qu'il s'agisse, par exemple, d'une prostituée et de son client ou d'un employeur et de son employé) ne devraient *en aucun cas* « regarder » la collectivité ni, *a fortiori*, légitimer le moindre contrôle ou la moindre *intervention* de sa part. Et cela, quand bien même il serait possible de pointer à l'avance toutes les retombées négatives que ces choix – présentés comme entièrement « libres » et strictement « individuels » – auront *inévitablement*, à terme, sur la forme, le contenu et la qualité de la vie collective (à commencer par ce fait économique élémentaire : le jour où le dimanche sera effectivement devenu *un jour comme les autres*, il n'existera plus la moindre raison – d'un point de vue patronal – pour continuer à prélever sur le travail dominical une plus-value inférieure à celle qui est prélevée sur celui des autres jours). Or une telle logique – *indissociablement économique et culturelle* – ne peut, par définition, s'arrêter en si bon chemin. C'est bien elle, par exemple, qui permet déjà de légitimer aussi bien la spéculation boursière et l'exil fiscal (« je fais ce que je veux de mon argent, *ça ne vous regarde pas* ») que l'idée selon laquelle la prostitution est un *métier comme un autre* ou l'addiction à la drogue l'affaire du seul drogué (« je fais ce que je veux de mon corps, *ça ne vous regarde pas* »). Et c'est, bien sûr, encore elle – quoique très peu d'esprits, à gauche, aient eu le courage politique et intellectuel de l'admettre – qui devait nécessairement sous-tendre l'étrange revendication d'un « *mariage* pour tous » (en lieu et place d'un *pacte d'union civile* destiné à donner enfin à *tous* les couples – quelle que soit leur orientation sexuelle – les *mêmes droits protecteurs*, notamment après un divorce ou un décès) dès lors qu'on avait préalablement pris soin de réduire l'institution du mariage – conformément au dogme furieusement *girondin* d'un Noël Mamère – à « un *simple contrat* passé entre *deux* personnes par consentement mutuel ». Pur arrangement *privé*, par conséquent, entre deux individus supposés « séparés de l'homme et de la communauté » et censé n'avoir, à ce titre, aucun effet particulier sur les structures de la vie *collective.* Alors même qu'il aurait dû être évident – du moins pour quiconque a été initié aux mystères biologiques de la reproduction – que l'institution *sociale* du « mariage » dépasse toujours le seul point de vue privé du couple dans la mesure où elle met *officiellement* en jeu la question anthropologique de la *filiation* et donc, *a fortiori*, celle du *mode de production et d'échange des enfants.* Double question philosophique dont on saisira sans doute mieux les enjeux ultimes en se reportant au film prémonitoire d'Andrew Niccol – *Bienvenue à Gattaca* – qui, dès 1997, décrivait avec la plus grande lucidité les implications inexorablement *inégalitaires* – « enfants de la nature » *versus* enfants « perfectionnés » de la techno-science et de l'industrie génétique – d'un monde livré aux fantasmes foncièrement *eugénistes* d'une Christiane Taubira (ou de son mentor Francis Fukuyama).

Comme vous pouvez le constater, ma vision des rapports entre le socialisme originel et la philosophie des Lumières est donc beaucoup plus complexe que celle qui vous avait légitimement choqué. C'est même sans doute sa structure dialectique qui pousse, aujourd'hui, tant de brillants mandarins de la nouvelle gauche *antisocialiste* à falsifier ouvertement ma critique de l'atomisme social des Lumières dans l'espoir de la ramener ainsi à une simple « nostalgie réactionnaire des valeurs ancestrales » doublée d'une idéalisation particulièrement suspecte d'un prolétariat « disparu » (l'imaginatif Frédéric Lordon allant même jusqu'à *prévoir rétrospectivement* – si puissante est la théologie sociale de Bourdieu – qu'une critique aussi excessive du libéralisme m'aurait inévitablement conduit, *si j'avais vécu au XIII^e siècle*, à

« refuser la possession d'une âme » aux représentantes du sexe féminin !)

Vous aurez enfin noté que, dans ma réponse, je n'ai fait qu'effleurer, pour l'essentiel, l'épineuse question du « Progrès », autrement dit de cette marche automatique et providentielle du genre humain vers un avenir supposé toujours plus radieux (du premier outil en silex au smartphone, aux centrales nucléaires ou à l'exploitation industrielle du gaz de schiste). Dans la mesure, en effet, où cette question surdétermine tout notre débat (du moins si l'on admet – avec l'historien Marc Crapez – que « Gauche » ne rime pas d'abord avec Peuple mais avec Progrès) il m'a paru évident que nous aurions l'occasion de la rencontrer à nouveau et qu'il était donc inutile d'allonger encore un peu plus cette première lettre.

Il existe pourtant un point, lié à cette question du « Progrès », sur lequel – pour une fois – je me sens en *total désaccord* avec vous. C'est votre idée selon laquelle – je vous cite – « le progrès technique est axiologiquement neutre » et que seuls, par conséquent, ses *usages* pourraient être dits bons ou mauvais. Cela est sans doute vrai des objets techniques les plus élémentaires : un marteau peut effectivement servir à planter un clou ou à défoncer le crâne de son ennemi. Mais cela cesse de l'être (sans même aborder ici la question centrale de l'« obsolescence programmée ») dès lors qu'on dépasse un certain seuil de développement et de complexité. Quel usage émancipateur et humainement positif pourrait-on raisonnablement faire, en effet, d'une chaise électrique, de semences artificiellement rendues stériles par les ingénieurs de Monsanto ou d'un laboratoire destiné à transformer le pavot en héroïne ? Or à partir du moment où l'accumulation du capital (puisque tel est le véritable ressort de cette sacro-sainte « croissance » que tous les politiciens libéraux se disent prêts, de nos jours, à « aller chercher avec les dents ») ne repose pas sur la production de valeurs d'usage mais *uniquement* sur celle de valeurs d'échange (et même, quand le taux de profit l'exige, sur la production de *valeurs d'échange dépourvues de toute valeur d'usage*, voire notoirement nuisibles ou toxiques), il est inévitable que le système libéral en vienne peu à peu à soumettre *le pouvoir d'inventer lui-même* au seuls impératifs de la rentabilité à tout prix. C'est pourquoi il n'y aurait guère de sens, selon moi, à invoquer – par exemple – la « neutralité axiologique » d'une chaîne de montage (elle apparaît, au contraire, indissociable de la conception taylorienne des rapports entre l'intelligence et la main), celle d'un porte-conteneurs géant (il apparaît, au contraire, indissociable de cette organisation capitaliste du commerce mondial qui exige la destruction méthodique de toutes les autonomies locales et de tous les « circuits courts ») ou encore celle de la toute dernière version de *Grand Theft Auto* (jeu vidéo célébrant le crime organisé et l'abolition de toutes les frontières, évidemment impensable en dehors des « avancées émancipatrices » du libéralisme culturel de la gauche moderne). Et – soulignons-le au passage – ce simple fait suffit à réfuter le vieux dogme marxiste selon lequel le développement mondialisé du capitalisme préparerait *de lui-même* – puisque telle serait sa « mission historique » – la « base matérielle du socialisme » (tout comme il devait simultanément engendrer « ses propres fossoyeurs »). Et, par conséquent, l'idée corrélative selon laquelle ce développement supposé inéluctable des « forces productives » conduirait automatiquement à mettre en place l'*infrastructure* technique et matérielle exigée par une société libre, égalitaire et respectueuse des équilibres naturels (comme si, en d'autres termes, l'aéroport de Notre-Dame-des-Landes, l'urbanisme de Dubaï, le réseau autoroutier européen ou les centrales nucléaires japonaises constituaient déjà *l'appartement-témoin* d'une future société socialiste conviviale, décente et autonome). Dogme définitivement intenable (même s'il a pu paraître plausible à l'époque où le capitalisme et la technologie moderne n'en n'étaient qu'à leurs premiers balbutiements) à mesure qu'il devient de plus en plus manifeste – en dépit de tous les efforts pathétiques des économistes de cour pour conjurer ce fait – que la subordination continuelle de toutes les sphères de notre vie quotidienne aux seuls impératifs *abstraits* de la « croissance » et de la « compétitivité » à tout prix ne peut conduire, à terme, qu'à désagréger tous les murs porteurs d'une civilisation humaine digne de ce nom et peut-être même – un jour – les conditions matérielles de toute vie sur Terre.

Comme vous pouvez l'imaginer, cher Jacques Julliard, j'attends donc votre réponse avec la plus grande impatience – histoire de voir où nous en sommes, après ces deux premières lettres, de nos accords et désaccords. Et soyez naturellement assuré, vous aussi, de toute mon estime et de toute ma sympathie.

*Jacques Julliard à Jean-Claude Michéa*

*Décembre 2013*

« Si seulement Michéa avait raison ! » Voilà ce que je me suis dit, cher Jean-Claude, à la lecture de votre lettre. Car enfin, je dois bien vous l'avouer en me l'avouant à moi-même, je me suis mis de propos délibéré dans une situation difficile en entreprenant avec vous cet échange de lettres. Il y a tant de choses en moi qui plaident pour votre saint ! Il y a cette voix intérieure qui ne cesse de me répéter le mot si profond de Simone Weil, que nous admirons l'un et l'autre : « L'ordre social, quoique nécessaire, est essentiellement mauvais, quel qu'il soit. » Selon que l'on incline à insister sur « nécessaire » ou sur « mauvais », on sera, dans la pratique réformiste, ou révolutionnaire. C'est en somme un choix de vie. Mais dans l'ordre spéculatif, cela ne doit pas empêcher d'être sensible à l'argumentation de l'autre partie. C'est mon cas, et ce parti pris de ne jamais avoir complètement raison et de faire une place à l'argumentation inverse aurait fait de moi un bien mauvais praticien de la politique.

Non que je vous croie intégralement anarchiste, refusant tout ordre gouvernemental. Nous savons bien tous les quatre – j'inclus dans notre colloque Simone Weil, déjà citée, et Proudhon – qu'à la fin des fins, il faut bien que quelqu'un gouverne, c'est-à-dire contre toute rigueur doctrinale, parle et même agisse dans certains domaines au nom des autres. Mais dans le débat théorique, vous vous affranchissez de cette nécessité dernière, vous la renvoyez à d'autres ou à plus tard. Vous faites comme si l'ordre social – de celui-ci vous ne vous affranchissez pas, au point que les plus malveillants de vos critiques voient en vous un nostalgique de l'ordre ancien – pouvait être complètement autonome et s'autogérer. Cela vous oblige à lui donner une personnalité collective, à lui prêter des intentions, des volontés, des projets. Vous ne croyez qu'au bon individualisme et vous faites l'impasse sur le mauvais. C'est là que j'ai pensé à part moi : « Ah ! S'il pouvait avoir raison ! » Mais je suis plus pascalien que vous, j'en ai peur.

Alors, je réponds aux questions que vous avez soulevées. « Votre peuple », vous avais-je dit, « je ne le vois pas bien », et vous avez repris l'expression. Lecture faite, je persiste et signe. « Mon peuple », me dites-vous, « n'est nullement introuvable : il continue de constituer l'immense majorité de la population active » et vous énumérez : « ouvriers, employés, techniciens, paysans, artisans, petits commerçants, petits entrepreneurs. » Et, de fait, toutes ces catégories mises bout à bout constituent bien la part majeure de la population. Mais une « population » est-elle un « peuple » ? C'est toute la question. Celle-là même que se posent les partis qui prétendent à une représentativité globale, telle qu'elle les habilite à gouverner la France. Prenons le cas du Parti socialiste. Il y a en son sein des petits entrepreneurs, et aussi des « bobos » qui ont pour idéal politique

# CLIMATS

Maxime Catroux

*Directrice littéraire*

Paris, le 3 décembre

Cher Christopher Yggdre,

Voici comme convenu le livre paru en octobre...

À bientôt fin décembre.

Cordialement,

Maxime Catroux

87, quai Panhard et Levassor 75647 Paris Cedex 13 • Tél : 33 (0) 1 40 51 34 36 • mcatroux@flammarion.fr

le social-libéralisme. Il y a aussi beaucoup de fonctionnaires, notamment d'enseignants, qui penchent vers le social-jacobinisme. Des ouvriers aussi, qui inclinent naturellement vers la social-démocratie. Et enfin, des travailleurs de la communication, des intellectuels, des artistes, qui rêvent d'une sorte de social-libertarisme. Cela fait beaucoup d'horizons d'attente différents pour un seul parti. Et sans nier la médiocrité des dirigeants socialistes, leur égoïsme de nantis, il faut convenir que la tâche n'est pas facile. La commisération pour ce pauvre François Hollande fait bien dans les tribunes des congrès ou des journaux et même aux comptoirs de bistro ; mais elle ne prend jamais en compte, en dehors même des difficultés de la conjoncture, les contraintes inhérentes à un pacte à vocation majoritaire dans la nation. Du temps qu'il avait encore des prétentions théoriques, c'est-à-dire dans les années 1960 et 1970, le parti socialiste avait tenté d'acclimater l'expression de « front de classes » pour désigner son concept opératoire. De graves discussions opposèrent alors ceux qui voulaient mettre un « s » à front de classes – les plus empiriques, évidemment – et ceux qui préféraient le singulier : front de classe, les plus à gauche, les plus « luttistes de classe », bien entendu. Autrement dit, le front restait-il une simple mosaïque ou bien parvenait-il à fédérer ses diverses composantes en une classe unique ? On ne le saura jamais, car l'expression a cessé d'avoir cours. Dans les deux hypothèses, le ciment était le même : l'anticapitalisme. Mais quand il s'est agi de définir un axe de gouvernement, les choses sont devenues tout à coup beaucoup plus compliquées, et ce n'est pas un hasard si le concept de « front de classes – ou de classe – » a disparu avec l'accession au pouvoir de François Mitterrand.

Vous identifiez parfaitement le problème en soulignant que l'existence *en elles-même* des classes populaires ne garantit pas leur existence *pour elles-mêmes,* c'est-à-dire leur conscience d'exister en tant que classes. Cette conscience est en voie de disparition, faute d'un « travail d'organisation spécifique », dites-vous, expression pudique pour désigner quelque chose qui ressemble assez à un parti, à la rigueur à un syndicat, sur la base de ce que l'on appelle depuis Jean-François Lyotard un « grand récit », comme la philosophie du progrès ou le marxisme. Mon Dieu, mais cette formulation me convient tout à fait. Il me semble qu'elle confirme en tous points ma thèse : à savoir qu'en France le peuple n'a jamais vraiment prétendu faire son salut tout seul, sur la base d'un « séparatisme de classe » que vous admirez fort. La manière qui a toujours été la sienne de s'inscrire dans une philosophie du progrès – le marxisme étant lui-même une philosophie du progrès très marquée par les conditions de sa naissance au XIXe siècle – plaide pour cette alliance de la justice et du progrès, dans laquelle je vois le fondement solide de l'idée de gauche. Car si dans le couple, l'idée de justice est incontestablement d'origine prolétarienne, celle de progrès est de façon aussi incontestable d'origine bourgeoise : non seulement parce qu'elle a été formulée par des intellectuels extérieurs à la classe ouvrière, mais surtout parce qu'elle affirme les aspirations et les objectifs de la bourgeoisie montante depuis les XVIIIe et XIXe siècles. Chez Marx lui-même, l'émancipation du prolétariat et l'avènement d'une société juste, c'est-à-dire d'une société sans classes, est indissociable d'une idée du progrès général de l'humanité, grâce à la technique et à l'industrie. On ne dira jamais assez que de ce point de vue, la philosophie industrialiste de Marx n'est qu'un cas particulier de l'industrialisme porté par la bourgeoisie.

Eh bien ! C'est cette philosophie d'une gauche faisant bloc – bourgeoisie et prolétariat réunis, sinon confondus – qui a éclaté dans la deuxième moitié du XX^e^ siècle. Par un paradoxe qui n'est qu'apparent, l'effondrement historique du communisme et l'effondrement théorique du marxisme ont été la manifestation la plus spectaculaire de cet éclatement. Depuis ses origines, le marxisme occidental s'est en effet installé sur un porte-à-faux : il était « continuiste » économiquement parlant, et « séparatiste » socialement parlant. Il a cru que l'on pouvait continuer la révolution industrielle bourgeoise, gage de progrès, tout en éliminant la bourgeoisie comme classe dominante, instrument d'exploitation. L'Union soviétique a poussé cette contradiction jusqu'à la caricature, sous la forme d'un industrialisme d'État qui conjuguait l'inefficacité économique avec la férocité sociale.

Avec l'effondrement de cette philosophie bâtarde et de ce régime proprement surréaliste que l'on nommait communisme soviétique, fin de ce qui fondait théoriquement l'alliance progressiste de la gauche bourgeoise et de la gauche populaire, fin des grands récits !

Mais avant d'aller plus loin, c'est-à-dire d'examiner les conséquences de cet effondrement, permettez-moi de m'arrêter un instant sur un point que je n'ai pas suffisamment développé dans ma première lettre, puisque je ne vous ai pas convaincu. Historiquement, le séparatisme, c'est-à-dire le repli sur la solitude de classe, et ce que j'ai appelé le « continuisme », c'est-à-dire l'adhésion à une philosophie du progrès commune avec la bourgeoisie, ne sont pas deux attitudes exclusives l'une de l'autre. On ne comprendrait pas l'histoire du mouvement ouvrier au XIXe siècle si l'on ne repérait pas leur présence simultanée, presque à tout moment, dans le déroulement de cette histoire. Dans la première moitié du XIXe siècle et sous le second Empire, les ouvriers ont donné sans cesse des armes et des troupes au parti républicain, tout en développant parallèlement leurs organisations propres (sociétés de secours mutuels, syndicats). Vous m'avez fait relire le fameux *Manifeste des soixante* (paru dans *L'Opinion nationale* du 17 février 1864 et dans *Le Temps* du 18 février), dans lequel Proudhon a salué un signe éclatant de l'autonomie ouvrière, tout en critiquant l'électoralisme de ses auteurs. Cette double visée dont je parle s'y développe d'un bout à l'autre. Le suffrage universel, disent les auteurs, parmi lesquels de futurs communards comme Camélinat, le plus connu, nous a rendus majeurs politiquement, mais il nous reste à nous émanciper socialement. Comment ? Par « la liberté du travail, le crédit, la solidarité (voilà nos rêves !) »

Pour cela, il faut envoyer des députés ouvriers au Parlement. Et d'ajouter : « *Fortifier, en la complétant, l'action de l'opposition libérale*. Elle a demandé, dans les termes les plus modestes, le *nécessaire* des libertés. Les ouvriers députés demanderont le *nécessaire* des réformes économiques. » On ne peut rêver affirmation plus nette de la complémentarité du continuisme politique et du séparatisme social.

Jaurès ne dira pas autre chose une quarantaine d'années plus tard.

Mieux encore, le syndicalisme révolutionnaire dont vous faites à juste titre l'expression la plus achevée du séparatisme ouvrier non plus. C'est ainsi qu'en 1909, à la sortie de son mandat de secrétaire de la CGT, Victor Griffuelhes, dans un article retentissant, pointe du doigt l'espèce de communauté, certes limitée aux acquêts, entre le mouvement cégétiste révolutionnaire et la grande industrie de type américain contre la petite entreprise à la française. Du renforcement de l'industrialisme naîtra une nouvelle vigueur pour le mouvement ouvrier. Une étude attentive du comportement des dirigeants syndicalistes de l'époque montre qu'un grand nombre d'entre eux votent à Paris avec la direction farouchement indépendantiste de la CGT révolutionnaire, tout en soutenant, revenus dans leurs départements, l'action politique des socialistes, fussent-ils très réformistes. « L'anarcho-syndicalisme » a bien pu inspirer l'action sociale et revendicative des ouvriers, il n'a jamais pu les détourner d'aller voter : proche de Griffuelhes et de Monatte socialement, et de Jaurès politiquement, en somme.

Quant à la Charte d'Amiens (1906), que l'on regarde à juste titre comme un manifeste de l'autonomie ouvrière, c'est aussi, on l'a moins souvent remarqué, la réhabilitation de l'action réformiste comme préalable et comme propédeutique à l'action révolutionnaire. Les tenants de la grève générale étaient alors souvent hostiles aux grèves partielles et à l'action revendicative quotidienne, accusées de détourner les travailleurs de l'objectif final. La Charte, rédigée par les leaders de la CGT syndicaliste révolutionnaire, s'inscrivait en faux contre cette méthode. Et la suite montrera même que dès lors, ils privilégieront sans cesse davantage l'action réformiste proprement dite.

Permettez-moi de revenir au passage sur notre différend concernant les origines de la gauche. Je vous faisais remarquer dans ma précédente lettre que votre idée d'une naissance tardive de la gauche dans le contexte de l'affaire Dreyfus était incompatible avec l'affirmation, à la même époque, d'un syndicalisme séparatiste. Vous me rétorquiez en substance que c'est justement ce dernier qui est une réponse au pacte d'alliance entre « la gauche républicaine et le mouvement socialiste officiel ». C'est juste. Mais ce socialisme que vous qualifiez d'officiel est tout à fait représentatif de l'opinion des ouvriers eux-mêmes. N'en déplaise à quelques anarchistes – et encore pas tous –, les ouvriers sont républicains, et depuis longtemps. Ils contribuent largement au succès des gauches lors des élections législatives de 1902 et à l'établissement à la Chambre d'une majorité dite du Bloc des gauches. Autrement dit, le syndicalisme révolutionnaire, qui traduit la méfiance d'un certain nombre de dirigeants ouvriers d'inspiration libertaire à l'égard de l'alliance des socialistes et des radicaux, n'a jamais pu remettre en cause la fidélité de la masse ouvrière à la République.

L'échec du syndicalisme révolutionnaire, patent à partir de 1909, n'a pas d'autre cause. Il marque le refus par la classe ouvrière d'une troisième voie qui ne serait ni la droite, bien sûr, ni la gauche. On peut être lucide sur les limites et même sur les ambiguïtés d'une telle alliance sans toutefois vouloir la remettre en cause, parce que l'on estime que le bilan global en est, tout compte fait, positif.

Pour ma part, je ne prétends nullement que la *summa divisio* entre la gauche et la droite suffise à rendre compte de tous les phénomènes politiques de la période. Elle n'exclut pas des tensions internes à chaque camp, jusqu'à en menacer l'existence. C'est du reste pourquoi j'ai appelé mon récent livre sur cette question *Les Gauches françaises* et non *La Gauche française*. Le bipartisme français est en somme un bipartisme de deuxième tour, qui n'oblige personne à renoncer à sa personnalité propre. Il est fondé non sur la fusion des opinions en un réceptacle unique, mais sur un double système d'association. Je vous accorde qu'historiquement, la lutte des classes et le front populaire comme modèle politique sont deux notions théoriquement incompatibles. Mais cette contradiction est inscrite dans l'histoire de France : elle se traduit par un différentiel irréductible entre l'histoire politique et l'histoire sociale de ce pays. L'impossibilité de faire abstraction de l'une ou l'autre de ces deux histoires et surtout de ramener l'une à l'autre est choquante pour l'infrastructurisme socio-économique du marxisme. Mais il faut bien à un moment donné qu'un schéma théorique, fût-il celui du marxisme, s'incline devant l'évidence de la réalité historique.

Pour me résumer sur ce point, je me trouve parfaitement d'accord avec vous pour affirmer que la division droite-gauche n'épuise pas nécessairement la totalité du champ politique et social. Bien au contraire. À ceux qui m'ont reproché de n'avoir, dans mes *Gauches françaises*, fait qu'une faible place aux questions sociales, j'ai répondu qu'après avoir consacré une partie de ma vie à m'intéresser à ces données à travers l'histoire du syndicalisme, j'ai voulu cette fois faire une histoire des gauches, ce qui est différent. La gauche n'est pas le peuple, je vous en donne acte, elle est plus, puisqu'elle comprend une partie de la bourgeoisie, mais elle est moins puisqu'elle ne comprend pas les questions populaires et sociales proprement dites.

Mais à votre tour, vous devriez bien me donner acte du fait que le socialisme n'est pas non plus le peuple. Lorsque vous dites qu'une insistance excessive sur l'opposition droite-gauche gomme l'originalité radicale du projet socialiste, vous avez raison. Mais ce socialisme n'est pas non plus le peuple. Marx, dites-vous, ne se prétendait ni de gauche ni de droite. Sans doute, et c'est là la faiblesse de sa vision politique, réduite abusivement à un reflet, à tout le moins à une simple traduction de la réalité économico-sociale. Il a laissé passer là une donnée essentielle qui est l'autonomie, relative sans doute, mais réelle, du politique. Voilà pourquoi sa vision de la civilisation moderne est hémiplégique et si peu crédible.

Le peuple, donc, n'est ni la gauche ni le socialisme, même s'il participe des deux. C'est en cela qu'il est une donnée sociale et anthropologique irréductible, et je serai toujours avec vous pour empêcher les politiciens, « socialistes », « communistes » ou autres, d'accaparer le peuple à leur profit.

Je peux après ce long détour historique revenir à mon objet initial, c'est-à-dire aux conséquences de l'effondrement du « grand récit » marxiste sur la représentation que nous avons aujourd'hui du peuple lui-même. Nous convenons aisément que, faute d'un agent unificateur, en l'occurrence un parti armé d'une idéologie, la « conscience de classe » se dissout, comme nous le voyons aujourd'hui. Mais il faut aller plus loin : la conscience de classe du passé fut-elle une réalité vécue comme telle par les ouvriers ou seulement l'idéologie propre des partis marxistes ? La conscience de classe dans sa version économique débouche naturellement sur la candidature au pouvoir de la classe en question. Ce fut le cas de la bourgeoisie à la fin de l'Ancien Régime. D'une certaine manière, la célèbre brochure de Sieyès *Qu'est-ce que le Tiers-État ?* (1789) constituait bel et bien un acte de candidature au pouvoir, et le comportement de la bourgeoisie libérale lors des États généraux, une affirmation explicite de cette candidature. Or, vit-on jamais la classe ouvrière procéder de la sorte ? Non. L'affirmation de son rôle dirigeant dans le processus révolutionnaire est toujours demeuré le fait de certains intellectuels compagnons de route. À l'exception de quelques rares moments – la Commune pour l'essentiel –, le peuple *n'a pas de conscience de classe*, il *a une conscience de peuple*. Si l'antonyme de la classe ouvrière est bien la bourgeoisie capitaliste, l'antonyme du peuple est la classe dirigeante, et l'on comprend que Marx et ses successeurs se soient donné beaucoup de mal pour prouver que bourgeoisie capitaliste et classe dirigeante sont une seule et même chose. Ce qui n'est vrai qu'en partie. Car si l'abolition de la bourgeoisie capitaliste peut être l'objectif naturel de la classe ouvrière, il ne va pas de soi que l'objectif du peuple soit l'abolition de toute classe dirigeante. Parce qu'il n'est pas facile de se passer d'une classe dirigeante. En dehors de l'idéologie socialiste, qui est loin de se confondre avec l'idéologie populaire, cette dernière a un contenu exclusivement critique et négatif, le seul qui puisse, en l'absence d'un grand récit mythique, regrouper les diverses composantes du peuple. C'est la situation que nous vivons aujourd'hui. La totalité des catégories populaires dont nous parlions plus haut sont en colère contre le capitalisme globalisé, qui accroît leur précarité ou même précipite leur perte. Mais il leur est beaucoup plus difficile de se mettre d'accord sur un programme positif de réformes. Les uns veulent davantage d'impôts pour garantir la protection sociale. Les autres veulent moins d'impôts, car leur survie est à ce prix. Les uns veulent plus d'État, les autres moins. Et l'on pourrait multiplier les exemples. Ces catégories constituent bien la majorité du peuple et du corps électoral. Mais ce n'est qu'une majorité de refus. Voilà pourquoi nous ne sommes pas dans une conjoncture *socialiste*, au sens marxiste-léniniste du mot. Nous ne sommes même pas dans une conjoncture *populaire*. Nous ne sommes pas en 1788. Nous sommes dans une conjoncture *populiste*.

Populisme : encore un mot qui fâche. On a raison de dénoncer l'usage à tort et à travers que l'on en fait. Pourtant, difficile de s'en passer. Après tout, démocratie, libéralisme, égalité et peuple lui-même sont des concepts multiformes, genre couteau suisse, et une partie des débats qu'ils suscitent vient de ce qu'on ne parle pas toujours de la même lame.

Pour vous, les choses sont simples. Que le mot « populiste » soit devenu une injure marque assez le degré d'exclusion et de mépris dans lequel les classes dirigeantes tiennent le peuple. Comment en effet ne pas souscrire à ce principe que vous empruntez à Machiavel et qui selon vous est le critère même du populisme ? Je cite : « On ne peut honnêtement et sans faire tort à autrui satisfaire les Grands, mais avec le Peuple, on le peut : car le désir du Peuple est plus honnête que celui des Grands, ces derniers veulent opprimer, celui-là ne pas être opprimé. »

Mille fois d'accord. Ce qui est décrit ici c'est le réflexe de défense de tout corps opprimé à l'égard de son oppresseur. Le pouvoir en soi est une chose mauvaise, et quand bien même on s'y résigne comme à un mal nécessaire, il est indispensable de lui résister à tout moment. C'est la philosophie politique d'Alain, qui n'a rien d'un anarchiste, encore moins d'un révolutionnaire, mais qui exprime la pensée du « citoyen contre les pouvoirs ». Le peuple n'est pas vertueux parce qu'il est peuple, mais parce qu'il est opprimé. Et si l'on ne sait pas pourquoi à un moment donné il faut résister aux Grands, eux-mêmes le savent bien. Le populisme du peuple n'est donc que la réplique à l'élitisme des élites. Ce n'est pas par un effet de classe, c'est un effet de structure. C'est le réflexe de l'Irlandais qui débarquant dans une île inconnue demande à un naturel s'il y a un gouvernement dans cette île. Sur la réponse positive de celui-ci, il décrète : « Alors, je suis contre ! » Tel est ce que l'on pourrait appeler le populisme de défense. Il est le fait des couches populaires elles-mêmes.

Il en va tout autrement du populisme des politiques et des intellectuels qui entendent parler au nom du peuple et constituer celui-ci en une sorte de Golem dont ils auraient seuls le maniement. Ils présupposent d'abord que le peuple est un et non multiple. Rien n'est moins sûr, surtout en l'absence d'un élément unificateur, comme nous venons de le voir. Il implique que ses intérêts soient concordants et jamais contradictoires ; que les classes moyennes, par exemple, aient les mêmes intérêts que les classes salariées, ce qui n'est guère vraisemblable. Qu'il suffira en somme d'abolir l'odieuse domination des classes supérieures, et le prélèvement qu'elles opèrent à tous les niveaux de l'édifice social et dans toutes les fonctions de la vie collective, pour que la prospérité s'installe. Ce populisme-là est la philosophie implicite et même souvent explicite de la Révolution française, version 1793. Il s'agit d'éradiquer la domination d'une poignée d'exploiteurs, de « méchants » – c'est le vocabulaire de Robespierre –, pour faire advenir le règne du Bien.

Et de ce populisme-là, je me méfie comme de la peste. Sous prétexte de démocratie directe – c'est une des prétentions du populisme que de donner la parole au peuple sans intermédiaire –, il pratique en réalité le plus sournois des substitutionnismes. Le peuple est en vérité menacé en permanence par deux espèces de substitutionnisme. L'un est le substitutionnisme parlementaire dans lequel l'assemblée élue prend la place du peuple électeur et usurpe sa souveraineté. C'est le fait des systèmes représentatifs, dont le grand juriste Carré de Malberg a bien dénoncé le mécanisme. Le mandat reçu le jour de l'élection opère pratiquement le transfert de souveraineté du peuple électeur à l'assemblée élue. C'est la pratique la plus habituelle des démocraties libérales. Mais cela ne doit pas nous rendre aveugles aux mécanismes des autres substitutionnismes, d'essence dictatoriale, qui transfèrent la souveraineté du peuple à ses représentants autoproclamés : parti ou leader charismatique. Pardon de ce cours élémentaire de droit constitutionnel. Mais je suis frappé de l'incapacité de la conscience politique courante de garder à l'esprit le danger symétrique de celui dont elle est menacée immédiatement.

Vous savez comme moi que Mussolini et Hitler d'une part, Lénine, Staline, Mao, Pol Pot, Castro, et j'en passe, ont toujours eu le mot « peuple » à la bouche mais que c'est eux qui parlaient. D'intarissables bavards à l'exception peut-être du Khmer rouge. Leur dictature est redoutable. Car au nom de qui ou de quoi le peuple réel peut-il se réclamer pour abattre la domination de qui prétend parler en son nom ? Eux-mêmes l'ont fait remarquer : on ne se révolte pas contre soi-même. Leurs ennemis sont les ennemis du Peuple, et contre cela, il n'y a pas de recours. Voila pourquoi les opposants aux dictatures populistes sont si embarrassés pour s'identifier eux-mêmes. Et faute d'une légitimité minimale, ces « ennemis du Peuple » ne peuvent être que des ambitieux et des « méchants » : le schéma de Robespierre n'a pas fini de servir.

Autrement dit, en termes de philosophie politique, le pouvoir populaire est un principe aussi abstrait, aussi indémontrable, et par conséquent aussi manipulable que le pouvoir divin, ou théocratie. Par conséquent, le seul populisme acceptable, le seul qui ne menace pas à chaque instant de tourner à la dictature de tous – ou d'un seul, c'est ici la même chose –, c'est un populisme sans référent suprême, un populisme sans souveraineté, c'est-à-dire sans peuple. C'est, je crois, la grande leçon de Proudhon. Aussi longtemps que l'on conserve le principe métaphysique, et en réalité despotique, de la souveraineté, peu importe au fond quel en est le titulaire : la seule chose assurée est l'oppression qui en découle.

Le grand danger du populisme est de substituer le règne de la morale à celui de la loi. Le second obéit à des règles claires, le premier à la subjectivité ou au bon plaisir de celui ou de ceux qui sont en situation de les formuler. Tout aujourd'hui semble aller en ce sens. La tyrannie de la télévision et d'Internet tend à substituer à l'objectivité de la loi le subjectivisme de la morale. Quand, lors de l'expulsion d'une famille en situation irrégulière après que tous les recours ont été refusés, le président de l'Assemblée nationale, Claude Bartolone, suggère qu'à côté de la loi positive, il y a les exigences des valeurs humanitaires et qu'on ne saurait subordonner les secondes à la première sans risquer de perdre son âme, il s'exprime exactement comme les islamistes radicaux qui entendent placer les valeurs de l'islam au-dessus de la loi. Toute la société médiatique baigne dans les bons sentiments dont nous voyons chaque jour l'impuissance et l'hypocrisie. Les relations entre les citoyens et les élus reposent aujourd'hui exclusivement sur ce pacte moralisateur qui tient lieu de pacte social. Les surenchères de la morale servent de cache-sexe à la prédominance absolue des intérêts privés et du profit ; elles permettent d'escamoter aisément les exigences de l'esprit juridique.

Pour me résumer, je dirai qu'il en va du populisme comme du cholestérol : il y a le bon et il y a le mauvais. Tout le danger actuel vient de ce que les démagogues, qui sont d'excellents ventriloques, se prévalent du bon alors qu'ils n'ont en tête que le mauvais.

Vous, cher Jean-Claude, qui êtes orfèvre dans l'art de nommer les choses de leurs vrais noms, vous devriez bien imaginer deux expressions différentes pour les distinguer l'un de l'autre. Car je ne pense pas que vous serez en désaccord avec ces remarques du bon sens commun. Je me demande seulement comment concilier votre idée, empruntée à Orwell, de la « décence commune » avec la nécessité de lutter contre le moralisme ambiant. Vous avez le mérite, vous qui venez d'une tradition marxiste, d'affirmer que le socialisme n'est pas seulement une question juridique (l'appropriation des moyens de production), ni économique (le rôle de l'État dans la production), ni sociale (les rapports de classes qui en découlent) : c'est aussi, je devrais même dire d'abord, une question morale. Vous préférez le terme orwellien de « décence », mais peu importe. Après l'effondrement du communisme limité à la question économico-juridique, cela pourrait être une définition du soviétisme : si le socialisme n'est pas moral, il n'est plus rien du tout. Péguy l'avait dit le premier : le socialisme sera moral ou ne sera pas. Voyez du reste les socialistes français, qui n'ont retenu de la vulgate marxiste qu'une sorte d'interdit de la morale : ils ne sont plus rien. Voyez même les efforts de Jean-Luc Mélenchon pour réintroduire en contrebande une sorte d'impératif moral dans son économisme effréné : son programme s'appelle « L'humain d'abord ».

En fait, la question me paraît si importante que je renonce à la traiter ici. Cela alourdirait trop la présente lettre. Mais je lui ferai une place importante dans la prochaine. De la possibilité de nous mettre d'accord sur ce point dépend la fécondité de l'ensemble de nos échanges.

Il me reste à aborder deux points soulevés dans votre lettre, deux points qui en réalité n'en font qu'un seul : à savoir les conséquences, vraies ou supposées, de la philosophie des Lumières. Je n'ai rien à objecter à ce que vous dites des conséquences positives du XVIII^e^ siècle en termes d'émancipation humaine : leur formulation dépasse de beaucoup la classe qui est censée s'être emparée de cet idéal pour le faire servir ses intérêts particuliers. Seule restriction : lorsque vous parlez des droits de l'homme comme du « plus bas degré de la liberté politique », je vous trouve bien difficile. Tout le XX^e^ siècle, et tout le socialisme *réel*, vous m'entendez, nous incite à réévaluer fortement le prix de cet espèce de SMIC des libertés. Il reste un idéal inatteignable pour la plupart des peuples. De même, je vous suis volontiers pour dénoncer la vision atomistique de la société que l'on prétend issue des philosophes du XVIII^e^ siècle. Au minimum, il faudrait en exclure Rousseau : individualiste farouche, il n'en définit pas moins l'homme moderne comme un être social et la société moderne comme le résultat d'un contrat, qui n'est pas libre et aléatoire, mais bel et bien contraignant. L'individualisme moderne d'essence néocapitaliste, destructeur de toute espèce de solidarités, anciennes ou actuelles, menace les bases de la civilisation, et vous combattez courageusement les petits marquis et les bobos libérés qui jugent réactionnaire tout lien qui ne serait pas purement contractuel. Vous conviendrez pourtant avec moi que cette dénégation forcenée de la part innée de l'homme et de la part héritée de la société est bien peu conforme aux canons du XVIII^e siècle ! Vous faites le constat, ou plutôt le pari que dans cette question de l'artificialité radicale de l'homme et de la société, le peuple est de votre côté, non de celui de la néobourgeoisie dont *Libé* est le porte-parole. Je n'en sais rien, nous en reparlerons.

En revanche, je maintiens intégralement ce que j'avançais dans ma précédente lettre sur la « neutralité axiologique » de la technique. Évidemment, si l'on se place du point de vue du produit fini, chaîne de montage ou chaise électrique, on conviendra aisément que l'objet n'est pas neutre. Mais si l'on se place du point de vue des avancées techniques qui ont permis cet objet, électricité, sidérurgie, outillage, cette neutralité est incontestable. Prenons l'exemple du laser : son utilisation dans l'armement comme système de visée accroît le pouvoir mortifère de l'homme, mais son usage en chirurgie a permis des progrès presque inespérés il y a peu pour sauver des vies ou réparer des organes malades. Mieux encore : prenons le cas du machinisme en général. Ce que j'ai appelé la « neutralité axiologique » de la technologie y éclate, à travers les usages contradictoires qu'on peut en faire. Selon les auteurs et les époques, on a loué le machinisme parce qu'il économise la peine des hommes, ou on l'a dénigré parce qu'il les prive de leur emploi. Entre les deux guerres, Jacques Duboin s'était fait le chantre de « l'abondantisme » qui selon lui devait découler de « la grande relève des hommes par la machine » : l'économie de la peine humaine qu'elle produisait devait permettre de dégager en quantité croissante du temps libre pour la culture, les loisirs, la vie de famille, l'épanouissement personnel. Aujourd'hui, paradoxalement, ce que l'on réclame en priorité du machinisme, c'est de ne pas détruire des emplois et au mieux, si possible, d'en créer.

Est-ce la technique qui est en cause ? En aucune manière, mais l'usage qui en est fait par le capitalisme. En bonne logique, pour que le machinisme produise ses effets bénéfiques, l'augmentation du salaire devrait accompagner fidèlement celui de la productivité, de sorte qu'un ouvrier conserve, voire accroisse son pouvoir d'achat à mesure que son temps de travail diminue. Il n'en est malheureusement rien, ou si peu ; depuis au moins cinquante ans, il faut, quels que soient les progrès de la productivité, travailler à temps plein, mettons quarante heures par semaine, pour conserver son pouvoir d'achat. Le résultat d'un tel système, c'est l'accroissement du chômage, et la domination accentuée de l'employeur sur le marché du travail. L'usage de la technique que fait le capitalisme ne consiste pas à diminuer la peine des hommes, mais à accroître ses profits. Sans rival au chapitre de la production, le capitalisme s'est révélé incapable depuis Ford de redistribuer les ressources, d'une manière je ne dis pas équitable, mais simplement viable. Ce faisant, il a perdu l'avantage moral qu'il s'était acquis lors de l'effondrement du système soviétique. Certes, la mondialisation s'est accompagnée d'un recul spectaculaire et sans précédent de l'extrême pauvreté à travers le monde. On ne saurait l'oublier quand on en dresse le bilan. Mais on ne bâtit pas une société sur la base d'un système productif. Faute d'un système redistributif adapté à sa propre dynamique, le système productif est sans cesse menacé d'implosion.

Responsable du recul de la pauvreté à travers le monde, le progrès technique ne l'est pas de cette incapacité du capitalisme à inventer un modèle social viable à partir de son système productif. Certes, je me défie du progrès quand on en fait une philosophie de l'Histoire, comme jadis Condorcet, Comte et Marx. J'ai déjà dit pourquoi.

Et je n'ai garde d'oublier, notamment en termes d'environnement, « les dégâts du progrès », expression que j'avais forgée en référence aux *Illusions du progrès* de Georges Sorel, pour servir à un livre de la CFDT (1977) publié sous la direction de Jean-Philippe Faivret, Jean-Louis Missika et Dominique Wolton. Il s'agissait de confronter ce progrès technique aux conditions de travail des salariés et non de remettre en cause ce progrès lui-même, comme on a tendance à le faire depuis, notamment sous l'influence de la *deep ecology*. Le catastrophisme, à fondement millénariste, que l'on voit se développer ici et là, est le fait des nantis et des bobos bien plus que du peuple. Quelles que soient les précautions à prendre et les limites à fixer fermement, personne ne remettrait en cause les progrès de la communication, de la médecine ou de l'agronomie.

Pour la gauche, il n'y a pas de tâche intellectuelle et politique plus urgente que de réconcilier le progrès scientifique avec la justice sociale, selon le schéma du XIXe siècle, qui a été perdu de vue en cours de route, lorsqu'en 1917, elle a perdu son agent historique désigné, le prolétariat. Cette gauche a perdu la confiance du peuple, elle a perdu aussi sa propre confiance dans le progrès, en se laissant entraîner sur les terrains glissants du libéralisme moral et du communautarisme au détriment de l'exigence d'une société solidaire et responsable qu'elle n'aurait jamais dû abandonner. Vous voyez que par des chemins divers, nous finissons par nous rencontrer. Mais il nous reste encore à explorer ces chemins.

Croyez, cher Jean-Claude Michéa, à mes sentiments amicaux.

*Jean-Claude Michéa à Jacques Julliard*

*Janvier 2014*

Il serait assurément dommage, cher Jacques Julliard, que notre échange de lettres puisse être perçu comme une simple « querelle d'érudits ». Si nous devons si souvent remuer la poussière du passé, ce n'est pas uniquement, en effet, parce que l'histoire *réelle* de la gauche et du socialisme est aujourd'hui largement méconnue du grand public (et, sans doute plus encore, des jeunes générations militantes élevées dans la cage intellectuelle du mitterrandisme). C'est aussi, et surtout, parce que sans ce détour par l'histoire, il serait très difficile de comprendre l'un des paradoxes majeurs de notre situation politique actuelle. Celui d'une société *capitaliste* dont la crise s'étend peu à peu à *toutes* les sphères de l'existence humaine (même si tous, bien sûr, sont loin de s'accorder sur les causes et la nature profondes de cette crise) alors même que les forces politiques qui prétendaient incarner, il y a trente ans encore, l'alternative la plus plausible à cette société sans âme ont presque toutes fini par la considérer (sous le nom, certes plus séduisant, de « modernité ») comme l'horizon *définitif* de l'aventure humaine. Voilà un constat sur lequel nous devrions pouvoir nous accorder sans peine.

Nos désaccords – quand désaccords il y a – portent donc plutôt sur le sens qu'il convient de donner à cet abandon progressif par la gauche moderne de *toute* référence – fût-elle purement rhétorique – aux idéaux fondateurs du socialisme (la social-démocratie allemande ayant, comme chacun sait, ouvert la voie dès 1959). Faut-il voir dans un tel abandon un simple accident de parcours qu'une gauche « vraiment de gauche » aurait su forcément éviter (telle est, au fond, la thèse défendue par Jean-Luc Mélenchon et Olivier Besancenot) ? Ou faut-il y voir, comme je persiste à le penser, un phénomène dont la nécessité philosophique était inscrite *depuis le début* dans le pacte ambigu qui a lié, pendant près d'un siècle, la Gauche libérale-républicaine (le Parti radical en a longtemps été l'expression dominante) à ces « partis ouvriers » dont l'ambition proclamée (du moins dans leurs discours et leurs programmes) était, au contraire, de rompre avec le capitalisme ? Puisque cette question commande toutes les autres, c'est donc par elle que je vais commencer.

Dans votre dernière lettre, vous soutenez ainsi que la posture « séparatiste » (Gustave Lefrançais – premier président élu de la Commune de Paris et figure particulièrement attachante du socialisme libertaire – en avait donné la meilleure formulation lorsqu'il écrivait, dans ses *Souvenirs d'un révolutionnaire*, que la condition première de toute politique socialiste, c'était « la retraite des travailleurs sur le mont Aventin, se séparant du monde bourgeois, s'organisant *en dehors de lui et contre lui* ») et celle que vous appelez « continuiste » (l'idée – je vous cite – « d'une gauche faisant bloc, bourgeoisie et prolétariat réunis, sinon confondus ») ne sont nullement « deux attitudes exclusives l'une de l'autre ». La gauche bourgeoise et le socialisme prolétarien devraient même être tenus, selon vous, pour les deux volets complémentaires du diptyque « républicain ». Pour argumenter cette thèse, vous prenez à votre tour appui sur le *Manifeste des soixante*, texte qui, tout en défendant le principe de l'autonomie ouvrière, tend parfois – je vous le concède – à présenter l'idéal socialiste comme une simple *extension* au domaine économique et social de ces fameuses « libertés nécessaires » dont Adolphe Thiers – le chef de la gauche libérale d'alors – venait de défendre brillamment le principe. Le discours de Thiers ayant été prononcé le 11 janvier 1864 – soit quelques semaines seulement avant la rédaction du *Manifeste* par l'ouvrier Henri Tolain – il est d'ailleurs possible que ce dernier (qui du reste – une fois élu député – ralliera progressivement l'extrême gauche et sera donc, de ce fait, définitivement exclu du mouvement socialiste) ait jugé politiquement habile de reprendre tel quel ce concept de « libertés nécessaires »).

Il reste cependant à savoir si une telle position philosophique – qui sera effectivement, plus tard, celle de Jean Jaurès – est véritablement cohérente. Or, sur ce point précis, il me semble que la critique de Proudhon (qui était aussi celle de Marx) est difficilement réfutable. « Il y a dans le *Manifeste des soixante* – écrit-il ainsi dans sa *Lettre aux ouvriers en vue des élections de 1864* – un mot malheureux. *En politique*, ils se déclarent d'accord avec l'opposition [*autrement dit, avec la gauche*] ; concession exorbitante, inspirée par la pensée généreuse de combler, au moins en partie, l'abîme qui sépare la démocratie de ses représentants, et qu'il faut mettre sur le compte des entraînements de la plume. *Nous ne pouvons sincèrement pas plus être satisfaits de la politique de l'opposition que de ses idées économiques.* La politique, dans un gouvernement, dans un parti, découle de ses idées économiques et sociales ; *comment, si celles-ci sont fausses, celle-là serait-elle sans reproche* ? » Et Proudhon d'enfoncer le clou : « La politique de l'opposition, c'est d'abord son antisocialisme déclaré, qui fatalement la rallie contre nous à la pensée réactionnaire [*autrement dit, à celle de la droite cléricale et monarchiste*]. MM. Marie et Jules Favre nous l'ont dit, lors de la discussion de l'adresse, d'un ton à n'oublier jamais : nous ne sommes pas socialistes ! À ces mots l'Assemblée *toute entière* a éclaté en applaudissements : pas une voix de protestation ne s'est fait entendre. Nous sommes donc autorisés à dire que *sur le principe même de leur politique*, les membres de l'opposition prétendue démocratique sont d'accord avec le gouvernement ; ils sont plus antisocialistes que le gouvernement lui-même ; *comment n'en seraient-ils pas un jour les ministres ?* »

Ce que Proudhon pointe ici avec tant de clarté et d'ironie c'est, bien entendu, la question (devenue forcément centrale à la lumière de la désastreuse expérience stalinienne) de l'articulation philosophique entre la vieille idéologie libérale des « droits de l'homme » – forgée, au XIXe siècle, dans la lutte contre l'absolutisme royal et le système des corporations – et le nouveau projet socialiste d'émanciper le genre humain de la tyrannie, *par définition entièrement moderne*, du capital et de son principe d'illimitation. Or lorsque je soutenais dans ma précédente lettre, et en parodiant

Descartes, que les « droits de l'homme » ne constituaient que le « plus bas degré de la liberté politique », ce n'était évidemment pas pour suggérer – dans la plus pure tradition bolchevique – leur caractère illusoire ou mensonger. C'était bien plutôt pour rappeler que les libertés minimales que ces droits traduisent à leur façon – si indispensables soient-elles pour une société socialiste – ne suffisent jamais par elles-mêmes à garantir les conditions concrètes d'une *autonomie* véritable, c'est-à-dire de la capacité *effective* des individus devenus juridiquement libres et égaux à exercer un pouvoir réel sur leurs conditions d'existence collective et personnelle (un libéral pourrait sans doute m'accorder ce point, mais en ajoutant aussitôt que chaque individu est *intégralement* responsable de *toutes* les situations de dépendance ou d'addiction dont il entendrait se plaindre). Je ne prendrai ici qu'un seul exemple (exemple que je n'ai, du reste, pas tout à fait choisi au hasard puisque cette question du statut des femmes représente sans doute le point aveugle de la pensée proudhonienne). L'existence – dans toutes les sociétés capitalistes développées – d'une presse « féminine » habituellement florissante suffit, en effet, à mesurer le caractère foncièrement ambigu de tout mode d'émancipation *purement libéral* (sur cette question précise, je renvoie au remarquable essai que Kristin Ross a consacré à la « modernisation de la France au tournant des années 1960 » – *Rouler plus vite, laver plus blanc* –, essai dans lequel elle mettait justement en évidence le rôle décisif joué par le magazine *Elle* – notamment sous la direction de Françoise Giroud – dans la diffusion parmi le public féminin des nouvelles valeurs du capitalisme libéral). Car si la société capitaliste se trouve incontestablement contrainte – du fait de sa logique d'individualisation des rapports humains – de « fouler aux pieds toutes les relations *patriarcales* et idylliques » (Marx) et de soustraire ainsi progressivement les femmes au joug familial traditionnel (joug qui avait, de surcroît, l'inconvénient économique de diviser par deux le nombre des consommateurs possibles), c'est néanmoins toujours en encourageant *du même pas* – et sous des formes supposées appropriées à leur « genre » – leur soumission parallèle au règne de la Marchandise et de la Mode. Quand, par exemple, une Africaine en vient à être obsédée par le désir de blanchir sa peau, une Asiatique par celui de débrider ses yeux ou une insulaire du Pacifique Sud par celui de mincir à tout prix – et cela dans le seul but de sacrifier leur beauté naturelle aux canons esthétiques de la culture *mainstream* –, il me semble en effet beaucoup plus pertinent de convoquer la théorie marxiste de l'aliénation plutôt que le dogme libéral d'un choix supposé entièrement « libre et personnel ». C'est là, du reste, ce qui permet de distinguer le véritable féminisme – celui qui a toujours exhorté les femmes à s'émanciper *en tant qu'êtres humains à part entière* (et qui est donc habituellement lié, d'une manière ou d'une autre, à une critique de la société bourgeoise) de ce féminisme essentiellement médiatique et libéral (de Marcela Iacub à Virginie Despentes en passant par les Femen ou les Pussy Riot) qui n'appelle, au contraire, à libérer la femme qu'en tant que consommatrice potentielle de tous les gadgets – y compris idéologiques – de la Société du Spectacle. Bien entendu, cela ne signifie nullement que la condition concrète des femmes – tout comme celle des jeunes ou des « minorités » – n'ait pas considérablement progressé sous le règne du capitalisme de consommation. Mais cela signifie d'abord que dans une société fondée sur la seule nécessité de « vendre tout ce qui peut être vendu » (Friedrich Hayek), de tels progrès humains sont toujours *dialectiquement compensés* – sauf, naturellement, lorsqu'ils ont été *imposés d'en bas* à la classe dominante – par des progrès parallèles de l'individualisme narcissique et de l'aliénation consumériste (sur ce dernier point, on se reportera aux analyses éblouissantes que Pier Paolo Pasolini n'a cessé de consacrer à toutes ces formes illusoires de « libération » – notamment dans la sphère dite « sexuelle » – qu'impose sans cesse le nouveau « fascisme de consommation »). La pauvre Anne Hidalgo en offrait récemment encore – si besoin était – la plus éclatante des confirmations en proclamant fièrement qu'une ville ne pouvait être tenue pour *gay-friendly* que si elle se montrait simultanément *geek-friendly*. Ce qui revenait à soutenir, en d'autres termes, que le droit des homosexuels à vivre librement leur sexualité ne pouvait avoir de sens – du point de vue d'une gauche moderne – que s'il s'inscrivait également dans les formes les plus modernes (donc les plus aliénantes) du *mode de vie capitaliste* et de son culte généralisé de l'écran et de la vie *connectée*. Michel Clouscard – il y a plus de trente ans déjà – avait, du reste, parfaitement saisi cette nature paradoxale du mode d'émancipation libéral (celui, en somme, dans lequel chaque *pas en avant* se paye inévitablement d'une nouvelle aliénation) lorsqu'il faisait observer qu'une société capitaliste accomplie serait une société où « tout est permis et rien n'est possible ». Et de fait, jamais, dans l'histoire de l'humanité, un système social n'aura réussi à fabriquer, à une telle échelle, des individus *à la fois* aussi libres et aussi peu autonomes.

Un système capitaliste *développé* (c'est-à-dire capable de tourner enfin *sur ses propres bases morales et culturelles*, et non plus, comme au XIXe siècle, sur celles des sociétés antérieures) constitue donc ce que Marcel Mauss appelait un « fait social total » (propriété expansive que ce système possédait évidemment en puissance depuis l'origine mais qui n'a véritablement commencé à produire tous ses effets que dans la seconde moitié du XXe siècle). Une fois ce point reconnu – les ouvrages de E.P. Thompson, d'Ellen Meiksins Wood et de David Harvey sont ici irremplaçables –, il devient absurde de continuer à opposer, de façon purement « besancenote », une *sphère politique et culturelle* qui pourrait miraculeusement être abandonnée à la seule dynamique libérale (celle de la lutte, par définition sans fin, contre le racisme « et *toutes* les formes de discrimination » – pour reprendre ici le terme mis en circulation, au début des années 1970, par le penseur « néolibéral » Friedrich Hayek) et une *sphère économique et sociale* qui devrait, au contraire, être protégée contre les effets de cette même dynamique (de ce point de vue, en acceptant l'agenda libéral dans son intégralité, les Hollande, Strauss-Kahn, Moscovici et autres Taubira ont au moins l'avantage sur leurs concurrents d'extrême gauche d'un minimum de cohérence intellectuelle). À l'ère de la mondialisation et de la culture *mainstream*, il n'est plus possible, en effet, de réduire le système capitaliste à un simple « mode de production » (et encore moins, comme le font les bureaucraties syndicales modernes, à un simple mode de *répartition* des richesses), en droit compatible avec toutes les formes de culture et de mentalité existantes, seraient-elles religieuses, « conservatrices » ou patriarcales. Dès lors, en effet, que le « mouvement incessant du gain toujours renouvelé » (Marx) implique une croissance continuelle de la demande solvable (d'où la double nécessité, pour le système capitaliste, d'élargir sans cesse la sphère du marché et d'en faire reposer le développement exponentiel sur la publicité, la dette et le crédit), l'économie libérale apparaît nécessairement liée à un *mode de consommation* déterminé – qui inclut, par exemple, le primat structurel de l'objet jetable sur l'objet réparable – et par là même aux différentes manières de vivre « nomades » et « éclatées » qui en constituent le complément naturel. Tout comme – sur le plan parallèle du Droit et des institutions politiques – cette même économie libérale « exige de libres possesseurs de marchandises, *sans entraves dans leurs mouvements*, égaux en droit en tant que tels, et échangeant sur la base d'un *droit égal pour tous* » (cette critique par Engels du droit libéral et bourgeois pouvant s'appliquer, au mot près, à la plupart des programmes de l'extrême gauche « sociétaliste » d'aujourd'hui).

Voilà qui nous ramène à notre cher Proudhon et donc à sa thèse selon laquelle la critique de l'économie capitaliste étant inséparable de celle du Droit libéral et de l'État bourgeois – ce dernier serait-il « républicain » et garant des « libertés nécessaires » –, on ne saurait réduire le projet socialiste à un simple chapitre additionnel de la philosophie des « droits de l'homme ». De fait, et contrairement à l'extrême gauche contemporaine, Proudhon n'oubliait jamais d'inclure dans sa critique globale du système capitaliste l'ensemble des manières de vivre qui en représentent la traduction quotidienne – allant même, en 1858, jusqu'à définir le nouveau mode de vie capitaliste comme le règne de « *l'absolutisme individuel, multiplié par le nombre de coquilles d'huîtres qui l'expriment* » (ce qui constitue la meilleure description possible de l'univers moral et psychologique de ces nouvelles classes moyennes – les fameux « bobos » – qui constituent, à présent, le noyau dur des bataillons de la gauche). C'est *d'abord* cette capacité d'appréhender le système capitaliste comme un « fait social total » (ou, en langage marxiste, comme la combinaison dialectique d'une « infrastructure » économique et d'une série de « superstructures » juridiques, politiques et culturelles) qui explique que, jusqu'au dernier moment de l'affaire Dreyfus, aucun des grands partis socialistes organisés ne pouvait encore songer à placer sa défense de l'autonomie ouvrière sous le drapeau *bleu* de la gauche de l'époque et de son culte purement abstrait des « droits de l'homme ». À tel point que, dans le journal de Gustave Lefrançais – journal qui couvre précisément la période qui s'étend de 1848 à 1871 et qui constitue l'un des témoignages les plus passionnants et les plus complets sur l'histoire du socialisme originel –, *le mot de « gauche » n'apparaît pratiquement jamais.* Et les deux fois où il est mentionné, c'est évidemment sans aucun rapport avec le mouvement socialiste. Prétendre que Marx, Proudhon ou Bakounine se considéraient comme des « hommes de gauche » revient donc à céder ici à ce que Bergson appelait l'« illusion rétrospective ».

Bien entendu, cette position « séparatiste » (« l'émancipation des travailleurs ne peut être que l'œuvre des travailleurs eux-mêmes ») se trouvait partagée, pour des raisons exactement symétriques, par toute la gauche de l'époque. Relisons, par exemple, l'article fondateur de Léon Gambetta – paru dans l'*Avenir national* du 30 juillet 1869 – dans lequel celui qui portait alors toutes les espérances de l'*extrême gauche* républicaine entendait justement remettre un peu d'ordre dans le vocabulaire politique de son temps. Le mot de « gauche » – commence-t-il ainsi – « a un sens précis, déterminé, limité ; il indique et définit un parti politique de composition homogène, d'origine identique, de principes communs ». C'est pourquoi, poursuit Gambetta, si la gauche ne parvient pas à maintenir cette homogénéité constitutive, elle se condamnera très vite à l'impuissance politique. D'où sa conclusion logique : « il faudrait décomposer *la gauche actuelle* en deux parties, et tracer entre elles une ligne de démarcation qui empêche désormais la confusion, sans exclure les bonnes relations de voisinage et les coopérations momentanées ». Or quelles sont ces « deux parties » de la gauche que Gambetta proposait ainsi de dissocier (de façon, d'ailleurs, plutôt courtoise) ? Son texte, là-dessus, est parfaitement clair. Il y a, d'un côté – note-t-il – une *gauche purement libérale* qui, dans le sillage d'Adolphe Thiers, « croit que le suffrage universel peut s'accommoder des libertés nécessaires » et qui vise donc simplement à « poursuivre sans équivoque la restauration du parlementarisme pur », quitte, pour cela, à s'abriter provisoirement sous les formes juridiques de la monarchie constitutionnelle. Et, de l'autre, *une gauche intégralement républicaine* – ou « radicale » – qui estime, au contraire, « que le peuple est le seul véritable et le seul légitime souverain, mais qu'il lui faut la réalité du pouvoir ». Gauche qui doit donc regrouper « tous ceux qui, avec les Favre, les Simon, les Bancel, les Pelletan et les autres pensent et disent que le peuple ne peut se déclarer satisfait qu'après avoir remis à leur rang de subalternes, réellement obéissants et responsables, ceux qui aujourd'hui le détiennent en maîtres ». Comme vous pouvez le voir, cher Jacques Julliard, *à aucun moment* l'idée ne traverse donc l'esprit de Gambetta que les socialistes (autrement dit, ceux pour qui l'antagonisme entre le Travail et le Capital demeurait la clé de lecture *première* des affrontements politiques modernes) appartiendraient de plein droit à la gauche, fût-elle « radicale ». Gauche radicale (ou « gauche de gauche » dirait-on aujourd'hui) d'ailleurs essentiellement définie par son hostilité fondamentale à l'Église catholique (« le cléricalisme, voilà l'ennemi ! » proclamait-il en 1877) et dont l'objectif premier était avant tout de « *reconquérir* l'héritage politique dont le peuple est dépossédé depuis le 18 brumaire » (et sans doute aurez-vous également remarqué que les politiciens que Gambetta présentait ainsi comme les porte-parole naturels de cette nouvelle gauche radicale étaient précisément ceux que Proudhon dénonçait, quelques années plus tôt, comme « plus antisocialistes que le gouvernement lui-même »). À ce moment précis de l'histoire – l'affaire Dreyfus n'éclatera que vingt-cinq ans plus tard – l'idée d'une « gauche faisant bloc, bourgeoisie et prolétariat confondus » est donc encore très loin de correspondre à une réalité (ce qui ne veut évidemment pas dire qu'il n'existait pas, à cette époque, un certain nombre de prolétaires partisans de Gambetta, notamment dans le midi de la France – tout comme il en existait qui se reconnaissaient dans la droite catholique ou le bonapartisme ; *mais c'est là un tout autre problème*, qui concerne moins la philosophie politique, dont nous débattons pour l'instant, que la sociologie électorale et l'histoire complexe des relations entre Paris et la « Province »). Dans ces conditions – *Bleus* et *Rouges* encore séparés, pour l'essentiel, à la fin du second Empire –, ce n'est évidemment pas la répression sanglante de la Commune organisée par Adolphe Thiers – autrement dit, par le principal représentant de la *gauche libérale de l'époque* (toutes choses égales par ailleurs, son équivalent moderne serait donc François Hollande ou Manuel Valls) – qui allait pouvoir réconcilier de sitôt le mouvement socialiste et une gauche républicaine qui avait *unanimement* applaudi au massacre des ouvriers parisiens (Louis Blanc, devenu sur le tard député de gauche, allant même jusqu'à flétrir l'« exécrable Commune et ses abominables forfaits »). Et cela d'autant moins, on le sait, que la plupart des intellectuels de gauche de l'époque – d'Émile Zola à Gustave Flaubert en passant par George Sand elle-même – s'étaient empressés d'ensevelir la révolte des Communards sous un tombereau d'insultes et de calomnies particulièrement abjectes (en sorte qu'il ne manquait à leur arsenal sémantique que ce terme de « populiste » qui fait aujourd'hui les délices de leurs tristes héritiers « antifascistes » parisiens). Ultime confirmation, si besoin était, de cette séparation alors maximale entre la République bourgeoise et la République sociale, c'est justement la gauche et l'extrême gauche qui allaient remporter *99 des 114 sièges* à pourvoir lors des élections législatives partielles du 2 juillet 1871 (c'est, à ce jour, *la plus grande victoire électorale de toute l'histoire de la gauche* !) Soit quelques jours seulement après cet effroyable massacre du prolétariat parisien qui allait, à l'inverse, affaiblir pour longtemps le mouvement ouvrier socialiste.

Pour autant, je n'entends pas, là encore, rejeter votre hypothèse « continuiste » dans sa totalité. Pour retrouver le noyau de vérité qu'elle contient indiscutablement, il suffit, en effet, d'en décaler légèrement le point d'application. Car s'il est incontestable que le mouvement socialiste originel – par-delà ses propres divisions internes – refusait toujours de dissoudre le principe de l'autonomie ouvrière dans le bain d'acide de la gauche (je laisse ici de côté les inévitables exceptions individuelles – je pense, par exemple, au « socialisme » de Renouvier – ainsi que ces petites formations hybrides qui ont toujours fait le charme de la zoologie politique française), il est non moins incontestable que ce mouvement se définissait alors presque toujours comme « républicain » (le célèbre mot d'ordre « Vive la sociale ! » n'étant – comme on le sait – que la forme abrégée de « Vive la *République* sociale ! ») Il y a deux raisons à cela. D'une part, les premiers socialistes – s'ils entendaient bien dénoncer les limites bourgeoises et l'universalisme abstrait de la Révolution française – restaient presque tous profondément attachés (à l'exception de Fourier) à *l'esprit* émancipateur qui avait animé cette révolution. À un vieil ami qui lui objectait les

« blagueurs qui, sous la première Révolution, avaient sans cesse plein la bouche de leur amour pour le peuple, des droits du peuple, des vertus du peuple et qui ne se sont pas fait faute, à l'occasion, de le mitrailler comme en Prairial », Gustave Lefrançais répondait ainsi « *qu'il faut distinguer entre la République et les républicains.* Il est hors de doute qu'aujourd'hui [nous sommes en 1848], comme il y a cinquante ans, la République n'est, pour le plus grand nombre de ceux qui s'en prétendent partisans, qu'un moyen de se créer des situations – impossibles pour eux sous une monarchie, les avenues du Pouvoir étant soigneusement gardées contre eux par les privilégiés de la naissance et de la fortune, dont la royauté a besoin de s'entourer pour sa propre sécurité – ; mais cela n'a rien à faire avec *l'idée même de République* qui, dans la conception moderne, n'a de valeur propre que parce qu'elle correspond à la suppression au moins graduelle du *principe d'autorité* ». La seconde raison, c'est que le refus socialiste du système libéral et de sa philosophie individualiste se distinguait sur un certain nombre de points essentiels de celui des partisans de l'Ancien Régime, ne serait-ce que parce que l'idéal égalitaire sur lequel il appuyait le projet d'une société sans classes procédait en grande partie – comme je l'ai rappelé dans ma précédente lettre – de la philosophie des Lumières. Et cela, même si les premiers socialistes n'hésitaient *jamais* (une pareille liberté d'esprit serait évidemment inconcevable sous le règne actuel de la gauche « antifasciste ») à reconnaître la valeur de la critique « souvent amère, mordante et spirituelle » (Marx) que les penseurs *réactionnaires* opéraient du capitalisme naissant (Enfantin, le chef de fil des socialistes saint-simoniens, allant même jusqu'à écrire que « Montlosier, de Maistre et Lamennais ont cru travailler pour le passé, instruments aveugles ! C'est nous qui jouissons de leurs travaux »). Il va de soi, en effet, qu'aucun des théoriciens du socialisme originel – soucieux, avant tout, d'en finir avec *tous* les privilèges de classe – n'aurait pu accepter l'idée d'une inégalité « naturelle » entre les hommes ni la prétention corrélative de l'Église catholique à repousser après la mort la réalisation du principe d'égalité (« Producteurs, sauvons-nous nous-mêmes ! », telles étaient bien, quand même, les paroles de l'Internationale). C'est pourquoi, *chaque fois* que les principes républicains les plus fondamentaux apparaissaient menacés par les forces d'Ancien Régime, les organisations ouvrières – vous l'avez remarquablement mis en lumière dans vos travaux – mettaient effectivement toujours leur point d'honneur à joindre leurs forces (comme, par exemple, en juillet 1830 ou en février 1848) à celles de la gauche républicaine et libérale. Il reste qu'il s'agissait là, pour l'essentiel, d'une alliance strictement défensive, *nouée contre un ennemi commun*, et qui n'était donc pas destinée à durer au-delà de ce combat ponctuel. Même si – je n'entends pas l'oublier – une telle alliance défensive était souvent portée – *du moins aux premières étapes du mouvement* – par le sentiment illusoire d'une fraternité universelle retrouvée (évoquant la journée du 24 février 1848, Gustave Lefrançais observe ainsi que « les premières heures de ce retour à la vie offrirent un imposant spectacle. Riches et pauvres, bourgeois et ouvriers *oublièrent pour un moment ce qui les séparaient* »). Et les ouvriers socialistes allaient, du reste, apprendre très vite que, sitôt le péril réactionnaire écarté, et sitôt dissipée l'euphorie initiale de la victoire commune, la bourgeoisie républicaine ne manquerait pratiquement jamais de se retourner contre eux, et même, quand il le fallait, d'écraser leurs protestations dans le sang. C'est la répétition monotone d'un tel scénario historique (elle se confond, en un sens, avec l'histoire du mouvement ouvrier lui-même – des massacres de Fourmies à la trahison de Florange) qui explique – comme le rappelait Daniel Bensaïd dans l'un de ses derniers textes – qu'« après juin 1848, il n'y a plus une République, mais deux, *la bleue et la rouge*, la bourgeoise et la sociale ».

Pour autant – et c'est sans doute le sens profond de votre thèse « continuiste » – il demeure incontestable que la « persistance de l'Ancien Régime » (selon le titre d'un ouvrage magistral de l'historien américain Arno Mayer), et donc celle de la menace – *alors on ne peut plus réelle* – qu'ont longtemps représentée les « forces du passé » (des « Camelots du roi » à la « Cagoule »), rendait ces pactes de « défense républicaine » à peu près inévitables et donc, d'une certaine manière, *politiquement légitimes*. Car je n'ai évidemment jamais songé un seul instant à nier le fait que ce sont précisément ces alliances défensives sans cesse renouées contre l'ennemi commun – chaque fois, en somme, que la République apparaissait « en danger » – qui ont non seulement permis d'enraciner peu à peu dans notre vie nationale la plupart des libertés civiques dont nous disposons encore (même si Marx, je l'ai déjà souligné, aurait préféré que ces libertés soient inscrites dans une « modeste *Magna*

*Carta* » plutôt que dans le « pompeux catalogue des droits de l'homme »). Mais également d'imposer – chaque fois que le rapport des forces politiques le permettait – certaines des conquêtes sociales qui ont *réellement* conduit à limiter pour un temps (mais pour un temps seulement – on le voit bien aujourd'hui, avec la réforme des retraites, de la sécurité sociale et du droit du travail) la tendance *naturelle* du capital à pressurer toujours plus la force de travail de ceux qu'il maintient sous sa domination.

Voilà qui devrait clarifier notre débat. Car si, sous le nom d'hypothèse « continuiste », vous entendiez seulement rappeler que le mouvement ouvrier originel inscrivait presque toujours son rêve d'une société sans classes dans un cadre « républicain » – autrement dit, dans celui d'une rupture radicale avec les institutions de l'Ancien Régime (qu'il s'agisse des privilèges de naissance, du pouvoir temporel de l'Église ou de la domination parasitaire d'une aristocratie foncière), c'est là une position à laquelle je ne peux que souscrire et que, du reste, *même un Lénine* partageait à sa manière (le régime qu'il a contribué à fonder se considérait officiellement, en effet, comme une union des *républiques* socialistes et soviétiques). Mais si, en revanche, notre débat doit d'abord porter sur ce qui fait, depuis 1830, l'originalité profonde du projet socialiste – autrement dit, celui de substituer à une société fondée sur l'accumulation illimitée du capital et la guerre de tous contre tous une société libre, égalitaire et fondée sur l'entraide et la coopération – il me semble, au contraire, que c'est la thèse « séparatiste » qui traduit le mieux l'essence d'un tel projet. Or c'est justement la confusion entre ces deux plans (*continuité* relative dans le combat contre les survivances institutionnelles de l'Ancien Régime, *séparatisme* absolu dans le combat contre le capital) qui – en rendant de plus en plus difficile à concevoir l'art dialectique de s'allier contre un ennemi commun sans renoncer pour autant à son autonomie politique ni rendre, du même coup, *toutes les armes intellectuelles* à ses alliés du moment – constitue, selon moi, la source proprement philosophique de l'impasse où se débattent aujourd'hui les classes populaires. Le défaut majeur de toutes les politiques dites de « front républicain » (quelle que soit, encore une fois, leur légitimité évidente chaque fois qu'une situation historique précise – comme par exemple lors de l'affaire Dreyfus ou de l'occupation nazie – exige *réellement* de parer au plus pressé) c'est qu'elles tendent toujours, en effet, à favoriser la subordination progressive de la lutte contre la domination du capital aux *exigences désormais tenues pour prioritaires* de la lutte contre les seules forces réactionnaires (subordination que les anarchistes et le syndicalisme révolutionnaire n'ont, pour leur part, jamais validée sous cette forme). Si l'on ajoute qu'à partir des années 1930, le brutal essor du fascisme et du national-socialisme allait faire surgir en Europe une menace *idéologiquement inédite* contre les libertés « républicaines » les plus précieuses (menace autrement plus radicale que celle qu'incarnait encore la vieille droite cléricale et monarchiste), on comprend alors mieux le long processus historique qui devait peu à peu conduire – dès que d'autres facteurs entreraient en jeu (crise, dans les années 1970, de l'accumulation keynésienne du capital, développement des « nouvelles classes moyennes » et d'une culture correspondante de la consommation, déclin de l'empire « soviétique », etc.) – ce qui subsistait encore du mouvement ouvrier autonome de l'époque de Marx, de Proudhon ou de Rosa Luxembourg à renier, l'un après l'autre, *tous* les principes du vieil héritage socialiste. Jusqu'au jour où un François Hollande pourrait enfin tirer officiellement la leçon ultime de ce processus historique en proclamant triomphalement (dans son *Devoirs de vérité*, livre publié – ironie de l'histoire – quelques mois seulement avant la crise des *subprimes* et la chute correspondante de Lehman Brothers) : « c'est François Mitterrand – avec Pierre Bérégovoy – qui a déréglementé l'économie française et l'a largement ouverte à toutes les formes de concurrence. C'est Jacques Delors qui a été, à Paris comme à Bruxelles, l'un des bâtisseurs de l'Europe monétaire avec les évolutions qu'elle impliquait sur le plan des politiques macroéconomiques. C'est Lionel Jospin qui a engagé les regroupements industriels les plus innovants, quitte à ouvrir le capital d'entreprises publiques. *Cessons donc de revêtir des oripeaux idéologiques qui ne trompent personne* ».

Parvenus à ce point de notre discussion, et avant d'aborder enfin la question du « Peuple », il me semble cependant nécessaire d'écarter l'objection qui pourrait venir à l'esprit de nombreux lecteurs. Mon désir de restaurer dans leur tranchant initial les idées de Marx et de Proudhon (sans même y voir, à la manière d'un Luc Boltanski, la marque irrécusable d'une fascination morbide pour le fascisme des années 1930) ne trahit-il pas, au fond, une simple « nostalgie » – certes respectable –

à l'endroit d'un monde politique et culturel irrémédiablement disparu ? Si tel était bien le cas, nous n'aurions effectivement plus d'autre solution possible – c'était déjà celle de la social-démocratie keynésienne – que de chercher à aménager de l'intérieur ce *brave new world* dans lequel il nous est, à présent, donné de vivre. Or il me semble que même une issue aussi « raisonnable » nous est aujourd'hui interdite (on peut certes le regretter, puisque la solution « réformiste » serait forcément celle qui exigerait le moins de sacrifices et de remises en question de la part des gens ordinaires). Le système capitaliste mondial, en effet, loin d'être – comme je n'ai cessé de le rappeler – un système « conservateur » et « tourné vers le passé » –, constitue dans son essence même (pour reprendre une formule de David Harvey) une *force révolutionnaire permanente*. Et c'est donc « proprement vivre les yeux fermés » (pour parodier, ici encore, Descartes) que de continuer à ignorer, comme le font la plupart des intellectuels de gauche actuels, ce fait évident et massif : *jamais* dans l'histoire de l'humanité un système économique et social n'aura transformé à ce point, ni aussi vite, la face entière du monde *et la substance même de l'âme humaine* (les travaux du psychanalyste Jean-Pierre Lebrun sont, sur ce point, particulièrement précieux). Or c'est précisément ce caractère révolutionnaire du système capitaliste qui explique non seulement que les anciennes solutions keynésiennes – toutes fondées sur le principe d'une relance de la croissance par la consommation – ne peuvent plus avoir, *aujourd'hui*, d'autre efficacité que ponctuelle (régler *pour un temps* les situations d'urgence – ce qui n'est certes pas négligeable, comme l'a montré, entre autres, l'expérience d'Hugo Chávez). Mais également pour quelle raison *le pire est forcément devant nous* (« la catastrophe – écrivait Walter Benjamin – c'est lorsque les choses suivent leur cours »). Il existe, en effet, au moins trois limites qui rendent désormais *absolument insensé* le projet libéral de poursuivre indéfiniment l'accumulation du capital (et, de ce point de vue, nous sommes incontestablement rentrés dans ce que mon ami Serge Latouche appelle *l'âge des limites*). Ce sont, respectivement, la limite systémique, la limite écologique et la limite morale et philosophique. Et ce n'est donc que si un mouvement authentiquement populaire se montre enfin capable d'*articuler dialectiquement les trois critiques correspondant à ces trois limites* qu'il deviendra possible de définir les conditions concrètes d'une « sortie » (pour reprendre l'expression de Gustav Landauer) aussi cohérente et civilisée que possible du système capitaliste. Toute autre politique me semble aujourd'hui inexorablement vouée à l'échec.

La limite systémique, de nos jours la moins comprise, est celle que Marx (après Sismondi, ce génial précurseur) décrit longuement dans *Le Capital* et dont la validité peut être reconnue même si on ne souscrit pas à son hypothèse métaphysique d'un « sens de l'Histoire » ou – *a fortiori* – à celle d'une société socialiste future réduite au règne universel de la *grande industrie* socialisée (encore faut-il pour cela rompre avec le célèbre jugement de Foucault – dans *Les Mots et les Choses* – selon lequel Marx « est dans la pensée du XIX^e^ siècle comme un poisson dans l'eau : c'est-à-dire que *partout ailleurs il cesse de respirer* ». La logique d'accumulation illimitée du capital – quand rien ne vient lui faire obstacle, comme c'était encore le cas pendant la période keynésienne – conduit, en effet, à concentrer progressivement l'essentiel de la richesse financière et patrimoniale entre un nombre de mains *proportionnellement* toujours plus restreint. Ceux qui ont de l'argent « en trop » (c'est-à-dire de l'argent qu'ils ne peuvent ni dépenser ni épargner de façon humainement raisonnable) n'ont alors plus d'autre solution (à moins de le *donner* – autrement dit, de le *rendre* à la collectivité) que de le « placer » d'une façon ou d'une autre. Comme tout placement ouvre immédiatement le droit à des intérêts (intérêts d'autant plus élevés que le placement l'est aussi) cette solution conduit donc presque mécaniquement ceux qui sont déjà riches à s'enrichir encore plus (en d'autres termes, comme Paul Jorion l'a lumineusement démontré, dans un système capitaliste « l'argent va à l'argent »). Or si l'argent – et, par conséquent, le « pouvoir d'achat » – tend ainsi à se concentrer à un pôle de la société et si, d'autre part, une production capitaliste ne demeure rentable que si elle séduit sans cesse de nouveaux consommateurs, il s'ensuit logiquement que le capitalisme est confronté par nature à ce que les économistes du XIX^e siècle appelaient le « problème des débouchés » (problème évidemment inconnu du système féodal ou des sociétés dites « primitives »). Pour éviter les crises de *surproduction* – et de suraccumulation du capital – ce système se voit donc contraint non seulement d'élargir continuellement la sphère du marché (la propagande publicitaire jouant ici un rôle central) en développant son emprise, *avec l'aide des États*, sur toutes les régions du globe qui lui échappent encore (c'est le principe de cette « mondialisation » dont Rosa Luxembourg avait établi, dès 1913, qu'elle rencontrerait ses limites matérielles le jour où le système capitaliste n'aurait plus de « dehors »). Mais également d'accroître sans cesse la consommation du plus grand nombre en généralisant le système du crédit – donc celui de l'endettement continuel – dans l'espoir d'enclencher ainsi un « cercle vertueux » dont la clé de voûte ultime serait la croissance *perpétuelle* de l'économie planétaire (c'est ici un point, comme on le sait, sur lequel il n'existe plus aucune différence entre la gauche et la droite modernes). Le problème c'est que cette croissance perpétuelle n'ayant pour seul moteur que la recherche du profit privé (le capitalisme ne s'intéresse évidemment qu'à la demande *solvable*), elle trouve donc, à son tour, une limite structurelle dans ce que Marx appelait la « baisse *tendancielle* du taux de profit ». Ce point est relativement facile à comprendre. D'un côté, en effet, c'est le travail humain qui, seul, peut continuer à créer cette *valeur* ajoutée qui constitue, en dernière instance, la source véritable de tout profit (la moindre grève d'une usine fabriquant des voitures ou des ordinateurs nous le rappelle quotidiennement). Mais, de l'autre, la concurrence impitoyable que doivent se livrer entre elles les firmes capitalistes – c'est, depuis Adam Smith, le principe officiel de l'économie libérale – les oblige en permanence, afin de demeurer « compétitives », à développer sans cesse l'innovation technologique – source principale de tous ces « gains de productivité » qui permettent de damer provisoirement le pion à leurs concurrents. Du coup, la part *relative* qu'occupe le *travail vivant* dans le produit final ne peut que diminuer *tendanciellement* (le chômage n'étant, pour une part, que la traduction concrète de cette tendance inexorable). Au niveau de l'économie globale (il faudrait évidemment tenir compte, ici, d'une multiplicité d'autres facteurs liés, entre autres, à ce que Marx appelait la « péréquation du taux de profit » et aux effets surdéterminants du « développement inégal » – effets qui expliquent, par exemple, que certaines régions du monde, comme, par exemple, la Chine, le Brésil ou l'Inde, recèlent encore de nombreux « gisements » de croissance) le taux moyen de profit tend donc à se stabiliser à un niveau toujours plus bas (précisons que pour Marx, il ne s'agissait là que de *tendances* et de *moyennes*, dont il serait par conséquent absurde de vouloir faire un usage *microéconomique*). C'est pourquoi – à moins qu'une *guerre* ne vienne remettre les pendules à l'heure en détruisant une partie des infrastructures déjà existantes – il arrive nécessairement un moment où il devient beaucoup plus rentable, pour les détenteurs du capital, de placer la part de leur richesse « excédentaire » dans le secteur de la finance spéculative plutôt que dans celui de l'économie dite « réelle » (comme on le sait, la plus grande partie des transactions quotidiennes qui ont lieu sur le marché planétaire sont aujourd'hui de nature essentiellement spéculative). L'ennui, c'est que ce secteur financier (lui-même déjà dopé par toutes les technologies modernes de la « titrisation », des « paris à découvert » ou du *high frequency trading*) ne correspond, par définition, à aucune nouvelle création de *valeur réelle* (cette dernière – écrivait Marx – ne se forge pas dans la « sphère bruyante » de la circulation, mais uniquement « dans l'antre secret de la production »). Il se constitue donc peu à peu ce que Marx appelait un « capital fictif » – qu'aucune frontière n'est censée arrêter – dont le pouvoir sur les nations et les peuples est devenu à présent totalitaire, mais dont l'éclatement à intervalle régulier des « bulles financières » rappelle également le fondement essentiellement fantomatique. De ce point de vue, la crise des *subprimes* illustre admirablement les analyses de Marx et de Sismondi puisqu'elle aura théoriquement permis à chacun (si on laisse de côté, cela va de soi, les « économistes » à gage) de comprendre qu'il doit *toujours* venir un moment où ceux qui n'ont plus les moyens d'acheter – du fait de la concentration croissante de la richesse mondiale entre les mains des classes privilégiées – n'auront pas davantage ceux d'honorer leurs dettes à long terme (et ceci vaut, bien entendu, aussi bien pour les nations que pour les individus). Le système capitaliste planétaire ressemble ainsi de plus en plus à une montgolfière en perdition, dont l'équipage ne peut espérer reprendre provisoirement un peu d'altitude qu'en jetant périodiquement par-dessus bord les objets les plus précieux de sa cargaison (ou, plus prosaïquement, en exigeant des coupes claires dans la dépense publique – retraites, santé, éducation, etc. – et en laissant aux contribuables ordinaires le soin de payer toutes les factures).

Je m'attarderai un peu moins sur la limite écologique qui, de nos jours, est beaucoup mieux connue. À tel point que le marxiste américain Fredric Jameson ne manque jamais de rappeler qu'il est aujourd'hui « plus facile d'imaginer la fin du monde que celle du capitalisme » (il ne faut cependant pas oublier que le Parti communiste français – hostile, par principe, à toute remise en question de la croissance – soutenait encore en 1974, lors de son XXI$^{e}$ congrès, que le problème de l'épuisement des ressources fossiles ne se poserait pas *avant quatre siècles* – son principal « expert » de l'époque, Bernard di Crescenzo, estimant même qu'il fallait plutôt parler de mille ans !) Sans même prendre en compte, en effet, les conséquences dramatiques sur le climat et la biodiversité d'une croissance exponentielle (serait-elle de 1 ou 2 %), ni les multiples pollutions que cette croissance engendre inévitablement à une échelle toujours plus grande (le prix Nobel de chimie Paul Crutzen va jusqu'à soutenir que l'humanité est entrée – depuis la révolution industrielle, et particulièrement depuis 1945 – dans une nouvelle ère, celle de l'Anthropocène), chacun peut, en effet, comprendre – à moins, là encore, d'être un économiste de cour – que dans un monde *fini*, l'idée d'une croissance matérielle *infinie* constitue, par définition, une impossibilité absolue. De fait, le seul exemple des métaux – sans lesquels il n'est pas d'industrie possible – est suffisamment parlant. Pour la plupart d'entre eux, à l'exception du cobalt et de l'aluminium, leur extraction sera probablement achevée d'ici un siècle (c'est, entre autres, le cas de l'uranium, ce qui nous rappelle, au passage, que l'industrie nucléaire, supposée garantir notre « indépendance énergétique », dépend elle-même de l'existence de matières premières qui ne sont pas inépuisables et qui sont, de surcroît, essentiellement situés dans d'autres régions du monde). De nouvelles découvertes sont, bien entendu, toujours possibles (et même très probables, étant donné la masse des crédits consacrés à la recherche *appliquée*). Mais elles ne feront, pour l'essentiel, que différer de quelques décennies – et au prix fort – la rencontre, à terme inévitable, avec l'iceberg. Quant aux naïfs – particulièrement nombreux à gauche – qui croient encore à la possibilité d'une économie « immatérielle » *généralisée* et donc à un capitalisme dit « cognitif » (ce n'est là, en somme, qu'un cas particulier de ce néo-spiritualisme universitaire, né avec l'idéal cybernétique, et dont *l'idéologie du genre* constitue un autre versant bien connu), ils oublient tout simplement que la fabrication d'un ordinateur individuel exige déjà 1,8 tonne de ressources, dont 1500 litres d'eau industrielle et 240 kilogrammes de combustibles fossiles, sans même parler des différents « métaux rares » nécessaires à cette fabrication. Autant dire, comme l'écrit avec raison le syndicaliste suisse Michel Ducommun, que si « la croissance est nécessaire à la survie du capitalisme », elle apparaît de plus en plus « contradictoire avec la survie de l'humanité ». Jusqu'à rendre très plausible, dans un avenir proche, la multiplication des conflits locaux ou internationaux pour le contrôle de ces ressources naturelles en voie d'épuisement (je rappelle, par exemple, que la Russie dispose encore de vastes gisements de pétrole et de gaz naturel, ce qui en fait évidemment une cible géopolitique de choix pour le capital international).

Ce que j'appelle la limite morale et philosophique se situe, en revanche, sur un plan assez différent. Elle n'en reste pas moins tout aussi essentielle (et à vous aussi, si j'ai bien compris). Car une économie dont le principe fondamental est d'encourager n'importe quelle production – si inutile, ou même nuisible, soit-elle –, dès lors qu'elle offre une quelconque perspective de profit, est par définition *dépourvue de toute base morale* (d'où le caractère éminemment grotesque de toutes les prétentions de la droite « néoconservatrice » à vouloir défendre *à la fois* l'économie de marché et les « valeurs traditionnelles »). En privilégiant systématiquement la *valeur d'échange* sur la *valeur d'usage* (laquelle ne doit évidemment jamais être comprise de façon étroitement utilitariste, puisqu'il existe aussi des besoins psychologiques et symboliques), cette économie contribue donc à édifier un monde certes « moderne » (d'où la fascination qu'il exerce sur les intellectuels de gauche) mais dans lequel les vertus humaines les plus fondamentales – celles qui nous rendent non seulement capables de *donner*, de *recevoir* et de *rendre* mais également de manifester une curiosité intellectuelle désintéressée ou de mobiliser notre sens esthétique – sont appelées à disparaître peu à peu sous cette « immense accumulation de marchandises » qui constitue la « richesse des sociétés dans laquelle règne le mode de production capitaliste » (Marx). Bien entendu, cette *dynamique aveugle* de l'économie capitaliste ne menace pas seulement les vertus ordinaires (ce que l'anarchiste américain David Graeber appelle notre « communisme quotidien »). Elle compromet tout autant notre aptitude au bonheur. Il suffit, en effet, d'un minimum de sensibilité épicurienne (je rejoins ici les thèses de Paul Ariès – d'ailleurs déjà présentes dans l'œuvre de Charles Fourier, d'Oscar Wilde ou de William Morris – sur le principe d'un socialisme à la fois convivial et « gourmand ») pour comprendre que l'art d'être heureux – du moins autant que la finitude de la condition humaine le permet – dépend d'abord de celui de privilégier les désirs qui peuvent être satisfaits (et qui sont donc les seuls à pouvoir procurer de la *volupté* et du *plaisir*), plutôt que ceux qui – portant sur des objets purement factices et imaginaires – engendrent inévitablement l'insatisfaction, le ressentiment et toutes ces *passions tristes* qui sont au principe de la cupidité et de l'amour du pouvoir (c'est à propos de tels désirs que Rousseau écrivait que « l'illusion cesse où commence la jouissance »). Or le capitalisme de consommation ne peut jamais, par définition, s'accommoder du bonheur réel des individus. Comme le proclamait, par exemple, Henry Ford (il reprenait là une maxime familière à tous les pionniers de l'industrie moderne), « *notre métier consiste d'abord à organiser l'insatisfaction* », puisque seul, en effet, son état d'insatisfaction permanente permet de maintenir le consommateur moderne dans sa quête continuelle de l'objet toujours manquant (c'est, bien entendu, la fonction première de l'industrie publicitaire – *deuxième poste de dépense au monde après celui de l'armement* – que d'entretenir perpétuellement cet état de frustration). D'où, entre autres, le célèbre *paradoxe d'Easterlin* – du nom d'un économiste américain – qui établit qu'au-delà d'un certain seuil de bien-être matériel, la croissance du PIB n'a plus le moindre impact significatif sur le bonheur réel des individus. Ce que confirment, du reste, les nombreuses enquêtes empiriques consacrées à ce sujet – et notamment celles de Robert Lane dans son remarquable ouvrage sur *The Loss of Happiness in Market Democraties* –, enquêtes qui tendent *toutes* à prouver qu'une fois garanties les conditions matérielles d'une vie décente, c'est essentiellement la *qualité des relations humaines* (et non, par conséquent, la possession d'une nouvelle Rolex) qui constitue le fondement le plus sûr de toute vie réellement accomplie.

Comme vous le voyez, cher Jacques Julliard, mon intérêt pour le socialisme originel ne doit donc pas grand-chose à ma nostalgie romantique d'un peuple supposé « disparu ». Je vous avouerai même – n'éprouvant pas plus que vous la moindre fascination pour la violence révolutionnaire et les fleuves rougis de sang – que si le système capitaliste, tel que nous le connaissons de nos jours dans les pays occidentaux, pouvait réellement constituer un ordre social *conservateur*, à présent stabilisé dans ses grandes lignes et donc essentiellement préoccupé de *se reproduire* à l'identique (telle est, à peu près, l'image qu'en donnent, aujourd'hui encore, la plupart des universitaires d'extrême gauche), j'arriverais sans doute à comprendre, sans pour autant l'approuver, la logique de cette gauche moderne qui n'a plus d'autre objectif politique – pour reprendre la formule célèbre de Léon Blum – que de « gérer loyalement le capitalisme ». Mais même une posture aussi minimale (c'est le projet, en somme, d'un « capitalisme à visage humain ») est devenue, aujourd'hui, plus *utopique* encore que l'idéal d'une sortie volontaire du système capitaliste. Car si le moteur premier du « libéralisme réellement existant » (libéralisme qui doit désormais beaucoup moins, je vous l'accorde, à *l'esprit* d'Adam Smith et de Benjamin Constant qu'à celui de ces *loups de Wall Street* qui se vantent, comme Jordan Belfort, de « gagner près de mille dollars par minute ») est bien cette fuite en avant suicidaire que j'ai essayé de mettre en évidence, alors il est tout à fait vain d'espérer que les choses puissent reprendre, un jour, tranquillement leur cours, dans un monde devenu enfin égalitaire, prospère et pacifié. En sorte que « pour la première fois dans l'Histoire – comme l'écrivait Guy Debord en 1979 – le vieux problème de savoir si les hommes, dans leur masse, aiment réellement la liberté, se trouve dépassé : *car maintenant ils vont être contraints de l'aimer* ». Cela n'exclut d'ailleurs pas la possibilité, ici ou là, d'une « reprise » économique partielle, chaque fois qu'un État particulier saura se montrer capable – quitte à se doter, pour cela, de gouvernements « d'union nationale » – de refiler *provisoirement* le mistigri à ses principaux rivaux et concurrents. (Il suffirait par exemple, en théorie, d'abaisser encore un peu plus le « coût du travail » – la limite logique de ce processus étant naturellement le rétablissement de l'esclavage – pour retrouver aussitôt de nouveaux « gisements de croissance », *sous réserve, bien entendu, que les autres nations capitalistes n'agissent pas de même* –, ce qui est évidemment une hypothèse absurde.) Au point où en sont arrivées les choses (je cite là un texte de Charles Fourier, rédigé en 1820, et dont le titre prémonitoire était *Détérioration matérielle de la planète*), il ne semble donc plus permis « à des hommes loyaux de nier que la Civilisation ne soit le fléau de l'humanité, que l'ordre actuel du globe ne soit un véritable enfer matériel et social, et que la raison ne doive s'occuper, *toute affaire cessante*, à en chercher l'issue ». Et comme la seule chance qui reste encore à l'humanité ordinaire de découvrir cette issue et de *rompre ainsi les charmes* de la Société du Spectacle et de son idéal consumériste réside, avant tout, dans la formation – sur toute la planète – de mouvements politiques et sociaux philosophiquement capables de rassembler le plus grand nombre (*oï polloï* – disaient les démocrates de la Grèce antique), il est donc grand temps, en effet, de se demander sur quel nouveau « bloc historique » – et sur quel nouveau « grand récit » – pourrait s'appuyer aujourd'hui la décision d'en finir, une fois pour toutes, avec l'utopie suicidaire d'une « accumulation illimitée du capital » (Rosa Luxembourg étant la première à avoir employé systématiquement cette expression). Voilà qui nous ramène naturellement à cette question décisive des « contradictions au sein du peuple » que le marxisme-léninisme au pouvoir – du fait de sa croyance religieuse en un « sens de l'Histoire » – n'a jamais été en mesure de résoudre correctement une seule fois. Mais comme cette lettre est déjà bien longue, je me propose de remettre à plus tard ma réponse à cette question. Car dans l'immédiat, j'aimerais surtout connaître le sentiment que vous inspire ma relecture (ou ma « déconstruction ») de l'histoire de la Gauche du XIX<sup>e</sup> siècle – et donc des rapports historiques complexes et contradictoires qu'ont toujours entretenus le « continuisme » républicain et le « séparatisme » radical des premiers socialistes. En attendant votre réponse, cher Jacques Julliard, soyez vous aussi assuré de mes sentiments amicaux les plus sincères.

*Jacques Julliard à Jean-Claude Michéa*

*Février 2014*

Eh bien, nous progressons ! Notre point de départ était un constat de désaccord. J'étais, pour ma part, convaincu que la gauche française a connu son apogée au XIX^e siècle, et que c'est alors qu'elle a obtenu ses plus grands résultats, principalement politiques, grâce à la coalition du peuple et de la bourgeoisie progressiste. Vous étiez persuadé du contraire : que le peuple – sous les espèces du socialisme – et la bourgeoisie progressiste sont restés séparés durant toute cette période, et que la gauche est née, dans le contexte de l'affaire Dreyfus, de leur rapprochement au début du XX^e siècle, au prix de l'abandon par les socialistes de leurs idéaux propres, au profit d'une vague idéologie des droits de l'homme.

Bien entendu, nous n'avons pas changé de point de vue. Mais notre discussion a permis d'apercevoir une problématique nouvelle, qui n'est ni tout à fait la vôtre, ni tout à fait la mienne, mais qui peut éventuellement permettre au lecteur de se faire une opinion originale sur la question. J'ai toujours pensé que l'objet d'un dialogue véritable n'est pas de désigner un vainqueur entre deux points de vue opposés, mais de faire avancer l'objet commun de leur discussion, quitte à ce que celui-ci finisse par leur échapper et, grâce à leur contribution, continue de cheminer par ses propres moyens. C'est ainsi que Platon distingue dans le *Ménon* entre le débat éristique, où chacun s'efforce de prouver qu'il a raison et que l'autre a tort, et le débat dialectique, où l'on vise à démontrer que son opinion propre est en vérité partagée par l'autre protagoniste. Platon souligne la supériorité du débat dialectique parce qu'il vise non seulement à parvenir à un accord entre deux adversaires, mais à rechercher la vérité. Deux hommes politiques de bords opposés ne peuvent avoir entre eux qu'un débat éristique, sous peine de se suicider politiquement ; deux intellectuels peuvent se permettre de tenter d'avoir entre eux un débat dialectique.

« Pourquoi les dramaturges, se demande Grégoire dans les *Conversations dans le Loir-et-Cher*, de Claudel, au lieu d'opposer des personnages qui heurtent sans se les pénétrer des thèses antagonistes, ne montrent-ils pas l'idée qui passe comme une flamme d'un esprit à l'autre et se développe en un jeu de propositions alternées qui prennent appui l'une sur l'autre comme dans les églogues de Virgile et de Théocrite ? C'est comme la navette sur un métier... » (*Œuvres en prose*, Pléiade, p. 787).

Pardonnez-moi cette trop longue digression, cette « scolie », pour employer votre langage. Mais au-delà de l'objet de notre débat, j'attache une grande importance à démontrer *de facto* que dans l'univers d'aujourd'hui, pollué par l'exhibitionnisme télévisuel et l'intransigeance de façade qui en résulte, un échange intellectuel fécond est encore possible. La lutte contre la *reductio ad imaginem* du débat est une forme de résistance à la marchandisation des idées.

Dans notre débat, c'est moi qui, par ordre chronologique, ai été amené, à propos des relations entre la révolution bourgeoise et le socialisme, à distinguer entre le *séparatisme* (à la Proudhon) et le *continuisme* (à la Jaurès), et vous avez bien voulu valider cette distinction. De votre côté, vous avez fait remarquer que le continuisme entre bourgeoisie progressiste et mouvement socialiste se manifeste surtout dans les phases *défensives*, où il s'agit de protéger des acquis communs contre les assauts de la réaction, et que le séparatisme est le fait des phases *offensives*, où le prolétariat entreprend de faire ses propres affaires. De sorte que vous me concédez des mouvements continuistes au XIX^e^ siècle – par exemple dans la première phase des révolutions de 1830 et 1848 – tandis que de mon côté je reconnais volontiers l'existence de telles phases au XX^e^ siècle, par exemple lors du Front populaire ou de la Libération.

Autrement dit, l'autonomie ouvrière – c'est le titre de l'un de mes livres – ne signifie pas que ce mouvement se tienne à équidistance de la gauche et de la droite, contrairement à ce que certains, d'hier à aujourd'hui, essaient de nous faire croire. Au début du XX^e^ siècle, certains éléments de l'Action française, comme Georges Valois, ont prétendu que non seulement cette équidistance était un fait, mais même que la situation dominante, oppressive, de la gauche au sein de la République ouvrait la voie à un rapprochement du mouvement ouvrier avec la droite traditionaliste. En se fondant sur des exemples isolés et microscopiques, comme le mythique Cercle Proudhon (1911-1914), qui avait réuni en son sein des éléments de l'Action française et des syndicalistes de la CGT se comptant sur les doigts d'une main, quelques historiens isolés ont affirmé la même chose. Il s'agit là d'une construction intellectuelle sans fondement crédible, comme l'histoire du mouvement ouvrier au XX^e^ siècle le démontre à chaque instant.

Pour conclure sur cette controverse historique, je crois que nous sommes tous deux convaincus que le peuple, laissé libre de ses mouvements et de ses inclinations, n'est pas la gauche ; j'en suis bien d'accord ; il n'est pas non plus le socialisme, je pense que vous n'en disconviendrez pas. Gauche et socialisme sont en effet des orientations politiques fondées sur des concepts. Le peuple, lui est une réalité sociale et, à l'occasion, un mouvement. L'autonomie ouvrière et, plus largement, l'autonomie populaire, c'est cela.

Il faut bien convenir que cette autonomie n'a que rarement l'occasion de se déployer sans entraves. Elle est continuellement remise en cause par les politiciens bourgeois, qui entendent l'annexer à la gauche et à la République ; et par les intellectuels et les militants qui s'efforcent de l'entraîner vers le socialisme. Mais autonomie ne signifie pas neutralité. Le peuple n'est pas neutre, historiquement parlant, entre la gauche et la droite. Du reste, vous n'éprouvez pas le besoin de montrer que le peuple n'est pas de droite, comme vous le faites pour démontrer qu'il n'est pas la gauche. Et je crois que le peuple a toujours choisi la gauche, parce qu'il croyait au progrès, et qu'il espérait dans le progrès pour l'amélioration de sa condition. De la même façon, le peuple n'est pas neutre entre libéralisme et socialisme ; ne serait-ce que parce que les théoriciens de ce dernier lui ont attribué une place privilégiée dans son avènement.

Jusqu'ici, je n'ai parlé que du passé. Car la situation actuelle pose un problème nouveau quant à la continuité entre le peuple et la gauche, mais aussi entre le peuple et le socialisme. Le phénomène Le Pen en est le révélateur le plus éclatant. Que depuis la présidentielle de 2002, le Front national soit devenu en France le premier parti ouvrier et que cette orientation soit en train de s'amplifier avec la nouvelle stratégie, résolument populaire, de Marine Le Pen, voilà qui constitue pour vous comme pour moi le plus sérieux des défis.

C'est, pour la vision la plus classique de la gauche, celle que je défends contre vous pour le XIX^e^ siècle, et de façon plus nuancée pour le XX^e^, l'objection la plus forte, et je suis même étonné que vous ne l'ayez pas jusqu'ici exploitée davantage. Car c'est un fait : cette alliance historique, que je fais remonter à la Révolution française et qui s'est affirmée jusqu'à une date récente, est bel et bien en train de se défaire sous nos yeux. C'est un point sur lequel nous serons, je crois, aisément d'accord. Certes, contrairement à ce que l'on a souvent affirmé en s'appuyant sur un parallélisme sommaire entre le social et le politique que l'on impute au marxisme, il n'y a jamais eu correspondance exacte entre la situation socio-économique des salariés et leur vote en faveur du socialisme. Ni même en faveur de la gauche tout entière. Au sens très rigoureux, très exigeant, et donc inévitablement restrictif que vous donnez au mot « socialisme », celui-ci a toujours été minoritaire, très minoritaire, au sein de la classe ouvrière. Le séparatisme ouvrier, qui a eu ses heures de gloire avec le syndicalisme révolutionnaire, était un séparatisme social, ce n'était pas un séparatisme politique. Cela m'a permis d'affirmer que la classe ouvrière française, au début du XX^e^ siècle, était simultanément séparatiste avec Griffuelhes et la CGT, et continuiste avec Jaurès et le parti socialiste.

Jusqu'à une date récente, que l'on peut situer au début de la V^e^ République, en 1958, bien peu de gens remettaient en cause l'alliance de la gauche et du peuple. Il y eut, tout au long de la IV^e^ République, de 1946 à 1958, un grand parti communiste qui se proclamait le parti de la classe ouvrière. Songeons encore qu'à la Libération PCF et SFIO étaient communément désignés comme les « partis marxistes », et que l'inamovible leader de la SFIO durant la IV^e^ République, Guy Mollet, se réclamait de façon déterminée, sinon crédible, de la lutte des classes.

Le coup de tonnerre au sein de ce couple légitime, ce fut en 1958, le retour de de Gaulle au pouvoir qui, référendum après référendum, entraîna avec lui une partie significative, quoique encore minoritaire, du vote ouvrier. En somme, la classe ouvrière reprenait sa liberté. Cela ne l'empêchait pas de voter majoritairement pour François Mitterrand en 1981, mais c'est parce qu'elle le voulait bien, et sans engagement pour l'avenir.

Permettez-moi ici une parenthèse personnelle. Si je m'y autorise, c'est qu'elle est à mes yeux la meilleure illustration de la situation que je suis en train de décrire. J'ai été de longues années militant et responsable au Syndicat général de l'Éducation nationale (SGEN), le syndicat enseignant de la CFDT et, à ce titre, membre du bureau national de cette confédération ouvrière (1973-1976). C'est assurément l'épisode de ma vie dont je suis le plus fier, qui m'a permis de résister avec le sourire aux leçons de maintien prolétarien que prétendaient m'infliger à la même époque nombre de mes étudiants et de mes collègues de l'université de Vincennes. J'étais l'élu, au suffrage universel encore, d'un congrès national ouvrier, celui de la CFDT, qui avait été à la pointe de l'innovation en mai 1968. La confiance de mes camarades m'avait amené à apporter ma contribution personnelle à la définition et à la popularisation du mot d'ordre d'autogestion, c'est-à-dire à la manifestation la plus ouverte de cet autonomisme ouvrier qui a trouvé ses lettres de noblesse chez Proudhon et Pelloutier. À l'époque, la gauche était en miettes : matériellement, intellectuellement, moralement. L'autonomie ouvrière, nous l'avons alors pratiquée, parce qu'il n'y avait pas d'autre solution, et parce que telle était notre tendance la plus profonde. Avant mon arrivée au bureau national de la CFDT, j'avais participé, aux côtés de Paul Vignaux, Eugène Descamps, Albert Détraz, Gilbert Declercq, Edmond Maire, à ces *Cahiers Reconstruction* qui sont un des très rares exemples à notre époque de collaboration organique, à égalité, entre militants syndicalistes ouvriers et intellectuels. C'est là que j'ai appris *L'Internationale* et *Le Chant des Canuts* ; c'est là que j'ai lu et commenté pour la première fois la Charte d'Amiens (1906), manifeste de l'autonomie ouvrière.

La situation, au lendemain de 1968, était propice à des initiatives populaires : les partis étaient déstabilisés et déconsidérés ; le patronat, sur la défensive ; la situation économique, favorable aux salariés. Dépassant l'action revendicative habituelle, la CFDT avait défini des objectifs « qualitatifs » dans le sens du contrôle ouvrier. Se substituant aux partis de gauche défaillants et méfiants, la CFDT avait défini un triptyque qui comprenait l'appropriation sociale des principaux moyens de production, la planification démocratique et l'autogestion. Elle avait commencé à mettre l'accent sur le rôle des femmes, des jeunes, des immigrés, des exclus de la société de consommation. La France était alors un pays prospère, qui autorisait de grandes ambitions.

Et pourtant, dès le milieu des années 1970, il fallut renoncer à la plupart d'entre elles. Aux difficultés prévisibles – retour en force des vieux partis, travail de sape des groupuscules gauchistes et politiciens –, s'est ajouté un constat de carence : décidément, la classe ouvrière n'avait pas envie d'être l'élément moteur de la transformation sociale. La mission prométhéenne, héroïque que lui attribuait la pensée socialiste et libertaire, et que nous aurions volontiers confirmée, elle n'en voulait pas. Elle aspirait à jouir de la croissance et à entrer dans la société de consommation. Qui, du reste, aurait pu le lui reprocher ?

Il fallut donc déchanter. Le parti communiste et la CGT, qui n'ont jamais été aussi à leur aise que dans la cogestion conflictuelle de la société avec le patronat, nous attendaient au tournant. Le PS, un moment ébranlé, trouva avec Mitterrand une seconde jeunesse. Faisant habilement le tri, il s'apprêtait à s'approprier les marrons que d'autres avaient tirés du feu. Reprenant à leur compte la vieille division sociale-démocrate des tâches, les syndicats, poussés par leurs adhérents, faisaient fête à François Mitterrand et de nouveau confiance à cette action politique ancienne, qu'ils avaient si récemment décriée. L'heure de l'autogestion était passée. Pour la gauche telle que je l'ai décrite, c'est-à-dire fondée sur l'alliance des couches populaires et de la bourgeoisie progressiste, ce fut un été de la saint-Martin. François Mitterrand avait été l'élu d'une coalition classique, de type Front populaire ; quelque trente ans plus tard, François Hollande sera celui d'une coalition bobo, dans laquelle les éléments populaires n'ont joué qu'un rôle de supplétifs.

Si j'ai voulu rappeler ici cet épisode qui n'est pas si lointain, c'est qu'il pose de façon pressante la question qui reviendra nécessairement à la fin de notre échange : que reste-t-il aujourd'hui de l'autonomie des classes populaires ? Peut-on attendre d'elles, à horizon raisonnable, l'élan pour entrer dans la société socialiste telle que vous la définissez justement : « une société libre, égalitaire et fondée sur l'entraide et la coopération » ? Autrement dit, la société postcapitaliste peut-elle avoir pour vecteur une classe prédestinée par son dénuement lui-même, comme l'avait annoncé Marx ?

Si, dans le passé, le renversement d'un système autoritaire et oppressif fut presque toujours le fait d'une classe en pleine ascension sociale, mais écartée du pouvoir, ne faut-il pas supposer qu'à l'intérieur d'un système démocratique, le passage d'un néocapitalisme tentaculaire et oppressif à une société libre ne peut être que le fait du peuple tout entier ? C'est presque une évidence ; mais paradoxalement, nous savons comment faire une révolution à quelques-uns ; nous ne savons toujours pas comment faire la révolution en nous y mettant tous.

C'est pourquoi je m'interroge sur la suite de votre raisonnement. J'ai beaucoup admiré votre analyse du système capitaliste comme un fait social global. Et je la partage. Nous sommes en effet passés en trois siècles d'un capitalisme restreint, limité à l'industrie et aux échanges marchands, à un capitalisme généralisé à tous les aspects de la vie sociale. Ses théoriciens avaient bien conscience du problème et savaient que le souci exclusif du gain qui est à la base du système, la cupidité de ses acteurs (*avaritia*) était à terme destructrice de toute vie civilisée, de tout lien social. Pour que la société reste viable, il fallait que la cupidité des capitalistes demeurât une exception dans une société globale animée par des sentiments nobles et désintéressés. C'est le cas dans le système aristocratique fondé sur l'honneur, dans le système chrétien fondé sur la charité, dans le système prolétarien fondé sur la solidarité. À l'intérieur des sociétés reposant sur de tels systèmes, le capitalisme se conduit en prédateur, destructeur progressif du lot de valeurs accumulées avant son apparition, à l'intérieur d'un régime industriel qui aura détruit en deux ou trois siècles toutes les réserves fossiles accumulées au sein de la Terre pendant des millions d'années. Auteur d'une *Théorie des sentiments moraux*, œuvre à laquelle il était aussi attaché qu'à la *Richesse des nations*, dont elle était, dans son esprit, le complément et le contrepoids, Adam Smith écrivait :

« Tels sont les inconvénients de l'esprit commercial. Les intelligences se rétrécissent, l'élévation d'esprit devient impossible. L'instruction est méprisée, ou du moins négligée, et il s'en faut de peu que l'esprit d'héroïsme ne s'éteigne tout à fait. Il importerait hautement de réfléchir aux moyens de remédier à ces défauts [1]. »

Autrement dit, Adam Smith savait bien avant nous que l'on ne meurt pas pour un taux de croissance ou d'intérêt, et que pour que les morceaux de la société tiennent ensemble, il faut qu'elle continue de reposer, au moins dans l'esprit de ses acteurs, sur des valeurs transcendantes. C'est pourquoi la généralisation de l'esprit du capitalisme aux secteurs non marchands de la société renferme le germe de mort de celui-ci plus sûrement que la loi marxiste des taux d'intérêt décroissants.

Voyez encore ce qu'en dit François Perroux, un de nos grands économistes libéraux de l'après-guerre, doublé d'un représentant convaincu de l'humanisme chrétien :

« Toute société capitaliste fonctionne régulièrement grâce à des secteurs sociaux qui ne sont ni imprégnés ni animés de l'esprit du gain et de la recherche du plus grand gain. Lorsque le haut fonctionnaire, le soldat, le magistrat, le prêtre, l'artiste, le savant sont dominés par cet esprit, la société croule et toute forme d'économie est menacée. Les biens les plus précieux et les plus nobles dans la vie des hommes, l'honneur, la joie, l'affection, le respect d'autrui ne doivent venir sur aucun marché [2]. »

---

1. *Lectures on Justice, Police, Revenues and Arms*, Oxford, Clarendon Press, 1986, p. 42-43, cité par Albert O. Hirschman, *Les Passions et les intérêts*, PUF, 1980, p. 97.

2. *Le Capitalisme*, PUF, « Que-sais-je ? », 1951, 2e édition, p. 105.

Or, ce que nous vivons aujourd'hui, et que vous décrivez fort bien dans votre lettre, c'est justement l'extension à des secteurs sociaux non marchands de la logique de la marchandise. Voilà en effet pourquoi le système est en train de se gripper, à mesure que cette marchandisation produit ses effets délétères dans toute la société. Vous avez parfaitement raison à propos de la libération de la femme qui se double d'un asservissement de plus en plus fort à la logique de la consommation et du profit. On pourrait faire la même démonstration à propos du langage. Quand on lit les magazines féminins, l'emploi obsessionnel, ridicule, d'un anglais d'aéroport pour désigner toutes choses, au point qu'on y a inventé des appellations anglaises inconnues outre-Manche et outre-Atlantique, il n'est pas difficile de remarquer que ces appellations ont pour but ou pour effet de ranger toutes les pratiques nouvelles, toutes les modes dans le registre général du *shopping*, comme des boîtes de conserve alignées sur une étagère. Suivant les canons du libertarisme américain, qui pousse cette marchandisation du monde jusqu'à ses dernières conséquences, les perroquets de la science politique n'ont rien trouvé de mieux que de ranger tous les actes de la vie publique dans les catégories de l'offre et de la demande, comme si de désigner le discours des politiciens comme une offre, et le comportement des électeurs comme une demande, apportait quelque chose de nouveau.

Ce n'est donc pas un hasard si la dénonciation de ce pancapitalisme est le fait, hier des altermondialistes martelant que le monde n'est pas une marchandise, ou du pape François qui, dans sa dernière *exhortation apos-*

*tolique* (décembre 2013) a stigmatisé la transformation des hommes en « déchets » du système mercantile. Personne mieux que Péguy au début du XX^e^ siècle n'a eu le pressentiment de ce qu'était déjà, et plus encore, de ce qu'allait devenir ce qu'il appelle le « monde moderne », un monde totalement dominé par une valeur unique, celle de l'argent.

Non que celle-ci ait été absente des sociétés anciennes. Bien loin de là. Mais le système de l'argent y cohabitait avec d'autres systèmes, ceux que je viens d'évoquer en parlant de l'aristocratie, du christianisme, ou même du prolétariat dans le monde moderne. C'est cela même qui en fait l'originalité, toutes les valeurs non mercantiles y ayant été phagocytées par le système de l'argent.

« Pour la première fois dans l'histoire du monde, écrit-il dans la *Note conjointe sur M. Descartes*, les puissances spirituelles ont été toutes ensemble refoulées non point par les puissances matérielles, mais par une seule puissance matérielle qui est la puissance de l'argent. [...] Pour la première fois dans l'histoire du monde l'argent est seul face à l'esprit [1]. »

Reprenant la distinction pascalienne des ordres, Péguy retrouve l'intuition d'Adam Smith que j'ai évoquée et annonce la situation que nous connaissons aujourd'hui. À bien des égards, cette vision parle plus à nos contemporains que la description de l'exploitation économique dans *Le Capital* de Karl Marx. Pourquoi ? Parce que cette dernière est depuis longtemps intégrée à notre univers mental. En dépit des crises économiques

1. *Œuvres en prose*, Pléiade, tome III, p. 1455.

que, dans sa version moderne, presque exclusivement financière et bancaire, le capitalisme libéral engendre, ce n'est pas dans son domaine propre qu'il est le plus nocif. La comparaison avec le capitalisme d'État à la soviétique a rendu l'opinion internationale beaucoup plus indulgente à son égard, parce que, à côté de ses aspects destructeurs, il a entraîné, sous les espèces du libre-échange commercial, un décollage économique du tiers-monde, auquel les économies planifiées n'étaient jamais parvenues. Les réquisitoires les mieux armés se heurtent à cette réalité : aux yeux des Américains, mais aussi des Chinois et des Brésiliens, sinon des Français, il a fait reculer dans des proportions considérables la faim dans le monde, quitte à creuser les inégalités et à créer dans les économies du vieux monde industriel une précarité et un sentiment d'instabilité insupportables.

Mais c'est surtout dans le domaine sociétal, comme on dit maintenant, que ses effets déstabilisateurs sont les plus profonds. En suscitant une mobilité de la main-d'œuvre et des flux migratoires massifs, il a mis en place les conditions de heurts civilisationnels et de guerres de religions à l'échelle de continents entiers. C'est lui, et non les idéologues d'extrême gauche, qui a imposé un métissage accéléré, auquel les populations autochtones de la vieille Europe ne sont pas préparées : d'où la montée de l'extrême droite à l'échelle du contient entier. C'est lui, et non les soixante-huitards, qui a dynamité la famille traditionnelle ; lui encore qui a préparé la montée du féminisme moderne. Après tout, on pourrait lui en être reconnaissant, car ce travail de sape des sociétés traditionnelles a parfois accéléré l'émancipation des groupes les plus dominés dans la société. Comme vous l'avez longuement analysé dans votre lettre, nous sommes parvenus, au moins dans le vieux monde industriel, à des situations limites. Aujourd'hui, paradoxalement, le capitalisme est mieux accepté dans le tiers-monde, où il assure le décollage économique, que dans notre monde occidental où la croissance est en berne et où les effets négatifs du système sont les plus apparents et les plus mal supportés. Il est à l'image de la psychanalyse, surtout développée en Occident, mais qui n'est plus désormais vraiment utile que dans les sociétés archaïques ou traditionnelles, là où persistent les névroses que les interdits sexuels suscitent.

La classe ouvrière n'est plus ce qu'elle était. Le peuple n'est plus ce qu'il était. Et la relation de la gauche avec la classe ouvrière et, plus généralement, avec le peuple n'est plus ce qu'elle était. Quand et comment s'est opérée la rupture ? Ou plutôt les ruptures : car il y a eu une rupture politique, puis une rupture sociale.

La première, la rupture politique, date, je l'ai déjà noté, de l'avènement du gaullisme et des débuts de la Ve République (1958). Une classe politique déconsidérée et, à l'intérieur, une gauche de gouvernement – la SFIO – compromise jusqu'au cou dans la malaventure coloniale. Un déficit moral énorme. La schizophrénie entre un discours qui continue d'être inspiré par le marxisme et la lutte des classes et une pratique politique tout entière dominée par le clientélisme, la corruption et la collaboration de classe. C'est cette caricature que l'on appelle le mollétisme. Électoralement, la SFIO est au plus bas, et son candidat à la présidentielle de 1965, Gaston Defferre, tombe à 5 % des suffrages.

Mais les choses ne vont guère mieux du côté du parti communiste. À l'image de son inamovible chef Maurice Thorez, c'est un parti stalinien, paralysé, autiste, enfermé dans une vision du passé obsolète, claquemuré dans une citadelle ouvrière qui se fissure de tous côtés. Lorsqu'en 1958, le PCF perd 20 % de ses voix aux élections législatives et qu'un tiers de l'électorat ouvrier se porte sur les gaullistes, on a tôt fait d'invoquer le prestige mystificateur du général. La suite montre que c'est le premier craquement, l'annonce de cet effondrement historique qui s'appelle la déstalinisation et que l'appareil communiste français s'obstine à ignorer ou à nier. C'est François Mitterrand qui, dans le cadre du « programme commun », poursuit et même achève la démolition du parti communiste comme grande force politique. Cela lui vaudra un ressaut dans l'électorat ouvrier qui, pendant ses deux septennats, considère avec bienveillance l'installation en France d'une social-démocratie de gouvernement. Ce n'est là qu'un déjeuner de soleil. Le divorce entre la gauche socialiste et le peuple éclate au grand jour lors de l'élection présidentielle de 2002, où Lionel Jospin, en dépit d'un bilan plus qu'honorable, notamment en matière de chômage, est abandonné par l'électorat ouvrier et éliminé pour le deuxième tour. Le coup de tonnerre du 21 avril, ce n'est pas seulement l'élimination de la gauche : ce sont les 11 % de suffrages ouvriers en sa faveur, contre les 41 % de Mitterrand en 1988 ! Trois années plus tard, la désaffection devient antagonisme : lors du référendum du 29 mai 2005, les ouvriers votent massivement non à 81 %, alors que le parti socialiste préconisait le oui.

Quant à la rupture sociale entre le peuple ouvrier et la gauche, pour être plus difficilement chiffrable, et moins spectaculaire, elle n'en est pas moins profonde ; elle progresse dans le dernier quart du XX^e^ siècle, quand la crise économique, à partir de 1970, révèle les lézardes de l'édifice. Un des symptômes les plus incontestables, c'est la prise de distance de la CGT par rapport au parti communiste. La courroie de transmission ne fonctionne plus, et quand elle fonctionne, c'est en sens inverse : c'est le parti communiste qui, pour prouver son utilité résiduelle, se met souvent au service de la CGT.

La rupture politique entre la gauche et le peuple était pour l'essentiel le fait de celui-ci : c'est lui qui s'est mis à voter avec ses pieds, soit en allant à la pêche, soit en changeant de rive. Or, et c'est là un fait bien curieux, dans le cas de la rupture sociale, celle-ci est au contraire de la responsabilité de la gauche politique elle-même.

Il y a au fond deux hypothèses : la responsabilité du peuple et celle de la gauche.

« La gauche, écrit Éric Conan dans un livre précurseur et qui n'a pas vieilli [1], a cru le peuple disparu parce qu'il l'a progressivement quittée. Ou peut-être est-ce l'inverse : la gauche a perdu le peuple parce qu'elle l'a cru disparu. »

Que s'est-il donc passé ? Tout simplement que, durant le quart de siècle écoulé, la bourgeoisie, mécontente du précédent, est en train de changer de prolétariat. Oh ! c'est une affaire déjà ancienne. Rencontrant chez un ami, peu avant mai 1968, un intellectuel américain dont le nom m'était connu pour ses travaux sur

1. *La Gauche sans le peuple*, Fayard, 2004.

l'Union soviétique, mais qui ne jouissait pas encore de la célébrité qui fondit sur lui à l'occasion des « événements », il s'agissait d'Herbert Marcuse, j'entendis celui-ci me dire tout à trac : « Je suis un marxiste qui a perdu en 1917 son instrument historique. » Il s'agissait de la classe ouvrière, bien sûr. Il fallait donc en trouver un autre. C'est pourquoi sa soudaine notoriété de 1968 n'avait rien d'un hasard : sans le dire – bien au contraire, ils faisaient devant le prolétariat ouvrier toutes les génuflexions rituelles —, les leaders du mouvement étudiant auraient bien vu celui-ci en nouvel agent historique de l'avènement du socialisme. C'est à ce moment-là qu'Alain Touraine développa sa thèse des nouveaux « mouvements sociaux » : cela pouvait aller des étudiants, déjà cités, aux courants antinucléaires, féministes, régionalistes, écologistes, homosexuels. Tous bourgeois, évidemment, et sans le moindre rapport avec la classe ouvrière classique, à qui était dévolue la mission de tenir la chandelle aux noces de cette nouvelle bourgeoisie et du socialisme nouveau.

Anticipant sur la suite, Éric Conan commente cruellement :

« Allant de déception en déception, les théoriciens du "mouvement social" en sont venus à glorifier toutes nouvelle défense identitaire ou communautaire et toute mise en œuvre des institutions [1]. »

Il fallut pourtant une vingtaine d'années pour que les chercheurs d'un nouveau prolétariat trouvent enfin leur élu : ce serait l'immigration. Les émeutes de Vaulx-en-Velin (1979, 1982, 1984, 1990, 1995, etc.), des Min-

1. *Ibid.*, p. 16.

guettes à Vénissieux (1981) et de toute la banlieue lyonnaise n'ont nullement un caractère prolétarien, mais s'apparentent à de la guérilla urbaine menée par des groupes ethniques. Au XIX$^{e}$ siècle, c'est à Lyon déjà, en 1831, que la révolte des canuts avait désigné à la France bourgeoise son adversaire, celui dont les vagues menaçantes venaient lécher les pieds de la citadelle bourgeoise et louis-philipparde ; c'est de nouveau à Lyon que la société française découvrait la nouvelle menace, non sous la forme d'une classe sociale, mais bel et bien d'une classe d'âge, les « jeunes », doublée d'un groupe ethnique, les immigrés d'origine maghrébine. C'est de ces années-là que l'on peut dater la disparition silencieuse, au moins aux yeux des médias, de la lutte de classe à l'ancienne, opposant le prolétariat ouvrier à la bourgeoisie industrielle. C'est à ce moment-là que la classique « question sociale » cède discrètement la place à la double question socialo-ethnique, que pose l'immigration.

Bien entendu, cette dernière n'abolit pas les autres « mouvements sociaux » énumérés plus haut. Mais elle ne tarda pas à s'imposer comme primordiale, et cela pour deux raisons. D'une part, elle donnait aux courants antinucléaires, féministes, régionalistes, écologistes, homosexuels, cette surdétermination sociale qui, en dépit du nom que leur avait donné Touraine, étaient beaucoup plus « sociétaux » que proprement sociaux. Ou alors d'une socialité qui était beaucoup plus bourgeoise, ou bobo, qu'ouvrière. C'est du reste toute l'ambigüité de ces mouvements que de dissimuler sous des oripeaux bohèmes, voire anarchistes, une inspiration de type libéral.

La question immigrée, au carrefour de l'ethnique et du prolétarien, avait, elle, incontestablement une dimension sociale. De plus, elle apportait à l'ensemble de la revendication néolibérale cette dimension « métisse [1] » sans laquelle on ne peut aujourd'hui escompter une reconnaissance de la part de la gauche morale. Avec le métissage était proposée à la France une identité non identitaire, au moment où l'existence même d'une possible identité nationale était regardée comme suspecte de racisme. Ainsi était déniée à la France cela même qui faisait tout le prix de ces « minorités visibles » – expression abominablement raciste – qui figuraient en en son sein. C'est ainsi que lors de la cérémonie de panthéonisation d'Alexandre Dumas, *Le Monde* titra : « Le métissage entre au Panthéon » (1er décembre 2002). Pour ma part, j'avais cru que c'étaient les *Trois mousquetaires* et le *Comte de Monte-Cristo*. C'est aussi à la crainte phobique de l'identité française, aggravée, il est vrai, de l'usage politicien qu'en faisait alors Nicolas Sarkozy, que l'on doit le stupéfiant refus, bientôt ratifié par François Hollande, de la majorité des historiens de laisser construire un musée de l'Histoire de France. La France était devenue une réalité inavouable et indécidable, qu'il valait mieux ignorer. Comme dit, apeuré, un clochard de Samuel Beckett : « Et si nous allions signifier quelque chose ? » En vérité, tous ces « mouvements sociaux » se sont construits sur la dénégation de l'identité nationale. Le même phéno-

1. Stéphane Perrier : « L'universel ou le néant ? », *Le Débat* n° 178, janvier-février 2014, p. 31-40 : une analyse à contre-courant.

mène a touché l'Europe, à laquelle ses représentants refusent depuis des années la moindre identité spatio-temporelle. Étonnez-vous, après cela, qu'elle demeure, après des peuples qui la composent, une pure abstraction !

Cette objection de conscience anti-identitaire, que vous avez maintes fois dénoncée, cher Michéa, à *Libération* ou à *Canal* +, c'est-à-dire chez les représentants les plus autorisés de la philosophie bobo, a contribué à creuser le fossé entre les nouveaux mouvements sociaux et l'ancien prolétariat, principale formation de résistance à la mondialisation. Les ouvriers français ne comprennent vraiment pas pourquoi, au parti socialiste, selon les mots de Pierre Mauroy, « ouvrier » est depuis quelque temps devenu un gros mot et pourquoi « français » est en train de le devenir. Depuis la fin de l'Empire romain, la conversion des élites au point de vue du nouvel arrivant n'est pas une chose nouvelle : mais puisqu'il y est question d'intégration, celles des anciennes classes populaires au nouveau paradigme national commence à se poser.

Le peuple est-il en train de disparaître pour céder la place aux communautés ?

Dans une précédente lettre, je vous disais, un peu rapidement : où est-il donc votre peuple, Jean-Claude Michéa ? Je ne le trouve plus. J'étais comme le locuteur présumé de Gaël Brustier et Jean-Philippe Huelin dans *Recherche le peuple désespérément*[1]. Il avait quitté la place. Il ne se trouvait plus là où on l'attendait : dans

1. Bourin éditeur, 2009.

les quartiers ouvriers des grandes villes ; dans les banlieues de feu la « ceinture rouge », de Paris ou d'ailleurs. Il était parti sur la pointe des pieds. Sans faire d'histoires. Sans laisser d'adresse. De hardis explorateurs, dont ceux que je viens de citer, mais aussi Philippe Guibert et Alain Mergier [1], et surtout le précurseur, Christophe Guilluy [2], avaient retrouvé sa trace. Où ? Oh ! pas très loin. Mais à dix lieues ou un peu plus des centres-villes. Et à l'écart des banlieues, des sacro-saintes banlieues, objet de l'effroi et de la fascination de la classe politique entière, toutes opinions confondues. Dans la « périphérie », qui est en train de s'imposer dans la terminologie politique et sociale de la France contemporaine, au même titre que les « quartiers » ou encore les « zones sensibles ». Ou encore, les « territoires », comme on dit en Israël, pour désigner en Cisjordanie les zones colonisées au détriment des Palestiniens. Mieux encore : les zones rurales, longtemps symboles de la France agraire et de son retard urbain et industriel, sont en train de devenir des espaces à forte densité ouvrière.

Imbus d'une théorie « droit de l'hommiste » qu'ils ont adoptée de façon simpliste après l'avoir stigmatisée de façon irréfléchie, les dirigeants socialistes sont partis à la recherche d'un « peuple de remplacement » plus conforme à leur nouvelle *doxa*, comme s'ils s'étaient

1. *Le Descenseur social, Enquête sur les milieux populaires*, Plon, Fondation Jean-Jaurès, 2006.

2. Christophe Guilluy et Christophe Noyé, *Atlas des nouvelles fractures sociales en France*, Autrement, 2004 ; et Christophe Guilluy, *Fractures françaises*, Bourin éditeur, 2010 ; Flammarion, « Champs », 2013.

révélés incapables de nourrir deux idées à la fois. Ce qu'a très bien décrit Laurent Bouvet, dont l'analyse est proche de celle qui est développée ici. Le rejet du peuple s'est opéré, selon lui, de la façon suivante :

> « D'une part, la stigmatisation de la figure populaire nationale devenue rapidement raciste, xénophobe, sexiste et homophobe ; et, d'autre part, l'exaltation de la différence identitaire culturelle comme d'un bienfait en soi pour les individus comme pour la société [1]. »

Laurent Bouvet, qui compare cette situation à celle des « petits blancs » du Sud des États-Unis, constate que les milieux populaires se sont trouvés abandonnés par la gauche « morale » et par la gauche institutionnelle au moment où ils subissaient de plein fouet les effets de la crise économique.

Ce sont ces « territoires oubliés de la République », que la gauche comme-il-faut cache comme une tare familiale ou un péché de jeunesse. Car ils recèlent une population peu avouable : c'est elle qui vote le plus pour le Front national, et qui est soupçonnée de vouloir le faire de plus en plus. Jean-Marie Le Pen, peu porté sur la sociologie politique, les avait négligés. Il restait un néolibéral ; d'extrême droite sans doute, mais libéral tout de même. D'où, après une montée spectaculaire, la stagnation de son électorat. Sa fille Marine, plus avisée, a vu très vite, avec l'aide de ses conseillers *new look*, le parti que l'on pouvait tirer de ce réservoir électoral inexploité. Inutile d'invoquer, pour expliquer son changement de cap, on ne sait quelle opération de camouflage. Les choses étaient beaucoup plus simples.

1. *Le Sens du peuple*, Gallimard, 2012, p. 17.

Elle faisait une OPA de grande envergure sur cette ressource électorale disponible.

Car pendant ce temps, la classe politique tout entière, en particulier la gauche, et à l'intérieur de la gauche, la faction la plus bobo, la plus « intellectuelle », parfois la plus gauchiste, celle qui lit *Libération* tous les matins, n'avait d'yeux que pour les banlieues. Celles qui devenaient le territoire propre des immigrés. Je ne sais si « immigrés » est le bon mot. Nous sommes entrés, sémantiquement parlant, dans une vaste contrée du soupçon, où toute défaillance, tout retard, toute déviance dans la terminologie vous condamne, et où le crime de racisme se nourrit du moindre lapsus. Car dans le néo-freudisme islamo-gauchiste, tout lapsus, loin de faire éclater votre innocence – on n'est pas responsable de son inconscient – vaut aveu de culpabilité. Dans certains milieux médiatiques et mondains, guetteur de lapsus est devenu un emploi à plein temps.

Va pour « immigrés ». Dans cette montée en puissance d'un nouveau prolétariat, plusieurs facteurs interfèrent. D'abord la mauvaise conscience de la classe politique française et notamment des socialistes vis-à-vis de leur passé colonialiste. Pour un vieil anticolonialiste comme moi, c'est merveille de voir comme nous sommes enfin compris. Nous avions l'appui clandestin de toute la gauche officielle, et nous ne le savions pas ! Notamment quand sa police d'hier nous traquait… Il y a ensuite la substitution de la philosophie des droits de l'homme à l'analyse de la société en termes de classes. Là encore, on demeure stupéfait devant la rapidité du changement. Il n'est pas si loin, le temps où le « front de classe » – avec ou sans « s » – était l'alpha et l'oméga de la pensée politique du PS et où toute référence à la philosophie des droits de l'homme, surtout quand elle émanait de Soljenitsyne, était assimilée à une diversion anticommuniste. Il y a enfin, comme le proclament à l'envi les trois auteurs que j'ai cités plus haut, l'élimination en douceur du conflit social au profit de la lutte contre les « discriminations ». Pour le néocapitalisme, les droits de l'homme sont beaucoup moins onéreux que le conflit social. De là à le soupçonner d'inspirer cette substitution…

Je n'insiste pas davantage. Il y a bien longtemps, cher Michéa, que vous développez ces analyses et qu'elles nourrissent votre réflexion. Il me suffira d'en souligner la conséquence : le sentiment d'abandon de cette classe ouvrière semi-clandestine, snobée par les médias, stigmatisée et ridiculisée par les bobos – c'est tout le légendaire du « beauf » et de la « beauferie » qu'il faudrait évoquer ici. Avec pour conséquence une véritable « prolophobie » (Brustier et Huelin) qui prospère à l'aise à l'ombre d'un antiracisme sourcilleux et d'une substitution en douceur de la question ethnique à la question sociale.

Car le sentiment de discrimination dont j'ai parlé, c'est l'ancienne classe ouvrière qui l'éprouve le plus fortement. L'argent de la solidarité, l'argent de la lutte contre la discrimination ne va pas à la classe ouvrière, et la Seine-Saint-Denis, haut lieu de la banlieue martyre et triomphante, a un niveau de vie supérieur au Cantal, à la Creuse ou à l'Ardèche, à toutes ces zones rurales où le prolétariat de naguère a tendance à se réfugier. Tout se passe en somme comme si, au-delà de discriminations bien réelles, il y avait une sorte de pacte implicite d'exclusion, passé entre les métropoles et les banlieues pour faire sortir les périphéries et les zones rurales de l'espace social utile et de la mouvance culturelle légitime.

Comment s'est opéré ce transfert ?

C'est la technique qui, dans les sociétés industrielles, est à l'origine des changements, le capitalisme s'emparant ensuite des progrès réalisés pour réduire la part ouvrière de la plus-value et augmenter ses profits. La sortie du taylorisme au profit d'un travail plus diversifié, avec accroissement des tâches de contrôle et d'entretien, a eu pour conséquence la fin du prolétariat sous la forme d'une masse globale et relativement indifférenciée, dont l'OS était le symbole. Le travail sériel avait pour conséquence l'ouvrier sériel, rangé en gros bataillons sous le contrôle du syndicat et l'inspiration du parti. En ce sens, il y avait une complicité objective, à l'époque taylorienne, entre la grande industrie et le prolétariat industriel, qui avaient, au-delà ou en deçà de leur affrontement, des intérêts communs, parfois même une version commune des choses. C'est ainsi que Griffuelhes, secrétaire de la CGT jusqu'en 1909, déclarait que la classe ouvrière avait besoin d'un capitalisme « à l'américaine », c'est-à-dire fondé sur la grande entreprise. Quand cette organisation du travail commença à reculer, on vit se développer une véritable nostalgie des « bagnes industriels » de jadis, comme en témoigna, en 1996, l'essai de Viviane Forrester : *L'Horreur économique*. Autrement dit, la substitution d'une sorte de pouvoir financier anonyme au patron de la caricature sociale, avec ventre opulent, cigare et coffre-fort. La lutte des classes était alors un affrontement concret entre personnes réelles, et non un rapport de forces abstrait et comme virtuel. Patronat et prolétariat devenaient des invisibles.

L'étape suivante, ce fut la mondialisation, avec pour caractéristique principale la financiarisation croissante de l'économie, la déconnexion accentuée du capitalisme à l'égard du processus productif proprement dit, et l'affirmation du pouvoir des actionnaires par rapport à celui des « managers ».

Tout cela est bien connu. Ce qui nous intéresse ici, ce sont les conséquences de ce processus sur les rapports sociaux. Cette nouvelle étape du capitalisme sonna le glas de ce que Michel Albert avait appelé le « modèle rhénan » qui, sous des formes diverses, ordonnait les relations du travail dans divers pays. En Allemagne, bien sûr, dans les pays scandinaves, mais aussi en France, où un compromis de nature sociale-démocrate organisait les relations du travail autour de trois interlocuteurs principaux, l'État, le patronat et les syndicats ouvriers. Compromis où chacun des partenaires trouvait son intérêt, l'État dans sa capacité d'intervention, le patronat dans la pacification des rapports sociaux, les syndicats ouvriers dans l'augmentation régulière des salaires. Pendant les « Trente Glorieuses » et même au-delà, régna un véritable âge d'or du compromis social-démocrate. En outre, la classe ouvrière trouvait dans ce régime une visibilité réelle, une personnalité propre et une espèce d'honorabilité sociale, exceptionnelle pour une classe dominée.

C'est tout cela qui a volé en éclats. Nous avons assisté à un émiettement de la classe ouvrière, une véritable pulvérisation de son identité en termes de conditions de travail, de revenus, d'habitat, de modes de vie, d'influence politique et de participation culturelle à la vie de la nation. Alors que les milieux populaires, ouvriers et employés, continuent de constituer plus de la moitié de la population active et un gros tiers de la population tout court, alors qu'un second tiers est composé des catégories intermédiaires, des cadres, des professions libérales, et un troisième tiers des retraités, leur place dans le concert national est réduite à peu de chose. La grève et la manifestation, qui ont été longtemps leur forme propre d'expression, ont été investies par toutes les autres catégories sociales, y compris celles qui votent clairement et massivement à droite. Dans la France d'aujourd'hui, les grèves des ouvriers sont devenues les moins nombreuses et les moins spectaculaires. Comme l'a dit avec cynisme, mais non sans quelque vérité, Nicolas Sarkozy, les grèves ouvrières, on ne les aperçoit même plus.

C'est ce phénomène de désaffiliation sociale et culturelle des classes populaires qui est le trait marquant de la période et qui consacre le triomphe du néolibéralisme d'aujourd'hui sur la social-démocratie d'hier. Ainsi, le séparatisme ouvrier existe toujours depuis le XIXe siècle ; mais jadis, il était délibéré et voulu ; aujourd'hui il est purement et simplement subi.

C'est à partir de là qu'il faut comprendre le vote devenu majoritaire des milieux populaires en faveur des partis extrémistes. Un vote n'est jamais une chose simple, dont on puisse rendre compte à partir d'un seul facteur. Moi-même, sais-je vraiment pourquoi je vote d'une certaine façon ? Comme vous le dites du capitalisme, le vote est un fait social global, qui met en jeu divers facteurs et divers niveaux de conscience. Je crois pourtant que jamais on n'a pu rendre compte aussi clairement du vote d'une catégorie sociale comme on peut aujourd'hui le faire dans le cas des milieux populaires, à partir du ressentiment. La République les a abandonnés, la gauche les a trahis.

Alors, voter pour l'extrême gauche ? Rien de semblable ne s'est produit jusqu'ici, et le vote pour l'extrême gauche, assez stable depuis des années, un peu en deçà ou au-delà des 10 % des suffrages, exprime plus un radicalisme petit-bourgeois (étudiants, couches inférieures de la fonction publique) qu'un véritable courant ouvrier. Au fond, l'extrême gauche est soupçonnée de nourrir les mêmes préjugés que la gauche réformiste, et de ne pas comprendre le besoin de sécurité et de protection contre toutes les menaces extérieures, y compris celles que représente l'immigration – non pas l'expression de sentiments racistes, mais un besoin vital d'exister et d'être reconnu.

L'extrémisme, c'est-à-dire le vote pour des partis extra-gouvernementaux, se porte donc sur l'extrême droite. Non par racisme, mais plutôt par hostilité à l'étranger, ce qui est tout de même très différent. Et au-delà du besoin de sécurité, à la fois physique et professionnelle, affleure en toute circonstance le besoin de faire appel de l'ostracisme dont les milieux populaires se sentent frappés. Le mépris antipavillonnaire des habitants de villas, cette condescendance sociale, ce refus du droit à l'individualisme dont les milieux populaires se sentent les victimes, quand ce droit est reconnu à tous les autres, finit par reconstituer, à défaut d'une lutte de classes, un séparatisme social plutôt nouveau dans la société française. Comme si le continuum national était interrompu quelque part.

Voilà, cher Jean-Claude Michéa, des réflexions qui ne doivent pas se situer loin des vôtres. Il était prévisible qu'à mesure que nous nous avancerions vers le présent et que la gauche et le peuple tendraient à diverger, nos points de vue tendraient, eux, à se rapprocher. Il y aurait encore bien des choses à dire ; d'abord à propos des valeurs que véhicule le peuple dans sa nouvelle configuration. Ensuite, et c'est toute la question, sur sa capacité à passer du ressentiment à la reconstruction. Ce sera l'objet de mes prochaines lettres.

Croyez à mes sentiments amicaux.

*Jean-Claude Michéa à Jacques Julliard*

*Mars 2014*

Il va sans dire, cher Jacques Julliard, que je partage entièrement vos remarques sur ce que devraient être les conditions d'un « dialogue véritable » (ce sont d'ailleurs celles-là mêmes que Proudhon formulait déjà dans sa célèbre lettre à Marx du 17 mai 1846). Et vous avez d'autant plus raison d'en rappeler le principe que domine à présent en France une forme abâtardie de la pensée de Nietzsche (il en aurait d'ailleurs été le premier horrifié) qui invite continuellement le lecteur à remplacer la question « que dit-il ? » par la question « qui parle ? » (certains *sites web* parisiens se sont même désormais spécialisés – sous le masque de « l'antifascisme » – dans cet exercice purement *policier*). À tel point qu'on peut se demander combien de critiques professionnels seraient encore capables, de nos jours, de juger de la valeur philosophique ou littéraire *d'un texte anonyme* – autrement dit d'un texte dont il leur serait impossible, par définition, de prétendre connaître *à l'avance* – tel le premier Aymeric Caron venu – les sombres *arrière-pensées* (l'affaire Gary/Ajar restant, de ce point de vue, l'exemple classique de cette perversion de l'esprit critique).

Pour autant, avons-nous réellement « progressé » dans notre débat ? En un sens, cela ne fait aucun doute. Certes, je continue à penser qu'il existait, depuis l'origine, une différence philosophique fondamentale entre la gauche républicaine et libérale du XIX^e siècle et le mouvement socialiste originel. La première – j'insiste une fois de plus sur ce point crucial – se définissait *d'abord* par son combat contre la « Réaction » (c'est-à-dire contre l'ensemble des forces politiques et religieuses qui espéraient encore, à cette époque, restaurer tout ou partie de l'Ancien Régime). Et donc, *par extension*, contre toutes ces « forces du passé » (traditions et coutumes populaires souvent comprises) qui étaient censées faire obstacle au règne universel de la Raison et de la Liberté. Notons d'ailleurs au passage (sans quoi notre échange risquerait de demeurer *eurocentré*) que c'est précisément cette existence préalable d'un « Ancien Régime » qui explique que les vieux clivages identitaires propres aux nations européennes (gauche « progressiste » par nature contre droite « réactionnaire » par essence) n'ont pendant très longtemps coïncidé que de façon très imparfaite (l'ambigüité du terme « libéral » – aux États-Unis – en témoigne) avec ceux qui divisent, aujourd'hui encore, le peuple américain. Comme le soulignait en effet Marx – dans un remarquable petit essai, écrit en 1851, sur Bastiat et Carey –, la société bourgeoise d'Amérique du Nord ne s'est pas développée « sur la base de la féodalité, mais *a commencé à partir d'elle-même* ». C'est cette situation historique singulière (de même que son mode de peuplement très particulier) qui rendait donc possible à cette société, « en associant les forces productives du vieux monde à l'immense terrain d'un nouveau monde », de développer la logique libérale « dans des proportions inconnues jusqu'alors, et avec une liberté de mouvement inconnue ». C'est là, entre autres, ce qui explique qu'il soit très difficile, de nos jours, de définir avec précision ce qui distingue réellement des mouvements libéraux dits d'« extrême gauche » du type *Act Up* ou *Femen* – ou les pensées d'une Marcela Iacub, d'un Pierre Bergé ou d'un Ruwen Ogien – de la *Old Right* américaine des années 1930 (celle de H.L. Mencken, Rose Lane et Ayn Rand) et, plus encore, de cette *nouvelle droite libertarienne* incarnée par Gary Becker, Milton Friedman, Murray Rothbard ou Robert Nozick. Le sénateur Barry Goldwater, qui a si longtemps symbolisé, aux yeux de la gauche européenne, la quintessence du « fascisme » américain, n'était-il pas un défenseur conséquent – et c'est tout à son honneur – du droit des homosexuels, de la liberté d'avorter ou de la possibilité pour chacun d'exprimer publiquement toutes ses pensées sans s'exposer à la moindre censure ?

Quant au socialisme originel (je n'ai pas non plus changé d'avis sur ce point) sa cible *première* était bien – à la différence de la Gauche – *le système capitaliste en tant que tel*. Autrement dit, cette forme d'organisation historique de la société qui repose à la fois sur l'accumulation continuelle du capital et sur la séparation *corrélative* des producteurs et des « moyens de production » (le mouvement des *Enclosures* et la « guerre des forêts » – pour reprendre le titre d'un ouvrage d'E.P. Thompson – constituant, dans l'Angleterre du XVIII^e siècle, le point de départ classique de ce processus de dépossession permanente). C'est cette séparation structurelle entre les producteurs et les moyens de production qu'ils mettent en œuvre (elle est, entre autres, à la base de l'exode rural) qui expliquait, selon Marx, que « l'homme qui ne possède plus *rien d'autre que sa force de travail* sera forcément l'esclave d'autres hommes qui se seront érigés en détenteurs des *conditions objectives du travail* » et ne pourra donc vivre « qu'avec la permission de ces derniers » (comme on le voit, la critique par les premiers socialistes de l'« appropriation privée des grands moyens de production » devait donc beaucoup moins, à l'origine, à un culte jacobin de l'État qu'à l'idéal philosophique d'une vie individuelle et collective aussi *autonome* que possible – celle que la *libre association* des producteurs était précisément censée rendre enfin possible). Or dans la mesure où la gauche libérale et républicaine du XIX^e^ siècle – toute à son combat fondateur contre la « Réaction » cléricale et monarchiste – demeurait massivement étrangère à cette critique socialiste du nouvel ordre industriel (quitte à déplorer parfois les effets les plus nuisibles de ce dernier, mais toujours sur un mode essentiellement « humanitaire » ou moralisateur), on comprend alors mieux pour quelles raisons – *un an seulement avant le déclenchement de l'affaire Dreyfus* – le Parti ouvrier français (sous la plume de Jules Guesde et de Paul Lafargue – et sous l'œil attentif d'Engels) pouvait encore exhorter la « France du travail, la France qui produit des bras ou du cerveau » à s'unir dans ce « grand parti de libération » qui permettrait, « en chassant du pouvoir *les voleurs de gauche ou de droite*, en prenant elle-même, *avec ses élus de classe*, le gouvernement de la République, de préparer l'ordre nouveau » (Appel du 22 janvier 1893).

Il reste qu'en lisant attentivement votre dernière lettre, j'en suis venu à mieux comprendre votre insistance à soutenir l'hypothèse « continuiste ». Il est clair, en effet (et sur ce point, je ne peux que vous donner raison), que l'attachement des socialistes du XIXe siècle à l'idéal républicain – du moins pour la majorité d'entre eux – s'articulait *en profondeur* avec leur critique du capitalisme. Leur républicanisme – qui empruntait, il est vrai, beaucoup plus à Rousseau qu'à Benjamin Constant, Tocqueville ou Edgar Quinet – n'était donc pas uniquement une pièce rapportée, et encore moins le fruit d'un simple positionnement tactique. Et c'est effectivement cet idéal républicain – *qu'ils partageaient donc avec la gauche* (sans doute n'ai-je pas suffisamment insisté sur ce point dans mes deux lettres précédentes) – qui avait logiquement conduit les représentants du socialisme officiel (mais beaucoup moins, ne l'oublions pas, ceux du mouvement syndical et anarchiste) à proposer à cette même gauche – au début de l'année 1899 – un pacte d'autodéfense républicaine face à la menace alors imminente d'un coup d'État *réactionnaire* (je prends ici le terme de « Réaction » dans son sens historique véritable et non dans celui de la gauche « antifasciste » moderne). Jules Guesde l'avait d'ailleurs reconnu lui-même, lors de son célèbre débat public contradictoire, le 26 novembre 1900, avec Jean Jaurès. « Dans ces circonstances – soulignait-il en effet – j'ai dit à Jaurès que si une République, *même bourgeoise*, s'inclinait devant un pareil ultimatum du haut militarisme, *c'en était fait de la République.* » Une fois ce point admis – et je l'admets volontiers – il reste que ni Jules Guesde ni la plupart des leaders socialistes de l'époque n'auraient encore songé un seul instant à sacrifier leur critique du système capitaliste sur l'autel du nouveau « front républicain » et de la « lutte contre la Réaction » (ce ne sera malheureusement plus le cas, en revanche, dès lors que triomphera, lors de l'absurde première guerre mondiale, cette « union sacrée » de toutes les forces patriotiques dont le mouvement ouvrier *autonome* ne s'est, au fond, jamais entièrement remis). En faisant provisoirement *cause commune* avec la gauche républicaine, il ne s'agissait donc nullement – pour reprendre, ici encore, l'analyse de Jules Guesde – de « diviser le prolétariat en dreyfusards et antidreyfusards », pas plus que d'imposer à ce dernier « le salut d'un homme à opérer, lorsque le prolétariat a sa classe à sauver, a l'humanité entière à sauver ! » (Guesde ajoutait même qu'en tant que représentant emblématique de la bourgeoisie française, l'individu Dreyfus ne méritait assurément aucune sympathie particulière). C'est pourquoi aucun dirigeant socialiste (sauf, peut-être, déjà Jaurès) n'imaginait encore, *à ce moment précis de l'Histoire*, que ce front de défense républicaine (front qui constitue, par conséquent, le véritable socle fondateur de la gauche du XX^e^ siècle) impliquerait, à terme, la *fusion* de la bourgeoisie progressiste et du prolétariat socialiste sous le drapeau supposé commun d'une *nouvelle* gauche (et, *a fortiori*, d'une gauche ayant substitué au combat de classe la seule lutte « contre toutes les discriminations »). « Je ne veux ni ne puis – tenait même à préciser Jules Guesde – représenter *les deux classes en lutte* ; je ne veux et ne puis être que l'homme de *l'une contre l'autre*. »

Si l'on prend *tous* ses aspects en considération, il est donc effectivement possible de soutenir, comme vous le faites, qu'il existe un véritable lien *dialectique* entre l'aspect « continuiste » (le projet socialiste est logiquement subordonné à l'idéal républicain – c'était déjà la thèse de Jaurès, et c'est, aujourd'hui encore, celle du Front de gauche ou du NPA) et l'aspect « séparatiste » (l'idéal républicain est logiquement subordonné au projet socialiste – c'était la thèse de Marx, de Proudhon et de Guesde). Sachant que toute la question demeure de savoir – et sur ce point, il est clair que nous divergeons toujours – quel devrait être *l'aspect principal de cette contradiction dialectique*. Car de notre manière de répondre à cette question dépendra, pour une grande part, celle dont nous devrons aborder la question du « peuple » et l'analyse de classe qu'elle implique.

Quant à l'histoire des causes qui ont progressivement conduit la gauche actuelle à tourner le dos aux classes populaires, j'approuve évidemment, pour l'essentiel, la description que vous en donnez (ce qui ne devrait guère vous surprendre puisque c'est visiblement là un terrain sur lequel nous avons plus d'accords que de désaccords). Sauf – tout de même – lorsque vous en venez curieusement à écrire que « le peuple a toujours choisi la gauche parce qu'il croit au progrès ». J'avoue être resté très perplexe devant cette phrase, me demandant même si je l'avais réellement comprise (ce qui n'est, après tout, peut-être pas le cas !) Car sans même remonter jusqu'à l'insurrection vendéenne (dont le caractère profondément populaire n'est plus à démontrer), il me semble bien, au contraire, que l'histoire des deux derniers siècles a surtout montré qu'il existait aussi *un véritable peuple de droite*, farouchement attaché – pour le meilleur et pour le pire – à un certain nombre de valeurs morales « traditionnelles » et historiquement très actif (qu'on songe, par exemple, à cet appui populaire – particulièrement net en « province » et dans les campagnes – dont le second Empire a pu bénéficier jusqu'à ses derniers instants ; au grand dam, naturellement, de ces républicains de gauche qui croyaient que tous les problèmes politiques seraient réglés avec l'institution du suffrage universel). Mais c'est là, en somme, une question purement historique que nous pouvons abandonner sans trop de regrets à la « critique rongeuse des souris ». Car ce qui doit, en effet, mobiliser *avant tout* notre attention c'est bien plutôt le fait – sur lequel, cette fois-ci, nous serons entièrement d'accord – que la « continuité entre le peuple et la gauche, mais aussi entre le peuple et le socialisme » (je reprends ici les termes de votre dernière lettre) apparaît, *aujourd'hui*, ouvertement rompue. C'est d'ailleurs ce qui conduisait le critique radical américain Thomas Frank, dans un essai incisif paru en 2004, à formuler cette surprenante question – qui aurait dû, normalement, troubler le sommeil dogmatique de tous les intellectuels de gauche : *pourquoi les pauvres votent-ils à droite ?* Il est donc plus que temps de dire enfin un mot de cette question du « peuple » qui est devenue la grande absente de la politique moderne (la dénonciation rituelle du « populisme » ne pouvant évidemment tenir lieu ici de véritable pensée).

« Une population est-elle un peuple ? » me demandiez-vous ainsi dans votre deuxième lettre. Et vous ne manquiez pas d'ajouter que c'est là « toute la question ». Comment ne serais-je pas, une fois de plus, entièrement d'accord avec vous ? Dans l'un de ses ultimes ouvrages (*De la capacité politique des classes ouvrières*), Proudhon rappelait ainsi qu'il n'y a de *sujet* politique possible – donc de « peuple » historiquement agissant – qu'à une triple condition. D'abord « que le sujet ait *conscience* de lui-même, de sa dignité, de sa valeur, de la place qu'il occupe dans la société, du rôle qu'il remplit, des fonctions auxquelles il a droit de prétendre, des intérêts qu'il représente ou personnifie ». Ensuite qu'il sache « se représenter par l'entendement, traduire par la parole, expliquer par la raison, dans son principe et ses conséquences, *la loi de son être* ». Enfin, que de cette conscience acquise de sa propre puissance, « il puisse, selon le besoin et la diversité des circonstances, déduire toujours des conclusions *pratiques* ».

Vous m'accorderez sans peine que ce n'est évidemment pas à ce type de « sujet » historique que songe aujourd'hui un *gouvernement de gauche* lorsqu'il lui arrive encore d'utiliser le mot « peuple » (sur ce plan, Adolphe Thiers, Victor Hugo ou Edgar Quinet – trois grandes figures de la gauche du XIX^e siècle – avaient une fibre populaire autrement plus développée que celle d'un François Hollande, d'un Pascal Lamy ou d'une Cécile Duflot). Dans l'esprit d'un tel gouvernement, le mot « peuple » ne peut plus désigner, en effet, qu'une « simple mosaïque » sociale privée de la moindre unité politique. Soit, en d'autres termes, une simple *clientèle électorale*, sondée à longueur de journée, et nécessairement porteuse « d'horizons d'attente différents » (je reprends les termes de votre deuxième lettre). Le débat sur la prostitution en a, du reste, encore récemment offert une illustration particulièrement limpide. On a en effet pu voir, à cette occasion, le parti « socialiste » promettre à plusieurs associations féministes, supposées électoralement porteuses, d'abolir cette pratique effectivement dégradante (en proposant d'ailleurs *à la fois* de pénaliser le client et d'abolir les lois sur le racolage !) tout en s'engageant *simultanément*, auprès d'autres associations militantes, à mettre en place – sous la direction éclairée du député de l'Essonne Jérôme Guedj – un nouveau statut d'« assistantes sexuelles » (recrutées, j'imagine, parmi les étudiantes les plus pauvres de la faculté de médecine), professionnellement destinées à satisfaire la libido des handicapés (en attendant demain, peut-être, celle des « vieux », des « timides » ou des « laids »). Et sincèrement, je ne vois vraiment pas – cher Jacques Julliard – comment de jeunes militants de gauche formés à l'école de Philippe Meirieu pourraient encore avoir le réflexe philosophique de relever la moindre contradiction logique entre ces deux projets également « émancipateurs ». C'est pourquoi je ne peux évidemment qu'être d'accord avec vous pour constater que si – dans la triste situation politique léguée par le mitterrandisme – la « totalité des classes populaires sont en colère contre le capitalisme globalisé », cette totalité ne forme effectivement, à l'heure où nous parlons, qu'une simple « majorité de refus ». Et non, par conséquent, un véritable sujet historique, averti de la « loi de son être » et se proposant consciemment de remplacer une société inégalitaire fondée sur la concurrence de tous avec tous par une société conviviale, privilégiant l'entraide et la coopération.

Comment, dans de telles conditions, pourrait-on encore imaginer la possibilité même d'un *nouveau langage commun* (ou d'un nouveau « grand récit » collectif) qui permettrait à cette « majorité de refus » de se reconnaître à nouveau dans un projet fédérateur (le fameux « bloc historique » d'Antonio Gramsci) et de résister *ensemble* à la tyrannie du capital ?

Avant de répondre à cette question – et de dissiper ainsi un certain nombre de malentendus –, je voudrais cependant revenir quelques instants sur un point historique, curieusement méconnu, qui me semble de nature à éclairer certaines des formes actuelles de ce *mépris du peuple* qui est devenu, depuis plus de trente ans, la marque de fabrique de la nouvelle intelligentsia de gauche. Jusqu'à une période récente, en effet, les membres de l'élite dirigeante, le plus souvent formés à l'école patriotique de Gambetta et de Clemenceau, s'appuyaient encore massivement sur une image du peuple et de la nation qui, pour l'essentiel, coïncidait avec celle de Jules Michelet, de Victor Hugo ou de Charles Péguy. Les choses n'ont donc véritablement commencé à changer que lorsque le pouvoir gaulliste – sous l'influence décisive de son aile technocratique – allait décider, au début des années 1960, de mettre en œuvre son plan de « modernisation » intégrale de la société française. C'est dans ce contexte particulier que le processus *parallèle* de la décolonisation en est venu à jouer un rôle tout à fait imprévu. On oublie souvent, en effet, que la gestion de l'empire colonial français s'appuyait en permanence sur le travail « pédagogique » d'une multitude de hauts fonctionnaires chargés d'inculquer aux différentes populations indigènes la supériorité de la « civilisation occidentale » et de « l'esprit moderne ». Or, une fois cet empire colonial dissous (pour l'essentiel), que sont devenus ces *experts en civilisation* ? Kristin Ross est l'une des rares historiennes à avoir rappelé qu'une partie notable d'entre eux ont aussitôt été invités à mettre les « compétences » qu'ils avaient acquises auprès de ces populations indigènes au service du nouveau chantier gaullien de la « modernisation » économique, sociale et culturelle. C'est donc à partir de ce moment précis que le peuple français – jusque-là considéré, du moins en paroles, comme le seul dépositaire légitime de la souveraineté nationale – a commencé à être perçu par les différents décideurs et technocrates comme une simple population « sous-développée » parmi d'autres (c'est d'ailleurs également à cette période que la recherche ethnologique en est massivement venue à se recentrer sur l'hexagone). Population sur laquelle les nouveaux « experts » de la modernisation (bientôt rejoints par ceux de la Communauté européenne) allaient pouvoir expérimenter librement – et avec toute la condescendance d'usage – les techniques de contrôle et de persuasion jusqu'ici appliquées aux seules sociétés soumises au joug colonial. Il était dès lors inévitable que le rapport entre les nouvelles élites dirigeantes – elles-mêmes de plus en plus convaincues que le cadre étroitement national avait fait son temps – et la *population ordinaire*, désormais comprise comme le dernier rempart de la mentalité « archaïque », de la « xénophobie » et du « repli sur soi », commence à changer radicalement (les campagnes de propagande médiatique pour la ratification des différents traités européens sont, de ce point de vue, tout à fait symptomatiques). Et le temps n'était donc plus très loin où Mandrin, Gavroche et Jacquou le Croquant devraient logiquement céder la place à ces « beaufs », « Deschiens » et autres « Dupont-Lajoie » dont la dénonciation quotidienne fait aujourd'hui le délice des nouvelles classes moyennes élevées au biberon de *Canal* + (le film de Marcel Ophüls – *Le Chagrin et la Pitié* – ayant joué un rôle décisif dans cette nouvelle représentation élitiste des gens ordinaires). C'est d'abord cette nouvelle donne idéologique qui explique, selon moi, la plupart des difficultés qui sont devenues aujourd'hui les nôtres chaque fois qu'il s'agit de rendre aux classes populaires leur ancienne dignité philosophique (et la diabolisation *récente* du terme, jadis glorieux, de « populisme » par ce que les *Inrockuptibles* ont si bien nommé le « parti de l'intelligence » serait elle-même incompréhensible sans cette nouvelle donne idéologique). Pour autant, je ne pense pas que les problèmes politiques créés par cette nouvelle situation historique soient aussi insurmontables qu'il y paraît à première vue. Je vais donc essayer maintenant d'expliquer brièvement pourquoi.

Dans votre deuxième lettre, vous me demandiez ainsi de vous « donner acte du fait que le socialisme n'est pas le peuple ». C'est alors que j'ai vraiment compris l'une des racines du malentendu qui nous opposait (et que votre dernière lettre permet d'ailleurs de dissiper en partie). Car si j'approuve évidemment, dans ses grandes lignes, la critique du système capitaliste proposée par Marx, je m'écarte presque entièrement, en revanche, de sa représentation d'une société socialiste. Or c'est surtout, me semble-t-il, sur cette représentation précise que portait votre critique. Le cœur de la doctrine de Marx (si on néglige ses ultimes réflexions, particulièrement stimulantes, sur la communauté paysanne russe et la possibilité qu'elle offrait de « sauter » la phase capitaliste) réside, en effet, dans sa « théorie des stades » (elle-même empruntée – ironie de l'histoire – à Adam Smith). Autrement dit, dans sa double conviction « progressiste » qu'il existerait un « sens de l'Histoire » (dont le principe moteur serait le développement inexorable des « forces productives ») et que le système capitaliste constituerait donc, à ce titre, une *étape historiquement nécessaire* de l'évolution de l'humanité. Étape dont le rôle principal (et « éminemment révolutionnaire », précise toujours Marx) consistait essentiellement dans la création des conditions technologiques et matérielles de son propre dépassement « dialectique » dans une société communiste mondiale transparente à elle-même. Une des implications politiques les plus nocives de cette vision téléologique de l'Histoire (qui ne voit, en somme, dans le socialisme qu'une reprise « socialisée » de l'œuvre historique déjà accomplie par le capital) est donc l'idée fondamentale selon laquelle, quelles que soient les circonstances, ce qui est « petit » doit toujours s'effacer devant ce qui est « grand » (*Big is beautiful*, telle pourrait être, en somme, la devise de Marx). Thèse supposée valoir aussi bien pour l'agriculture paysanne – *historiquement condamnée* à se dissoudre dans la grande agriculture scientifique et industrielle – que pour la petite entreprise et l'artisanat – *historiquement condamnés* à céder la place à des complexes industriels géants et mondialisés. Si l'on accepte un tel dogme, il devient alors évident que le *principe industriel* (avec tout ce qu'il implique de centralisation, de parcellisation des tâches et de procédures de contrôle autoritaire) devra constituer la loi ultime de l'organisation planifiée du travail – *et de la vie quotidienne correspondante* – exigée par une société socialiste (dans un passage du *Capital*, Marx va même jusqu'à évoquer la possibilité de transformer « la société tout entière en une vaste fabrique »).

Or une telle représentation de la société socialiste future – qui doit évidemment beaucoup à l'industrialisme de Saint-Simon et à l'idéal des ingénieurs du second Empire – était loin de faire l'unanimité parmi les organisations socialistes de l'époque. Ni même – on l'a aujourd'hui oublié – parmi les courants qui se réclamaient alors du marxisme (si Engels dut écrire très vite, en 1894, son petit essai sur la question paysanne, c'est justement parce que lors du Congrès de Marseille, en 1892, et de celui de Nantes, en 1894, les guesdistes avaient pris l'initiative de proposer une analyse particulièrement novatrice de la petite entreprise, de l'artisanat et de la paysannerie – Jules Guesde avait longtemps été anarchiste –, analyse qui s'opposait sur des points essentiels aux présupposés déterministes de la « théorie des stades »). C'est ainsi, par exemple, que Proudhon – dont l'influence sur le mouvement ouvrier, au XIX^e siècle, a longtemps été autrement plus forte que celle du marxisme orthodoxe – ne partageait absolument pas la fascination de Marx et d'Engels pour les méga-machines du capital (il faut dire qu'il y a chez ces derniers un côté Jules Verne assez évident). Et cela, parce que comme la plupart des anarchistes, il demeurait d'abord attaché à toutes les formes de l'autonomie locale (la *commune* comme lieu d'apprentissage premier du débat démocratique et de l'esprit de « mutualité ») et du fédéralisme associatif (forme d'organisation fondée sur ce « principe de subsidiarité » qui est le contraire exact du centralisme étatique). « De bas en haut et de la circonférence au centre », tel était d'ailleurs, de façon symptomatique, son mot d'ordre permanent. Et si, comme tous les socialistes, Proudhon continuait évidemment de voir dans l'expérience ouvrière moderne *le point de vue privilégié* à partir duquel il était possible d'éprouver dans toute sa cohérence la logique de l'oppression capitaliste (son « séparatisme » n'a donc pas d'autre base philosophique que cette nécessité, pour tous les prolétaires, de disposer d'un « parti » dont la *composition sociale relativement homogène* leur permettrait de maintenir la spécificité de leur point de vue ; et on comprend alors pour quelles raisons théoriques nombre de ses disciples verront logiquement dans le syndicat révolutionnaire la forme la plus appropriée à cet objectif), il ne lui serait, pour autant, jamais venu à l'esprit d'en déduire que le principe industriel représentait l'unique forme d'organisation possible d'une société libérée de l'exploitation de l'homme par l'homme. Dans sa *Théorie de la propriété*, il rappelait ainsi que, dans une société socialiste et solidaire, rien ne devrait s'opposer, par exemple, à ce que « chaque famille de cultivateur possède autant de terre qu'elle en peut cultiver ». Analyse qui ne s'arrêtait d'ailleurs pas à la seule petite propriété paysanne mais qui concernait tout aussi bien ces « mille petits métiers et commerces qui existent en si grand nombre dans les villes et jusque dans les campagnes » et à propos desquels – écrivait-il – « je ne vois plus la *nécessité* de l'association ». Le principe d'une sphère sociale échappant ainsi aux formes de gestion strictement collective des grands ensembles industriels (comme, par exemple, celles qu'exige le réseau ferroviaire) pouvait même, selon Proudhon, être étendu à la plupart des entreprises privées n'employant que « six, dix, quinze personnes » (« en pareil cas, je ne vois point, *si ce n'est pour des raisons de convenance particulière*, qu'il y ait matière à association »). Et cela, avant tout, parce que la nature spécifique des relations humaines susceptibles de se nouer dans ces petites unités de production (relations morales et psychologiques concrètes auxquelles Proudhon était infiniment plus sensible que Marx) permettait très souvent de déjouer ou de contourner la froide logique du pouvoir hiérarchique et de la recherche du profit à tout prix. « Le premier venu – écrit-il ainsi dans son *Idée générale de la Révolution au XIX*[e] *siècle* – capable de tailler et de coudre une paire de bottes, peut prendre patente, s'installer dans un magasin, et mettre sur son enseigne : *Un tel, marchand fabricant de chaussures*, bien qu'il soit seul à travailler derrière son comptoir. Qu'à cet entrepreneur solitaire se joigne un compagnon qui aime mieux se contenter du salaire de sa journée que de courir les chances du commerce : de ces deux hommes, l'un se dira patron, l'autre ouvrier ; *au fond ils seront parfaitement égaux, parfaitement libres* » (voilà le type même de texte qui horrifiait Marx ; il me semble cependant clair, à la lumière de la folie stalinienne, que c'est Proudhon qui avait raison sur ce point). Bien entendu, une société socialiste réellement autonome (c'est-à-dire une société dont *toutes* les initiatives essentielles ne partiraient pas d'un État centralisé, fût-il réduit à la simple

« administration des choses ») n'en devait pas moins veiller à « protéger la propriété contre elle-même » et cela, en la « socialisant » dans toute la mesure du possible (ou en la « solidarisant », si on préfère la terminologie moins ambiguë de Gustave Lefrançais). Mais sous ce terme aujourd'hui équivoque, Proudhon entendait seulement rappeler qu'une société socialiste devrait offrir à ces petites entreprises privées tous les moyens de s'intégrer pleinement dans la logique de l'esprit mutualiste et coopératif – notamment par le biais d'un système de *crédit populaire* destiné à favoriser les investissements les plus bénéfiques pour la collectivité (autrement dit, les investissements privilégiant la valeur d'usage réelle et la qualité finale du produit, plutôt que le « retour sur investissement » et la rentabilité à court terme).

Comme vous pouvez le constater, cher Jacques Julliard, il ne devrait donc pas être trop difficile – dès lors que l'on renonce à l'idée « progressiste » selon laquelle ce qui est monumental est *nécessairement* plus beau ou plus efficace que ce qui reste à taille humaine – de convaincre les classes moyennes dites traditionnelles (celles où la logique de l'« emploi » n'a pas encore complètement effacé celle du métier) qu'elles ont un rôle à jouer *en tant que telles* (et non, comme l'écrivait Marx, « en raison de leur seule chute imminente dans le prolétariat ») dans une société devenue socialiste, où le pouvoir de chacun sur sa propre vie ne serait plus un mot presque privé de sens. Cela, en somme, dépendra « entièrement – comme l'écrit l'anarchiste américain James C. Scott – de la capacité à trouver le ton juste, la note qui fera résonner les plus profondes émotions et aspirations des membres de son auditoire » (son remarquable *Petit éloge de l'anarchisme* – paru aux éditions Lux – contient d'ailleurs une défense particulièrement intelligente de la petite bourgeoisie traditionnelle et donc de la petite propriété individuelle). Or, de toute évidence, ce n'est pas la Gauche moderne – dont la volonté de prendre en charge *toutes* les révolutions « sociétales » imposées par le développement du capitalisme est devenue l'unique « marqueur symbolique » – qui apparaît, aujourd'hui, la mieux placée pour faire résonner une telle note (et je ne peux pas m'empêcher de songer ici au gloussement de satisfaction de l'inénarrable Gérard Miller, à l'occasion du mariage princier du sénateur « socialiste » Henri Weber – mariage auquel toute l'élite de la gauche parisienne, et *donc* une partie notable du grand patronat, avait logiquement été conviées : « Si on n'est pas invité ce soir, *c'est qu'on n'existe pas socialement* »).

Tout autre, en revanche, est le problème posé par les *nouvelles* classes moyennes (ou – si l'on préfère la terminologie de Jean-Pierre Garnier et de Louis Janover – la « nouvelle petite bourgeoisie »). Autrement dit, par ces catégories sociales (dont Georges Perec, dans *Les Choses*, avait su donner une description particulièrement prophétique) *nées de la dynamique même du système capitaliste* et qui sont préposées, sous des formes très diverses, aussi bien à l'encadrement « technique » et « managérial » du processus de production et de distribution des marchandises (de l'ingénieur au spécialiste du marketing en passant par le publicitaire et le « directeur des ressources humaines ») qu'à son encadrement politique, juridique et culturel (du journaliste à l'universitaire moderne, en passant par l'artiste officiel – et donc forcément « subversif » –, le juriste, ou le professionnel du monde des grandes « associations »). Comme on s'en doute, ce nouvel ensemble social est lui-même diversifié à l'extrême. Si les petits cadres sont désormais très proches, par leurs conditions matérielles de vie, des classes populaires (ouvriers, employés du secteur public ou privé, petits paysans, « petite bourgeoisie » traditionnelle, etc.), les cadres supérieurs, quant à eux, appartiennent pour la plupart – en raison, notamment, de *leur mode de vie perpétuellement mobile* et des revenus confortables dont ils disposent – aux différents secteurs de la classe dominante ou même, dans certains cas, à sa *fraction dirigeante*. Quant au vaste noyau central de ces nouvelles catégories (dont Gambetta, comme vous le savez bien, est l'un des premiers à avoir pris la mesure de l'avènement politique), il constitue essentiellement ce qu'André Gorz appelait le monde des « agents dominés de la domination capitaliste ». Car non seulement, en effet, leur fonction professionnelle les prédispose à voir dans chaque pas en avant du capitalisme de consommation – qu'il soit technologique, « moral » ou culturel – une expression évidente du « Progrès » et de l'évolution « naturelle » des mœurs (c'est l'idée que « le monde bouge », pour reprendre l'une des maximes favorites de la propagande publicitaire moderne). Mais, de surcroît, la dynamique de la mondialisation libérale, en induisant partout un *apartheid* géographique grandissant entre, d'une part, un archipel « métropolitain » minoritaire – mais qui bénéficie globalement de cette mondialisation – et, d'autre part, une « périphérie » majoritaire, mais de plus en plus sinistrée et paupérisée (je reprends ici, comme vous, les analyses lumineuses de Christophe Guilluy), conduit également à rendre *le peuple réellement existant* de plus en plus invisible aux yeux de ces nouvelles classes moyennes. Dans leur vie quotidienne concrète, elles ne peuvent généralement en percevoir, en effet, que cette fraction issue de l'immigration qui est spécialisée dans le service à leur propre personne – de la « nounou » africaine à la femme de ménage asiatique (le livre d'Anne Clerval – *Paris sans le peuple* – apporte sur ce point un éclairage très utile). D'où leur tendance bien compréhensible à réduire le prolétariat moderne à la seule population dite des « quartiers sensibles » (qui ne représente pourtant que 8 % de la population globale, et dont le niveau matériel de vie demeure d'ailleurs largement supérieur à celui des régions rurales abandonnées) et ainsi à se forger une sociologie personnelle – généralement validée par les sociologues d'État – dont le film *Intouchables* constitue l'une des expressions culturelles les plus sympathiques. Comme, par ailleurs, ce noyau central des nouvelles classes moyennes – mobiles, « ouvertes à autrui » et sururbanisées – tend logiquement à constituer celui du nouvel électorat de gauche (autrement dit, de celui qui se reconnaît de façon préférentielle dans le parti « socialiste » ou les Verts d'Europe-« Écologie »), on comprend donc également pour quelles raisons cette nouvelle gauche se montre si spontanément encline à dissoudre l'ancienne critique du système capitaliste dans le seul combat contre « le racisme et la France qui a peur ». Combat qui présente, de surcroît, l'immense avantage de procurer à ses fidèles une bonne conscience inoxydable (et médiatiquement valorisante), tout en laissant globalement intacts les fondements réels de l'accumulation capitaliste et de l'exploitation des classes populaires.

On aurait cependant tort d'en conclure, selon moi, qu'il convient de tirer un trait politique définitif sur ces nouvelles classes moyennes (même si l'existence d'un tel électorat de gauche – celui qu'on moque habituellement sous le nom de « bobos » – constitue sans doute *le principal obstacle idéologique et culturel* à la constitution d'un nouveau « bloc historique » anticapitaliste). La nécessité d'injecter des sommes fabuleuses – lors de la crise de 2007-2008 – non seulement pour secourir les banques *too big to fail*, mais aussi, *et surtout*, afin de réparer les conséquences potentiellement catastrophiques sur l'économie dite « réelle » de cette crise financière globale (on en estime le coût à plus de *20 000 milliards* de dollars) a en effet conduit les États libéraux à *s'endetter de façon spectaculaire* auprès de ces mêmes banques qu'ils venaient pourtant de sauver si généreusement de la faillite (endettement que la propagande médiatique officielle s'est, bien sûr, aussitôt chargée de mettre au *seul* compte des dépenses sociales devenues soudainement « excessives » de l'État-providence, alors même que le *pourcentage* de ces dépenses – rapporté au PIB – était demeuré à peu près constant depuis plusieurs décennies). Cela signifie, en d'autres termes, que s'ils entendent continuer à entretenir indéfiniment l'appétit, *par définition insatiable*, du monde financier, ces États libéraux (qu'ils soient gouvernés par la droite, par la gauche ou, comme ce sera de plus en plus souvent le cas, par des gouvernements de coalition) vont donc être progressivement contraints, d'une manière ou d'une autre, de remettre en question certains éléments du mode de vie matériel, jusque-là plutôt supportable, de ces nouvelles classes moyennes. Ce qui devrait logiquement finir par rendre ces dernières un peu plus réceptives à la critique du « socialisme de l'offre » et du « choc de compétitivité ». Dans la mesure, cependant, où ces catégories sociales sont les plus perméables à l'imaginaire du capitalisme de consommation (sans quoi elles ne se reconnaîtraient pas à un tel degré dans le tournant « *sociétal-démocrate* » de la nouvelle gauche), il sera donc indispensable, si l'on veut trouver la « note juste », de s'adresser à elles (qui n'ont naturellement pas que des « chaînes à perdre » dans cette histoire) de façon spécifique. Autrement dit, en privilégiant chaque fois que possible toutes les formes d'argumentation susceptibles d'éclairer la façon dont le mode de vie consumériste contribue à mettre en péril non seulement les fondements de leur propre humanité mais également les conditions morales et culturelles de leur bonheur personnel. Qu'il s'agisse, par exemple, des effets globalement négatifs du règne *généralisé* de l'écran ou du « pédagogisme » libéral sur les capacités d'attention et de réflexion critique de leurs enfants perpétuellement « connectés » (« à quels enfants allons nous laisser le monde ? » demandait déjà Jaime Semprún), des difficultés croissantes de la vie relationnelle dans un monde d'égoïsme fièrement revendiqué (« *Osez passer devant tout le monde* », selon la devise cynique des nouvelles boutiques *Nespresso*), du caractère falsifié – voire toxique – de la plupart des aliments qui échouent dans leur assiette au terme de parcours généralement intraçables, ou, d'une façon plus générale, du lien direct qui existe entre leur foi naïve dans les vertus émancipatrices du libéralisme culturel et cette logique du marché sans frontière qui conduit inexorablement à saper, l'un après l'autre, tous les fondements matériels de leur bonne conscience de gauche. Sans oublier, naturellement, la critique de ce « nouveau management » – et du stress grandissant qu'il engendre – qui frappe désormais tout autant le monde des petits et moyens « décideurs » que celui des simples exécutants prolétarisés et *interchangeables* qui travaillent sous leurs ordres (en 1908 – donc bien avant France Télécom – Henry Ford se réjouissait déjà du fait que, grâce à sa nouvelle « organisation scientifique du travail », « 678 opérations pouvaient être accomplies par des cul-de-jatte, 2 637 par des unijambistes, 2 par des amputés des deux bras, 715 par des manchots et 10 par des aveugles »). *De toute façon*, lorsque la prochaine crise financière globale éclatera (et elle éclatera forcément si, d'ici là, les différents États de la planète ne se sont pas mis d'accord pour mettre définitivement hors d'état de nuire les 29 banques « systémiques » qui tiennent en otage l'économie du globe – et donc, par la même occasion, pour effacer *inconditionnellement* toutes les dettes qu'ils ont été contraints de contracter auprès de ces aventuriers sans foi ni loi), les effets de l'effondrement en chaîne seront tels – puisque, cette fois, les États surendettés n'auront plus les moyens de se précipiter à nouveau au chevet du système financier mondial – qu'il n'y aura plus guère d'autre possibilité raisonnable, pour l'humanité, de surmonter cette nouvelle catastrophe que de renoncer définitivement à l'utopie absurde d'une accumulation *illimitée* du capital dans un monde aux ressources naturelles par définition limitées.

« Le socialisme n'est pas le peuple », me disiez-vous donc dans votre deuxième lettre. Si, par « socialisme », on entend seulement l'idée selon laquelle la diversité du peuple réellement existant pourrait être intégralement dissoute dans la grande industrie collectivisée et régie de façon taylorienne (Lénine et Trotsky tenaient significativement le système Taylor en très haute estime), je ne peux donc qu'être d'accord avec vous. Si par socialisme on entend, au contraire, le projet – *né de l'expérience privilégiée de la classe ouvrière* – d'une société « libre, égalitaire et décente » (George Orwell) qui encouragerait – dans le respect des équilibres écologiques – la coopération pacifique des individus autonomes plutôt que la guerre de tous contre tous, et dans laquelle aurait par conséquent disparu la nécessité absurde de « produire pour produire et d'accumuler pour accumuler » (Marx), il me semble qu'il s'agit là, en revanche, d'un objectif que la plupart des *gens ordinaires* (la crise financière à venir et les futures catastrophes écologiques *aidant*) pourraient finir par accepter si le choix politique leur était réellement laissé. Et pour autant, bien sûr, que parvienne à se développer, à l'échelle de la planète, un *mouvement démocratique des 90 %* , capable d'incarner – sous des formes nécessairement plurielles et adaptées aux conditions spécifiques de chaque peuple et de chaque culture (y compris religieuse) – les lignes directrices de cette sortie *progressive et civilisée* du monde de la « croissance » qui devient chaque jour, sinon moins utopique, du moins plus indispensable (je dis 90 %, parce que j'aurais tendance à penser, avec Brian Hayden – spécialiste canadien des sociétés égalitaires du paléolithique – que 90 % des problèmes rencontrés par l'humanité dans son histoire ont toujours été « causés par 10 % de la population »). Mais cela implique également une réforme *préalable* des institutions du régime représentatif, décidée par référendum (dans l'hypothèse la plus pacifique et donc la plus souhaitable) et destinée à garantir enfin à l'ensemble des classes populaires la possibilité *effective* de contrôler efficacement les décisions politiques – comme par exemple lors de la signature du traité de Lisbonne, de l'annexion de Mayotte, ou des négociations secrètes sur l'accord de libre-échange transatlantique – qui sont aujourd'hui prises en leur nom par des *politiciens de métier*. Politiciens dont la « carrière » et les privilèges dépendent d'ailleurs, de plus en plus, de l'accord de ces puissances d'argent qui contrôlent déjà, entre autres, *l'essentiel de l'information*. Et décisions politiques dont ces classes populaires sont toujours les premières à subir les effets et à devoir réparer *à leurs frais* les conséquences de plus en plus catastrophiques. Voilà qui me donne donc l'occasion, et je terminerai là-dessus, de dire un mot de ce concept, effectivement ambigu, de « souveraineté populaire ».

« Aussi longtemps – écriviez-vous en effet dans votre deuxième lettre – que l'on conserve le principe métaphysique, et en réalité despotique, de la souveraineté, peu importe au fond quel en est le titulaire : la seule chose garantie est l'oppression qui en découle ». Là encore, tout est question de vocabulaire. Si, par « souveraineté populaire », vous entendiez uniquement vous référer au sens que ce mot a pris chez Rousseau et Robespierre, je ne peux qu'être d'accord avec vous. Je partage, en effet, *entièrement* la critique que les libéraux adressaient aux jacobins (critique qui était d'ailleurs aussi celle de Proudhon, comme vous le rappelez vous-même) lorsqu'ils leur reprochaient de n'avoir fait, en somme, que transférer au peuple – du moins sur le papier – cette *puissance illimitée de commander* que les partisans de la monarchie absolue réservaient au roi. Puissance illimitée dont le principe (lui-même d'origine théologique) avait été formulé pour la première fois par Jean Bodin dans le contexte particulier des guerres civiles de Religion (son ouvrage politique majeur paraît en 1576, soit quatre ans seulement après le massacre de la Saint-Barthélémy). Il est clair, en effet, qu'un pouvoir qui « n'est ni limité en puissance, ni en charge à un certain temps » (c'était la définition qu'en donnait Bodin) est fondamentalement incompatible avec les libertés individuelles les plus élémentaires, à commencer par ce droit d'exprimer librement et publiquement ses pensées qui est aujourd'hui si mal en point (et je ne parle même pas ici des progrès constants de la cybersurveillance des citoyens par les grandes firmes capitalistes et leurs agences étatiques). D'une part, parce que le fait de transférer au peuple un pouvoir de *nature identique* à celui que détenaient jusque-là les monarques absolus conduit effectivement presque toujours à accorder un blanc-seing à tous ceux qui prétendent gouverner en son nom (c'est, du reste, ainsi que Benjamin Constant et Edgar Quinet expliquaient les dérives de la Terreur). D'autre part, parce que cette opération de transfert s'accompagne généralement de l'effacement progressif des classes populaires réelles (celles dont l'éventuelle unité est toujours contradictoire, au sens dialectique du terme) derrière l'image, forcément mythique, d'un « Peuple » homogène et transparent à lui-même, *et donc délibérément privé de ses racines historiques réelles*. Il y a incontestablement là, je vous l'accorde, l'une des matrices idéologiques essentielles du « totalitarisme », autrement dit de ce droit absolu du parti unique – pour reprendre la plaisanterie célèbre de Brecht – à dissoudre à tout moment le peuple réellement existant afin « d'en élire un autre » plus conforme à ses vœux (il n'est d'ailleurs pas nécessaire de recourir ici à la terreur policière. Une simple modification de la composition du corps électoral – ou la généralisation du vote électronique – permettrait de parvenir au même résultat). C'est pourquoi les fondateurs du libéralisme se proposaient non seulement, selon la formule de Guizot, de « diviser la souveraineté » (c'est le principe de la « séparation des pouvoirs ») mais également – si grande était leur méfiance à l'endroit des interventions directes du peuple – de confier le travail législatif aux seuls *représentants* de ce dernier (principe derrière lequel on retrouve évidemment l'idée de Montesquieu selon laquelle le peuple – s'il n'est pas assez sage pour se gouverner lui-même – possède néanmoins suffisamment de bon sens pour choisir ceux qui gouverneront en son nom et à sa place).

Peut-on cependant se contenter d'une telle analyse ? J'en doute fortement. Car s'il est certain qu'une « démocratie libérale » est toujours préférable à une dictature totalitaire (mieux vaut assurément – comme le soutenait Orwell – Winston Churchill qu'Adolf Hitler ou Staline), il est non moins certain que le système « représentatif » classique conduit inévitablement à confier l'essentiel du pouvoir – qu'il soit régional, national ou européen – à une caste de politiciens professionnels toujours plus étrangère – voire indifférente – à la vie réelle des gens ordinaires (c'est un sujet sur lequel vous aviez d'ailleurs vous-même écrit un livre très intéressant en 1977). De là, bien sûr, ce rejet grandissant des élites par l'ensemble des classes populaires, rejet dont l'abstention et le vote « antisystème » sont aujourd'hui – et dans toute l'Europe – le symptôme le plus visible. Peut-on dès lors continuer à soutenir – comme les « nouveaux philosophes » nous y invitaient dès la fin des années 1970 – que c'est l'idée même de souveraineté populaire qui serait contestable dans son principe et qu'il n'y aurait donc plus d'autre choix possible, à ce stade, qu'entre le retour sanguinaire de la dictature du comité de salut public (« pas de liberté pour les ennemis de la liberté » disait déjà Saint-Just, bien avant Manuel Valls) et ce système libéral « représentatif » que Sieyès prenait déjà pourtant bien soin de distinguer de la véritable démocratie, et dont chacun peut constater à présent qu'il prend l'eau de toute part ? Répondre par l'affirmative reviendrait à oublier que l'idée et la pratique démocratiques sont infiniment plus anciennes que le régime libéral (Jean Baechler y voyait même la structure la plus naturelle de l'organisation politique humaine). Et que les institutions et les procédures qui permettent au plus grand nombre de contrôler à tous les niveaux de la cité les décisions qui affectent concrètement sa vie quotidienne se sont longtemps développées sans la moindre référence philosophique aux concepts élaborés par Bodin et Hobbes. C'est particulièrement net dans le cas des anciens Grecs – quelles qu'aient été les limites sociales de la démocratie athénienne – dans la mesure où leur religion polythéiste et leur refus corrélatif de toute *hubris* (« rien de trop », selon la maxime attribuée à Solon) rendaient l'idée d'une puissance humaine *illimitée* presque impossible à concevoir, sinon sous la forme universellement rejetée de la « tyrannie ». C'est pourquoi les anciens démocrates grecs s'intéressaient beaucoup plus aux mécanismes institutionnels *concrets* susceptibles de neutraliser réellement le pouvoir des « excellents » (les *aristoï*) – qu'il s'agisse, par exemple, du tirage au sort de certaines fonctions dirigeantes, de la rotation indispensable de ces mêmes fonctions (« dans une démocratie – écrivait Aristote – chacun est tour à tour gouvernant et gouverné ») ou de la nécessité, pour tout dirigeant, de rendre compte de sa gestion au sortir de son mandat. C'est, bien sûr, dans cette direction (évidemment familière à tous les anarchistes) qu'il est nécessaire de creuser si l'on veut réellement mettre un terme à cette confiscation moderne du *pouvoir de décider des formes de la vie commune* par des « experts » autoproclamés (le lobby nucléaire en est l'exemple classique) ou par ces politiciens de métier – ce sont, au fond, les « permanents » du système capitaliste – qui, mêmes battus aux élections et désavoués par la majorité du peuple, sont, en effet, presque toujours assurés de n'avoir jamais à partager à nouveau la vie quotidienne des citoyens ordinaires.

Naturellement, le souci de « rendre » ainsi au peuple ce pouvoir souverain de décider de sa vie – pouvoir qui lui appartient encore *dans les textes* – suppose que l'on ait une certaine confiance dans les capacités morales des gens ordinaires. Confiance qui se situe, par conséquent, à des années-lumière de cet anti-populisme indécent qui est devenu la boîte à rythmes du monde médiatique et universitaire moderne (dans *Gauche : l'avenir d'une désillusion*, l'incorrigible Éric Fassin va même jusqu'à faire du projet de « *changer de peuple* » – dont le vote des étrangers devrait être, selon lui, l'acte fondateur – l'objectif premier d'une gauche digne de ce nom). C'est pourquoi vous avez mille fois raison de rappeler que « si le socialisme n'est pas moral, il n'est plus rien du tout » (les remarquables travaux de Philippe Chanial ont, du reste, bien montré le rôle fondateur de cette dimension morale dans la plupart des courants du socialisme originel ; et ce n'est pas par hasard si vous venez vous-même de consacrer un essai à cette philosophe si lumineuse – et donc si méconnue – qu'était Simone Weil). Et cela d'autant plus que leur soumission fascinée aux dogmes déterministes de la sociologie de Pierre Bourdieu conduit parallèlement la plupart des universitaires de gauche – dans le sillage des analyses que développait déjà Friedrich Hayek, en 1960, dans la *Constitution de la liberté* – à discréditer tout usage politique de l'idée de « mérite personnel » ou de « responsabilité *morale* individuelle » (Hayek avait bien compris que le capitalisme perdrait alors toute légitimité). Et, de ce fait, à reprendre naïvement à leur compte cet idéal de « neutralité axiologique » qui est au cœur même de l'économie libérale (ce n'est sans doute pas par hasard si Gary

Becker – l'un des théoriciens les plus radicaux de la droite reaganienne américaine – a pu exercer une telle influence sur la pensée de Bourdieu, et *surtout* sur celle de Michel Foucault et de ses pieux disciples « postmodernes »). Mais s'il apparaît effectivement urgent de rendre toute sa signification politique à l'idée de *common decency* – c'est-à-dire à l'idée *populiste* selon laquelle il y a infiniment *plus de chances* de rencontrer des comportements honnêtes, loyaux et généreux chez un ouvrier d'usine, une infirmière, un instituteur ou une paysanne que chez un *trader*, un promoteur immobilier ou un sociologue d'État – quelle étrange logique vous conduit alors à écrire que le « grand danger du populisme est de substituer le règne de la morale à celui de la loi » ? Surtout quand vous opposez, quelques lignes plus loin, « l'objectivité de la loi » et « le subjectivisme de la morale », au risque de sous-estimer ainsi le lien, pourtant évident selon moi, entre l'esprit procédurier et abstrait du droit libéral et ces dérives « politiquement correctes » qui sont en train de détruire aujourd'hui les fondements mêmes de la liberté d'expression et de débat (« je suis en total désaccord avec vos idées et je me battrai jusqu'au bout pour en interdire la libre expression » : telle semble être, de nos jours, la relecture de gauche la répandue de la vieille maxime voltairienne). Sans doute est-ce là une simple question de vocabulaire (vous n'êtes assurément pas de ces intellectuels de gauche moqués par George Orwell, qui se croient toujours obligés – à l'image d'un Frédéric Lordon – d'opposer un « rire sarcastique » à l'idée qu'il existerait bel et bien une forme de décence particulière chez ceux qui sont chargés d'assurer quotidiennement les fondements matériels du bien-être des « élites »). Néanmoins, comme cette question est effectivement décisive (d'une certaine façon, c'est bien leur renoncement à la morale commune au profit d'un *moralisme* de dame patronnesse particulièrement insupportable – je pense ici à l'incroyable Najat Vallaud-Belkacem – qui explique en partie l'abîme croissant qui sépare désormais la bourgeoisie de gauche des classes populaires), il me semble qu'elle pourrait faire l'objet de votre prochaine lettre. Quoi qu'il en soit, cher Jacques Julliard – et en attendant votre réponse –, soyez assuré, encore une fois, de mes sentiments amicaux les plus sincères.

*Jacques Julliard à Jean-Claude Michéa*

*Avril 2014*

Il est temps, cher Jean-Claude Michéa, d'aborder dans nos débats la question de la morale, en relation avec le peuple et avec le socialisme, même si ce n'est pas la même chose. D'abord, parce qu'elle est au centre de votre réflexion et que, si je ne me trompe, elle l'est de plus en plus. D'autre part, parce que de mon côté, je la crois fondamentale. Et cela pour cette raison simple, parmi d'autres que l'on pourrait évoquer, que le socialisme a échoué économiquement, tandis que le capitalisme connaît à l'échelle de la planète un triomphe sans précédent, y compris chez ses adversaires d'hier les plus résolus, comme la Chine. Si donc le socialisme venait à perdre sa supériorité morale sur son adversaire de toujours, il serait tout juste bon à envoyer définitivement à la casse.

J'entends bien l'objection : le socialisme qui a échoué à créer des richesses et à rendre la vie meilleure n'était pas le vrai socialisme. Sans doute ! Mais permettez-moi de la rejeter. Car l'argument de la bonne intention qui aurait été trahie par de mauvais exécutants ne vaut rien au regard de l'Histoire et encore moins du marxisme, qui a fait de la vérification expérimentale la véritable épreuve de vérité de l'intention.

Il est donc temps que le socialisme se résigne, au moins pour le moment, à ne pas être un mode de production. Il ne l'a jamais été dans le passé, pas même du temps de Staline, qui était censé être sur le point de rattraper les capacités productives des États-Unis. Mais il est aussi temps qu'il se rappelle qu'il est la seule philosophie politique susceptible de faire pièce au néolibéralisme, en l'attaquant au défaut de la cuirasse, c'est-à-dire de la morale ou, comme vous dites après Orwell, de sa décence. Il véhicule, comme malgré soi, des valeurs qui, sans lui, deviendraient définitivement caduques. Ce faisant, il finirait d'ailleurs par retrouver l'intuition originelle de ses fondateurs, qui était de s'élever contre un système économique fondé sur l'injustice et la violence.

Donc, le socialisme sera moral ou ne sera pas.

Or il n'y a qu'une philosophie politique capable de résister à la prévalence du système productiviste et du capitalisme lui-même : celle qui combat résolument la volonté de puissance qui est au cœur du système, et aussi au cœur de l'homme.

J'ai bien conscience qu'une telle formulation sonne aujourd'hui un rien pompeuse et désuète. Tant pis : c'est dit et je ne retire rien. – Vous croyez donc à la nature humaine ? – Mon Dieu, oui. Si l'expression vous déplaît, on en trouvera une autre. Mais j'ai la faiblesse de résister aux sophismes de tant de beaux esprits, qui ont fait de l'identité des êtres et des choses leur bête noire, qu'il s'agisse de la France, de l'Europe, ou de ladite nature humaine, sous prétexte que c'est là une croyance de la droite sarkozyenne.

Lorsque vous dites, toujours dans *L'Empire du moindre mal* (p. 164) : « Nous savons que rien n'autorise à inscrire le désir de pouvoir dans la nature humaine elle-même », je vous avoue que, pour mon compte, je ne le savais pas. Je me demande même si vous ne dites pas cela pour vous rassurer, ou pour vous ménager une petite lucarne d'espérance.

Encore une précision. Quand je prétends que la volonté de puissance est une donnée fondamentale qui donne à la question anarchiste toute son importance, toute sa gravité, et qu'on ne saurait la réduire à la pulsion de quelques individus, c'est toute l'histoire politique de l'humanité qui vient à mon secours et témoigne de son universalité. Je ne crois pas céder à ce que vous appelez joliment le « cynisme naïf ». Celui par exemple qui se dégage des *Maximes* de La Rochefoucauld, réduisant les motivations de l'homme à la recherche obstinée de son intérêt le plus strict. Car je crois que si tout homme est sujet à la tentation de la puissance – c'est la principale tentation du Christ dans le désert –, je le crois aussi capable de solidarité sociale et même d'esprit de sacrifice. C'est justement parce qu'il est tiraillé entre ses penchants égoïstes et ses penchants altruistes que l'homme est un être moral, ou plutôt qui relève de la morale.

Oui, aussi longtemps que l'on ne m'aura pas clairement démontré qu'il s'agit là de chimères, je continuerai à résister à ces esprits précieux qui ne veulent pas que la nature humaine puisse exister sans leur permission, et à accorder quelque crédit à la Bible, aux Tragiques grecs, à Shakespeare ou à Freud qui, chacun ou chacune à leur manière, proclament qu'il y a chez l'homme, dès lors que l'on consulte son désir, quelque chose qui ressemble à un invariant.

Vous-même parlez quelque part de ce sentiment qu'ont certains de ne pouvoir exister que par l'emprise qu'ils exercent sur autrui. Vous précisez (*L'Empire du moindre mal*, p. 61) qu'une telle disposition psychologique ne caractérise que « certains individus », assez nombreux toutefois et assez nuisibles pour vouer à l'échec les dispositions d'une société authentiquement libertaire, c'est-à-dire fondée sur d'autres bases que la contrainte ou la police. C'est « la question anarchiste par excellence » dites-vous justement. Que faire, en régime libertaire, contre Robert Macaire ?

Vous avez raison mais, à mes yeux, vous n'allez pas assez loin.

Je suis pour ma part persuadé que la volonté de puissance n'est pas qu'un trait de caractère qui affecterait quelques individus mégalomanes, pervers et asociaux. C'est bel et bien l'expression du Mal radical. Partout où il existe du pouvoir disponible, se fait jour, chez les individus les plus variés, l'ambition de s'en emparer. Partout où il y a du pouvoir disponible, il y a de la volonté de puissance à l'état naissant. On n'en viendra à bout qu'en réduisant, non la volonté, mais le pouvoir lui-même. C'est pourquoi cette volonté se manifeste surtout dans les sommets de l'édifice social. Il est évident que le leader politique y est plus exposé que le colleur d'affiches, le chef d'entreprise que le tourneur sur métaux, le *gentleman farmer* que l'ouvrier agricole, le cardinal que le curé de campagne, l'académicien que le maître d'école. Il y a plus de corruption chez les hauts fonctionnaires des Finances que chez les SDF : est-ce vraiment une surprise ? Mais l'homme le plus humilié dans son travail peut encore – et avec quel sentiment de revanche ! – se conduire en tyran envers sa femme, le père envers ses enfants, le prof envers ses élèves, le « populaire » envers le « boloss » dans les cours de récréation, le souteneur ou le client envers la fille du carrefour.

« Mendiant, mais gouverneur d'une gamelle », dit superbement Henri Michaux.

Voulez-vous savoir quel serait pour moi le seul critère véritable d'une révolution accomplie ? Le fait d'avoir redonné leur dignité à tous les déshérités du pouvoir, à tous les prolétaires de la puissance, en un mot à tous les humiliés et à tous les offensés.

Le Magnificat, ce chant d'action de grâces de la Vierge Marie, dont le « venin » déplaisait tant à Charles Maurras, dit cela très bien :

> *Deposuit potentes de sede*
> *Et exaltavit humiles.*

« Il a renversé les puissants de leur trône, et il a élevé les humbles » : appelez cela révolution, Jugement dernier ou reconnaissance de l'homme par l'homme : dans tous les cas, c'est la fin de ce pouvoir de l'homme sur ses semblables qui est à la racine de toute misère humaine et de toute oppression.

Nul, je crois, n'a mieux senti et exprimé cela que celle qui fut l'une des plus hautes figures de l'esprit libertaire au XXe siècle, je veux parler de Simone Weil.

Pour comprendre où nous en sommes arrivés, il faut, une fois de plus, revenir au XIXe siècle. Il est dominé, du point de vue qui nous occupe, par deux grands courants économico-philosophiques opposés qui, en vérité, disent la même chose, à savoir que l'homme est exclusivement conduit par ses intérêts : ce sont le libéralisme et le marxisme. La faiblesse de leur anthropologie est la même : celle-ci regarde les humains comme des êtres rationnels, agissant exclusivement par calcul au profit de leur intérêt matériel immédiat. Je vous renvoie sur ce point au livre jubilatoire de Bernard Maris, un des rares économistes lucides sur sa discipline. Il s'intitule *Houellebecq économiste* [1] et fait une critique ravageuse de l'économie politique à coup de marteau. Je me demande si l'expression de « cynisme naïf » que vous appliquez à des moralistes comme La Rochefoucauld ne pourrait pas être étendue à la plupart des penseurs économiques de ce siècle, qui est aussi, ne l'oublions pas, celui de l'essor de la grande industrie. Vous en faites la démonstration à propos des libéraux, je n'y insiste donc pas. Mais Marx ne pense pas différemment. Il compte sur la considération de leurs intérêts pour amener les prolétaires à s'unir. Il pense en outre que dans leurs comportements politiques, les hommes ne font que traduire leurs aspirations matérielles. D'où, dans les écrits consacrés à la France, notamment dans *Les Luttes de classes en France*, un véritable parallélisme économico-politique, qui fait de chaque parti l'expression d'un certain groupe d'intérêts : les légitimistes pour la propriété foncière, les

1. Flammarion, 2014.

orléanistes pour la bourgeoisie financière, l'opposition dynastique pour la bourgeoisie industrielle.

C'est Lénine et Trotsky qui poussent le plus loin cette réduction du socialisme à un groupement d'intérêts ouvriers et de la lutte pour y parvenir une pure affaire de rapports de forces, au détriment de l'idéal moral qui l'avait longtemps sous-tendu. L'un et l'autre n'ont pas de ricanements assez cruels pour le moralisme petit-bourgeois, et font de la révolution une sorte de bismarckisme d'extrême gauche, où la force prime le droit.

Somme toute, libéralisme et marxisme-léninisme n'ont eu de cesse qu'ils ne « démoralisent » la société et ne la ramènent tout entière dans les eaux glacées du calcul égoïste. Cela explique l'extrême pauvreté de leur anthropologie, incapable de tenir compte de la complexité des comportements humains, et en conséquence de rendre compte des événements. Plus personne aujourd'hui, parmi les historiens de la Première Guerre mondiale, ne se contenterait, pour expliquer cette tragédie complexe, de se référer à la théorie des contradictions au sein de l'impérialisme, « stade suprême du capitalisme ». Et quand il s'est agi, le phénomène ne pouvant être ignoré plus longtemps dès lors que Khrouchtchev en proclamait l'existence, de donner une explication « marxiste » de la déviation stalinienne, les desservants du culte ont carrément déclaré forfait, en se rabattant sur la thèse, d'une navrante pauvreté, du « culte de la personnalité ». Ainsi, les deux grandes doctrines qui ont dominé le monde au XX^e^ siècle se sont révélées incapables de rendre compte des phénomènes auxquels elles avaient donné naissance. Cet effondrement intellectuel, dans le cas du marxisme, explique, pour une part importante, son effondrement politique. Comment le peuple pourrait-il faire plus longtemps confiance à des hommes incapables de décrire leur démarche et qui, littéralement, « ne savent pas ce qu'ils font » ? Quant au libéralisme, sa domination par défaut sur l'ensemble de la planète s'accompagne souvent d'un discrédit intellectuel et moral qui ne tardera pas à lui coûter cher. L'ignorance du rôle des sentiments et des passions dans les comportements humains fait de ces deux philosophies des doctrines paraplégiques et intellectuellement régressives.

Car il n'en a pas toujours été ainsi. Longtemps, explique Albert Hirschman dans un essai devenu classique [1], le contrôle des passions humaines a été le but premier de la politique. C'est pourquoi, de La Rochefoucauld à Montesquieu, de David Hume à Adam Smith, les philosophes politiques de l'âge classique se sont préoccupés d'expliquer les sentiments et les passions dans leurs conséquences sociales. Parmi toutes ces passions, l'une d'entre elles occupe une place singulière et comporte des propriétés particulières, c'est l'appât du gain ou cupidité (*avaritia*), qui correspond justement à ce dont nous parlons : la recherche exclusive et égoïste de l'intérêt matériel. Or, loin que l'existence cumulée de cette passion chez tous les particuliers conduise à la guerre de tous contre tous, elle produit la prospérité générale, tandis que les lois somptuaires, hostiles au luxe, aboutissent au ralentissement de l'activité et à l'appauvrissement de tous : on a reconnu la célèbre *Fable des abeilles* de Mandeville (1714).

1. *Les Passions et les intérêts*, PUF, 1980.

Ainsi, alors que toutes les passions sont préjudiciables à l'intérêt général, en voici une, la plus méprisable de toutes, qui conduit au résultat inverse. À une condition, que les partisans de l'entreprise privée se gardent bien de rappeler : qu'elle demeure une exception. À l'image du révérend père Gaucher qui, dans le conte d'Alphonse Daudet, sacrifiait son âme aux intérêts de la communauté en fabriquant son célèbre élixir qu'il était amené à goûter surabondamment, l'entrepreneur, avide de lucre, accomplit une œuvre sacrificielle : en s'adonnant à son vice, il dispense la communauté de sombrer à son tour dans le péché. Pas question, je l'ai déjà noté précédemment, de généraliser la recherche du profit et d'en faire le modèle de la société tout entière. Tel est son paradoxe : l'économie de la cupidité ne peut fonctionner sans dommages qu'à l'intérieur d'une société qui repose sur des valeurs diamétralement opposées : celles de l'honneur, de la charité, de la solidarité. Ce sont celles qui inspirent respectivement la société aristocratique, la chrétienté, le mouvement ouvrier. Dans les trois cas, il s'agit du primat du collectif sur l'individuel. Au passage, permettez-moi de vous dire que je vous trouve bien exigeant, quand vous demandez pour votre propre société *l'intériorisation* de ces sentiments qui sont présents à l'état de conventions régulatrices… N'importe : aussi longtemps que les valeurs véhiculées par ces trois types de société sont restées présentes à l'état résiduel dans la société libérale, autrement dit tant que le libéralisme ne fut qu'un îlot d'égoïsme à l'intérieur de sociétés altruistes, celles-ci n'ont pas eu, comme on dit aujourd'hui, besoin de repères. Tant mieux pour elles, car elles-mêmes n'en comportent pas. La pratique du marché et l'obéissance à la loi sont des principes régulateurs ; mais en aucun cas ils ne peuvent servir de valeur transcendante : on ne meurt ni pour le marché, ni pour la loi, même dans une société libérale. C'est pourtant la situation dans laquelle nous nous trouvons aujourd'hui. Le passage du libéralisme restreint au libéralisme généralisé est le critère qui caractérise le monde moderne. Une société libérale tout entière livrée à elle-même, une société en pilotage automatique sans autre repère que ses règles techniques de fonctionnement, menace à tout instant de s'écrouler sous l'impact d'un désordre intérieur ou extérieur.

Tel était, j'ai déjà eu l'occasion de le rappeler, le point de vue de Péguy. Tel est aussi, au vocabulaire près, le vôtre : dans le monde moderne, à la différence des mondes anciens, la dimension libérale telle que vous l'avez définie, par la réunion en une seule démarche de la dimension politique et de la dimension économique, a fini par tout envahir, par tout phagocyter ; il n'y a plus place pour autre chose. À vos yeux, nos sociétés sont libérales comme la société soviétique était stalinienne : dans tous les actes de la vie publique, et peut-être même de la vie privée. Il y aurait donc un quasi-totalitarisme libéral comme il a existé un totalitarisme nazi, ou encore communiste.

C'est ici que je ne puis vous suivre. Je trouve que vous taillez à votre victime libérale un costard un peu trop large pour elle. D'abord parce qu'il existe, de votre propre aveu, une forme de libéralisme qui échappe au système : il s'agit de cette posture politique strictement défensive qui soutient – je vous cite – « les différents combats pour les libertés *démocratiques* fondamentales partout où elles se trouvent menacées, détournées de leur sens ou abolies – alors je n'ai évidemment rien à objecter contre un tel “libéralisme” » (*L'Empire du moindre mal*, p. 15).

C'est tout. Dans votre livre, ce sera la seule allusion à cet immense continent à la fois libéral et démocratique qui définit les règles de fonctionnement de notre régime politique. Ce n'est pas assez dire. Certes, cette concession est importante : elle signifie qu'à vos yeux le quasi-totalitarisme libéral laisse tout de même subsister à ses côtés ce que l'on entend couramment par libéralisme politique, c'est-à-dire un régime de liberté. Il n'est d'ailleurs pas exclusivement défensif comme vous l'affirmez, car c'est grâce à lui que peuvent être développés d'autres droits, d'autres talents, d'autres types de relations sociales. Autrement dit, le libéralisme dont vous dénoncez le monolithisme, fondé sur le primat exclusif du marché et du droit, laisse tout de même subsister dans la cité d'autres hypothèses que la sienne. Notre débat en est un exemple. Existe-t-il d'autres systèmes pour tolérer, en dehors de lui, au moins à l'état virtuel, un pluralisme de solutions ? Je n'en vois pas. Pour le dire autrement, le libéralisme que Michéa accepte – la défense des libertés démocratiques – est-il pensable sans le libéralisme que Michéa refuse – le primat du Marché et du Droit ? Telle est ma première objection, telle est ma première interrogation.

Ma deuxième objection est de sens inverse. Après avoir trop séparé, comme je viens de vous le dire, le libéralisme de la démocratie, vous les confondez trop quand vous prêtez au premier les défauts de la seconde. Est-ce bien le libéralisme, n'est-ce pas plutôt la démocratie qui est responsable de cette multiplication à l'infini de demandes de droits nouveaux, dans laquelle vous voyez à juste raison une menace pour la cohésion sociale et pour la moralité populaire (traduction de la *common decency* d'Orwell, que vous reprenez à votre compte) ? Car enfin, il faudrait s'entendre : quand vous constatez l'impuissance du droit libéral à s'opposer à l'irréversible montée de l'exigence de droits individuels, au point d'introduire dans la société une incessante guerre de tous contre tous, je me demande quel régime juridique serait capable de faire mieux, sinon un régime autoritaire. Ce qui est en cause ici n'est pas une trop grande tolérance du droit libéral, mais bel et bien une insuffisance radicale de la démocratie proprement dite à sécréter les antidotes aux guerres de sécession qu'elle développe en son sein. Vous avez raison : le droit, aucun droit, n'y suffira jamais. C'est qu'en démocratie, le droit ne peut être un barrage contre la démocratie elle-même ; au nom de sa neutralité axiologique, il ne peut à la longue qu'entériner les unes après les autres toutes les extensions des franchises individuelles, derrière lesquelles se cachent des formes de plus en plus raffinées de communautarisme. C'est bel et bien, non le libéralisme, mais l'*hybris* démocratique qui ouvre les portes à l'individualisme effréné, pour déboucher sur le communautarisme le plus corrosif. Par quels moyens défendre et faire fructifier la *common decency* dont vous vous réclamez ? J'y viens dans un instant, mais auparavant, j'ai encore deux dernières objections à faire valoir.

Il y a d'abord l'identification à laquelle vous procédez entre la philosophie du progrès – nous y revoilà – et le libéralisme dogmatique. Je veux bien que le libéralisme implique nécessairement une philosophie du progrès ;

mais je ne crois pas que toute philosophie du progrès débouche nécessairement sur ce libéralisme dogmatique. Sinon, je vous préviens : vous allez faire de moi, à mon corps défendant et au vôtre, un libéral endurci. Le socialisme y survivra, sans doute, mais c'est tout de même embêtant. Vous avez pris, dans *L'Empire du moindre mal*, l'exemple de Frédéric Bastiat. Auparavant, dans le même ordre d'idées, je m'étais référé à Condorcet. Nous sommes d'accord pour constater l'illusion de toute philosophie du progrès qui voudrait déduire de façon linéaire le progrès moral de l'humanité du seul perfectionnement des techniques. Pour autant, je ne suis pas décidé à renoncer à la perspective du progrès, car à défaut de moraliser l'humanité, il lui a permis de mieux vivre. Ou même souvent de survivre. Ce sont les progrès de la biologie, de la médecine, de l'agriculture, de l'industrie qui ont sauvé de la misère et de la famine des centaines de millions d'êtres humains, notamment dans le tiers-monde. Nous autres nantis n'avons pas le droit de l'oublier. Autrement dit, je ne voudrais pas qu'un lien exclusif et unilatéral entre libéralisme et progrès déconsidère le progrès aux yeux de tous ceux qui récusent le libéralisme.

Enfin, vous soupçonnez le libéralisme tel que vous le définissez du noir projet d'une organisation scientifique de l'humanité. C'est en effet bien possible. Mais en ce cas, je suis obligé de constater que c'est un projet qu'il partage avec tous les autres systèmes réels ou imaginables. Dieu sait si le socialisme « scientifique » a été hanté par un tel dessein, qui aurait eu l'avantage de mettre fin à toute contestation, à toute pensée dissidente. Tocqueville avait bien vu le problème : les sociétés démocratiques fonctionnent au consensus, et fabriquent du consensus. Mais encore une fois, ce n'est pas le libéralisme qui est ici en cause, mais bel et bien la technique. Du reste, vous avez précédemment accusé un tel libéralisme d'être incapable de résister à toutes les pulsions divergentes qui émanent de l'individualisme moderne. En vérité, les techniques se sont mises à fonctionner dans le monde moderne de façon autonome, comme les automates d'un apprenti sorcier.

Pour conclure sur ce libéralisme, je crois que vous avez démontré de façon vigoureuse le lien étroit qui existe entre sa face politique et sa face économique, ainsi que le rôle dirigeant de la seconde par rapport à la première. Vous avez montré que cet ensemble fait un système qui fonctionne dans le monde moderne selon le principe du moindre mal. En revanche, je ne suis décidément pas convaincu que le monde moderne soit tout entier le fils de ce libéralisme ; je constate que la démocratie d'une part, la technocratie de l'autre y cheminent de façon de plus en plus autonome et parfois inquiétante ; et que le libéralisme « prête son nom à un nombre infini de commerces qu'on lui attribue, et où il n'a non plus de part que le doge à ce qui se fait à Venise »…

C'est égal : quelles que soient les responsabilités respectives du libéralisme d'un côté, de la démocratie et de la technocratie de l'autre, dans tous les cas un fait demeure, sur lequel nous nous accordons : la rupture entre le peuple et la gauche, qui n'est pas seulement politique ou économique, mais bel et bien morale. C'est votre mérite et votre courage de l'avoir mis en évidence, en soulignant que la *common decency*, qui est le fait du peuple, n'est nullement partagée par les élites. La preuve, ce sont les ricanements et les haussements d'épaules de la part de vos critiques les plus acharnés à l'énoncé de ce concept, dans lequel ils décèlent des relents réactionnaires. Je me garderai bien de les suivre sur ce terrain, où la gauche radicale communie avec la gauche bobo contre toute évocation de la question morale. J'ai déjà dit qu'à mes yeux, c'est sur ce terrain que se joue l'avenir du socialisme et, si vous le permettez, de la gauche elle-même.

Je ne parle pas ici, bien entendu, du moralisme, c'est-à-dire de cette manière arrogante qu'a la gauche de faire la leçon à ses adversaires, qu'ils soient de droite et d'extrême droite mais aussi qu'il s'agisse des milieux populaires. C'est bien simple : à leurs yeux, tous ces gens-là sont suspects de racisme… Non, je parle de la morale que l'on doit se faire à soi-même. Le moralisme, c'est la morale appliquée aux autres ; la vraie morale est celle que l'on applique à soi-même.

En outre, je suis loin de penser que la morale du peuple n'existe pas. Elle est à base d'honneur, de charité et de solidarité, ces valeurs collectives héritées d'un vieux fond éthique commun, je le répète, à l'aristocratie, au christianisme, au mouvement ouvrier. Seulement voilà : je constate que ce vieux fond est aujourd'hui résiduel ; que loin de prospérer, il s'épuise continuellement. Chez les jeunes notamment, je suis bien obligé de constater que les valeurs les plus largement partagées sont inspirées par l'argent et par le sentiment communautaire. C'est sur ce terrain que le capitalisme ultralibéral que nous combattons est en train de gagner la partie. C'est donc sur ce terrain qu'il faut le combattre. Combat extrêmement difficile, où l'on trouve aux côtés du libéralisme proprement dit et de la droite – mais pas toute –, la « gauche » façon *Libé* et *Grand Journal* de

Canal +. Car c'est par le canal des médias que la nouvelle « morale » individualiste et égoïste a pour principal allié l'ensemble des forces « culturelles » du pays, à quelques exceptions près. Il suffirait, pour s'en convaincre, d'examiner sur une durée d'un mois l'ensemble des fictions diffusées sur les principales chaines de télé : non seulement c'est toujours l'argent qui triomphe, mais le plus souvent, c'est l'argent qui a raison. Ajoutez l'ensemble des jeux vidéo qui reposent sur une apologie permanente de l'argent, de la loi du plus fort, de la violence et de la tromperie. J'entends bien que le mal a toujours été, ce n'est pas nouveau, un ressort dramatique infiniment plus efficace que le bien… Mais tout de même : le capitalisme n'a pas besoin d'un ministère de la propagande, puisque tous les « créateurs » se mettent spontanément à son service.

Ce sont là des vérités d'évidence, mais sans cesse niées, le plus souvent au nom de la liberté de la création, au point que quiconque se contente de les constater encourt déjà le soupçon d'être un étroit moraliste, voire un agent de la censure. Rien n'est plus révélateur des rapports du monde culturel avec la bourgeoisie libérale que ces sinistres cérémonies des Césars, ou apparentées, dans lesquelles on voit la profession se payer le luxe de la bonne conscience en sifflant copieusement le ministre de la Culture et autre officiels dont ils sont pourtant les clients serviles et parfois les parasites entretenus, sur fonds publics encore.

Dans ce contexte, mon cher Michéa, avec votre *common decency*, vous n'êtes pas seulement un héros : vous êtes un don Quichotte. Qui donc de sensé parierait un sou sur vos chances d'avoir raison ?

Je ne discute même pas ici la question de savoir si cette moralité populaire, définie comme vous le faites par « un minimum de valeurs partagées et de solidarité collective effectivement pratiquée », serait suffisante pour remodeler une société dévoyée par le libéralisme version Michéa, je m'interroge plus simplement sur ses chances de survie à court terme. D'autant plus que vous raisonnez jusqu'ici comme si cette moralité populaire était nécessairement unique et vouée à le demeurer. Sous l'effet du brassage des populations, elle s'est beaucoup diversifiée. Entre la *common decency* des banlieues communautarisées et celle des anciens prolétariats repoussés dans la périphérie, êtes-vous sûr que le socle des valeurs communes existe encore ? J'en doute. Certes, on trouvera dans tous les cas la frustration, le rejet de l'arrogance des élites, le sentiment d'injustice. Cela ne suffit pas à faire une politique, ni même à l'inspirer.

Autrement dit, la moralité populaire est comme le sentiment national chez Renan : elle repose pour partie sur un passé commun, avec ce qu'il suppose de souvenirs préservés et d'oublis volontaires, mais elle implique aussi une élaboration de tous les instants : ce n'est pas qu'un dépôt fossile, une énergie non renouvelable ; c'est aussi un chantier. Comme il faut bien, à la fin, que moi aussi je me déclare et m'expose à votre critique, je tâcherai de vous dire dans ma prochaine lettre quelles pourraient être à mes yeux les bases d'une nouvelle moralité populaire au sein d'un pacte social renouvelé.

Croyez, cher Jean-Claude Michéa, à mes sentiments amicaux.

*Jean-Claude Michéa à Jacques Julliard*

*Mai 2014*

Il ne fait guère de doute, cher Jacques Julliard, qu'un certain nombre de nos désaccords tiennent en partie à la différence de nos sensibilités philosophiques. Sur la question du « Progrès », par exemple, je suis évidemment incapable de partager votre optimisme fondamental (même si cet optimisme demeure, chez vous, toujours mesuré). *Sept millions de morts* en 2012 – selon les statistiques de l'OMS – du seul fait de la pollution croissante de l'air engendrée par *l'économie industrielle de marché*, voilà, en effet, qui devrait plutôt nous inciter à conclure, avec George Orwell, qu'il est vraiment temps d'arrêter les frais et de songer, une fois pour toutes, à « utiliser avec discernement les produits de la science et de l'industrie en leur appliquant à tous le même critère : *cela me rend-il plus humain ou moins humain* ? » (Orwell ne manquait d'ailleurs pas d'ajouter que « l'horreur instinctive que ressent tout *individu sensible* devant la mécanisation progressive de la vie » ne devrait donc pas être considérée « comme un archaïsme sentimental, mais comme une réaction pleinement justifiée »). Le problème, et vous le savez aussi bien que moi, c'est qu'il est par définition impossible à un système économique fondé sur la seule nécessité de « produire pour produire et d'accumuler pour accumuler » – c'était, encore une fois, la formule de Marx – de prendre réellement au sérieux ce type de réflexion critique *sans avoir à changer radicalement de nature* (à moins de croire – telle la première Cécile Duflot venue – au conte pour enfants d'un « capitalisme vert »). C'est pourquoi, *une fois atteint un certain degré de bien-être matériel* (en bon épicurien, je ne confonds évidemment pas le type de sobriété qu'exigerait un monde libéré des contraintes de la « croissance » illimitée avec un quelconque idéal ascétique), ce système est donc inexorablement voué à s'engager sur la voie de ce que Guy Debord appelait la « baisse tendancielle de la valeur d'usage ». Autrement dit, de cette tendance inhérente à toute société libérale *développée* – dans l'espoir de prévenir les crises de suraccumulation du capital – à privilégier sans cesse l'invention de nouveaux *gadgets* technologiques toujours plus sophistiqués, officiellement destinés à nous rendre la vie plus « facile », mais dont il est malheureusement certain qu'ils ne la rendent ni *plus humaine* ni même plus heureuse (songeons, par exemple, à ce système d'écrans et de prothèses électroniques à l'intérieur duquel tout enfant est aujourd'hui sommé de grandir, s'il veut conserver une image positive de lui-même ou l'estime de ses « amis facebook »). Au point que Marx lui-même (qui n'était donc pas toujours aussi « marxiste » qu'on ne le dit parfois) n'hésitait pas à noter dans ses *Grundrisse* : « Combien paraît sublime *l'antique conception* (quelle que soit l'étroitesse de sa base nationale, religieuse et politique) qui fait de l'homme le but de la production, en comparaison de celle du *monde moderne* où le but de l'homme est la production. » Jugement dont le caractère « nostalgique », ou même « réactionnaire », n'échappera sans doute pas à de nombreux lecteurs de gauche, pour peu qu'ils aient déjà oublié la précieuse mise en garde que Guy Debord – encore lui ! – livrait dans *Panégyrique :* « Quand *être absolument moderne* est devenu une loi spéciale proclamé par le tyran, ce que l'honnête esclave craint plus que tout, c'est qu'on puisse le soupçonner d'être passéiste. »

D'autres désaccords, en revanche – parmi ceux que vous évoquez dans votre dernière lettre – me semblent surtout relever d'une question de vocabulaire (même si les questions de vocabulaire ne sont, bien sûr, jamais philosophiquement neutres). Tel est le cas, entre autres, de ceux qui portent sur mon interprétation du socialisme et du libéralisme ou sur votre idée selon laquelle la « volonté de puissance » serait non seulement inscrite au cœur du système mais, plus profondément encore, « au cœur de l'homme » lui-même. Il me faut donc d'abord revenir un instant sur ces trois questions.

Le socialisme – écrivez-vous à la lumière du bilan désastreux de l'expérience soviétique – « a échoué économiquement », et il est donc temps pour lui qu'il se résigne « à ne pas être un mode de production » (« au moins pour le moment », avez-vous quand même la prudence de préciser) afin de redevenir ce qu'il n'aurait jamais dû cesser d'être, à savoir un principe de justice sociale et un ferment d'indignation. Position qui n'est d'ailleurs pas sans rappeler, de ce point de vue, celle de John Stuart Mill lorsqu'il rêvait de combiner le mode de production capitaliste – le seul à être efficace à ses yeux – avec un mode de répartition supposé plus « socialiste » (Marx voyait dans cette solution hybride – qui annonce la philosophie sociale-démocrate des années 1930 – une « tentative de conciliation des inconciliables »). Et pour prévenir l'objection rituelle selon laquelle le système économique mis en place par la Russie de Staline ou par la Chine de Mao n'aurait absolument rien à voir avec le « vrai socialisme », vous ne manquez pas de faire un sort à l'idée – effectivement très paresseuse – selon laquelle les nobles intentions des leaders bolcheviks d'octobre 1917 auraient tout simplement été « trahies » par de « mauvais exécutants ». Bien entendu, s'il s'agissait seulement, avec cette thèse, de rappeler que le léninisme contenait déjà en puissance la plupart des dérives du stalinisme triomphant, je ne peux qu'être d'accord avec vous. Rosa Luxembourg elle-même avait d'ailleurs mis en garde Lénine *dès le début* contre le caractère éminemment *prévisible* de ces dérives. La question demeure cependant entière de savoir si cette idéologie léniniste (idéologie qui emprunte effectivement beaucoup aux analyses de Marx et de la social-démocratie allemande d'avant 1914) constitue bien l'unique forme d'incarnation possible du projet socialiste originel.

Or ce qui rend cette question très complexe et extrêmement difficile à résoudre, c'est que nous avons pris la mauvaise habitude – au moins depuis la révolution russe – d'amalgamer sous le nom de « socialisme » (dont Pierre Leroux n'avait d'ailleurs accepté l'emploi qu'après de nombreuses hésitations) *deux* moments philosophiques qu'il serait, à mon sens, nécessaire de distinguer.

Le terme « socialisme », en effet, peut d'abord être utilisé pour désigner le nouveau courant politique et philosophique – surgi sous la Restauration et dans le sillage de la révolution industrielle – dont l'objectif premier n'était plus, à la différence de la Gauche des années 1830, la seule critique de la « Réaction » et du pouvoir de l'Église catholique mais celle du *système industriel capitaliste naissant* (cette thèse étant, depuis le début, l'axe principal de tous mes livres). Critique qui s'inspirait en partie – ce qui la distingue, par exemple, de celle d'un Joseph de Maistre, d'un Ballanche ou d'un Louis de Bonald – de l'idéal d'égalité et d'émancipation porté par la philosophie des Lumières et la Révolution française. Mais en partie seulement, puisque cet idéal socialiste, comme je l'ai déjà souligné, puisait une autre partie de son inspiration dans les traditions de solidarité et de secours mutuel propres à l'ancien compagnonnage ouvrier (celui que la Révolution française s'était précisément efforcé de détruire à travers la loi Le Chapelier) et dans la mémoire collective de toutes les révoltes populaires du passé, y compris – comme Engels a maintes fois tenu à le souligner – lorsque ces révoltes se nourrissaient d'éléments *religieux* ou se fondaient sur le mythe d'un retour à l'âge d'or. Or il suffit de parcourir la littérature socialiste de l'époque pour s'apercevoir aussitôt que les premiers représentants de ce nouveau courant politique n'affichaient entre eux aucune divergence majeure dès lors qu'il s'agissait seulement de *critiquer* les principes du nouvel ordre industriel (celui que Pierre Leroux appelait, d'une manière si dialectique, le *nouvel Ancien Régime*). *Tous*, par exemple, s'accordaient à dénoncer la logique d'un monde fondé sur l'apologie systématique du calcul égoïste, la mise en concurrence généralisée des individus et des peuples (Louis Blanc voyait même dans cette nouvelle « liberté économique illimitée » un véritable « système d'extermination ») et l'accumulation continuelle du capital rendue possible par l'exploitation devenue « rationnelle » des travailleurs « libres » et « consentants ». Et plus encore – conséquence inéluctable de cette concentration de la richesse collective entre les mains d'une *nouvelle* oligarchie – la séparation croissante des producteurs et de ces « moyens de production » (à commencer par la terre elle-même) dont la possession, souvent commune, par les anciennes institutions villageoises avait longtemps protégé celles-ci d'une dépendance *totale* envers l'aristocratie foncière. En un mot, la plupart des *fondateurs du socialisme* auraient certainement approuvé les propos de Gustave Lefrançais, lorsque celui-ci stigmatisait – en 1850 – le « mouvement irrésistible de concentration capitaliste qui va permettre aux grandes compagnies financières et industrielles, en formation depuis dix ans, de réaliser avant longtemps, *et sous la protection de l'État*, une véritable mainmise sur tous les moyens de production, et de constituer dès lors un *nouveau servage bien supérieur en malfaisance à l'ancien* » (soit dit en passant, je ne vois pas très bien en quoi cette analyse serait devenue totalement « archaïque » – comme le prétend la gauche occidentale moderne – à l'ère du capitalisme globalisé). C'est donc, avant tout, l'existence de cette critique de la société capitaliste *commune* à tous les premiers penseurs socialistes (ce n'est pas hasard, pour ne prendre qu'un seul exemple, si l'une des meilleures introductions au *Capital* de Marx reste, aujourd'hui encore, celle qu'avait rédigée en 1878 Carlo Cafiero, *par ailleurs disciple de Bakounine*) qui autorise à parler du socialisme originel comme d'un courant politique et philosophique relativement unifié.

Tout change, en revanche, dès que l'on quitte le plan de cette *critique radicale du système capitaliste* pour aborder celui des solutions concrètes et donc des descriptions *positives* de la société qui devait lui succéder (cette opposition entre un moment critique et un moment positif de la doctrine était d'ailleurs au cœur de la philosophie d'Auguste Comte et – à travers elle – de celle du socialisme saint-simonien). C'est alors seulement qu'il devient effectivement difficile de ne pas donner raison au juriste libéral Jean-Joseph Thonissen lorsqu'il constatait en 1849 – dans *Le Socialisme et ses promesses* (c'est l'un des tout premiers ouvrages de synthèse sur la question) – que les différentes écoles socialistes « se font les unes aux autres une guerre des plus violentes quand elles sont fatiguées de poursuivre de leurs outrages *l'ennemi commun* ». Or si l'on ne doit prendre en considération que ce second aspect de la doctrine (celui qui concerne la nature de la société supposée succéder au capitalisme), il apparaît sans doute plus logique de distinguer au sein du mouvement socialiste deux tendances *radicalement antagonistes*, qui peuvent bien sûr, à l'occasion, coexister chez un même penseur, mais dont l'affrontement continuel n'a cessé de définir l'histoire concrète de ce mouvement. Celle, d'une part, qui – dans la lignée de Thomas More et des grands utopistes – subordonnait l'avènement de la cité socialiste future à une rupture préalable avec *tout* l'héritage moral et psychologique de l'humanité antérieure (abolition *intégrale* de la propriété individuelle, de l'échange marchand et de la monnaie, contrôle par l'État de la vie privée des citoyens, gestion centralisée de la production et de la répartition des richesses, invitation à remplacer le « vieil homme » par un homme intégralement nouveau, censé ne vivre *que* pour autrui, etc.). C'était d'ailleurs afin de dénoncer cette tendance autoritaire déjà solidement installée (dont le mouvement saint-simonien lui semblait l'incarnation parfaite) que Pierre Leroux avait annoncé, dès 1834, qu'elle conduirait immanquablement ces « socialistes » à édifier un monde entièrement déshumanisé et dans lequel « l'individu devient uniquement fonctionnaire, est enrégimenté, a une doctrine officielle à croire et l'inquisition à sa porte » (c'est une bonne anticipation, en somme, de la future Russie soviétique). L'autre tendance était évidemment celle qui – dans la lignée de Proudhon, des « anarchistes » ou encore des principaux courants du populisme russe – entendait privilégier, au contraire, l'autonomie locale, la démocratie directe, l'esprit d'entraide et de coopération, le respect de la volonté populaire et, d'une façon générale, le refus de tout « principe d'autorité » (c'est, par exemple, cette tendance démocratique et libertaire qui avait inspiré, entre autres, la plupart des décrets de la Commune de Paris). La distinction entre « communisme » et « socialisme » – alors encore très fréquente – recouvrait d'ailleurs en partie cette opposition initiale entre la tendance « autoritaire » et la tendance « démocratique » ou « libertaire » du mouvement anticapitaliste.

Ayant lu tous vos premiers ouvrages, cher Jacques Julliard, il me semblait donc évident que vous étiez, dans l'ensemble, plutôt favorable à cette présentation de l'histoire du socialisme. Mais – si tel est bien toujours le cas – pourquoi tenez-vous alors de manière si absolue à réduire le principe d'une organisation socialiste de la production (qui, en tout état de cause, devrait non seulement être *plurielle* mais également compatible avec l'existence parallèle de la petite entreprise privée) aux *seules* traditions du socialisme autoritaire dont le léninisme est directement issu (« un blanquisme à la sauce tartare » disait de ce dernier Charles Rappoport) ? Plutôt, par exemple, qu'aux innombrables expériences du mouvement coopératif, de l'économie solidaire ou de l'autogestion ouvrière (dans *Adieux au capitalisme*, Jérôme Baschet – qui enseigne dans les zones libérées par les zapatistes mexicains – nous livre à ce sujet des analyses extrêmement riches et particulièrement stimulantes). D'autant que Marx lui-même – dont le tempérament n'était pourtant pas précisément « libertaire » – avait bien pris soin de préciser, dès le *Manifeste du parti communiste*, que « ce qui caractérise le communisme *ce n'est pas l'abolition de la propriété en général*, mais l'abolition de la propriété *bourgeoise* ». Autrement dit, de cette propriété historiquement très particulière dont le *développement continuel et sans limite* – en sapant progressivement les bases concrètes de toute autonomie individuelle et collective – conduit inéluctablement à placer la plus grande partie des classes populaires sous la dépendance absolue de ceux qui contrôlent le capital et, par là même, les conditions d'accès au « marché du travail » (c'était là le principe de ce nouvel *esclavage salarié* dont tous les premiers socialistes exigeaient l'abolition). Le vieil Engels allant même jusqu'à ajouter – dans sa *Critique du programme d'Erfurt* de 1891 – que sous le socialisme, les établissements religieux – dès lors qu'ils en assuraient eux-mêmes le financement – devraient non seulement disposer d'une liberté totale d'enseignement mais également de la propriété pleine et entière de leurs locaux (« On ne peut tout de même pas – écrivait-il ainsi – leur défendre de fonder, par leurs propres moyens, des écoles, *qui leur appartiennent en propre*, [souligné par Engels] et d'y enseigner leurs bêtises ! »). Si Lénine, Trotski et Staline apparaissent ainsi comme des héritiers tout à fait légitimes de la tradition socialiste originelle (il serait effectivement absurde de le nier), on ne saurait donc prétendre pour autant qu'ils en soient *les seuls représentants possibles.* En vérité, cher Jacques Julliard, je suis même absolument convaincu que si d'aventure il prenait l'idée à l'un de nos brillants intellectuels médiatiques de « démontrer » demain que les écrits de Pierre Leroux, de Joseph Proudhon, de William Morris ou de Gustav Landauer (ou ceux de votre cher Fernand Pelloutier, grand lecteur de Proudhon) contenaient déjà en puissance le *Goulag*, la *Tchéka* et le *Gosplan*, vous seriez l'un des premiers à vous insurger contre une telle mascarade.

J'en viens, à présent, aux objections que vous formulez à l'endroit de ma lecture du libéralisme. Celle-ci ne rendrait pas entièrement justice, à vos yeux, à ce courant philosophique. D'une part, parce qu'elle conduirait à porter à son compte un certain nombre de dérives et de nuisances qui relèvent beaucoup plus, selon vous, du développement autonome de la technique et de l'« individualisme démocratique » (votre position, sur ce point, est assez voisine de celle d'Alain Finkielkraut). De l'autre, parce qu'elle ne mettrait pas suffisamment en relief le rôle historique essentiel joué par ce « véritable » libéralisme dans la « défense des libertés démocratiques ». Or il me semble qu'ici le malentendu qui nous oppose vient surtout de ce que vous avez trop vite confondu, à mon goût, le plan historique (qui est d'abord le vôtre) et le plan philosophique (qui est d'abord le mien). Du point de vue de l'historien que vous êtes, il est clair, en effet, qu'on doit avant tout s'interroger sur ce qu'Adam Smith, Benjamin Constant ou John Stuart Mill ont vraiment dit (qui est parfois contradictoire) et quels étaient, en le disant, *leurs intentions et leurs sentiments réels*. Or s'il ne s'agissait que de se prononcer sur cette question, il n'y aurait guère de matière à débat entre nous. Les intentions premières des fondateurs du libéralisme – et donc la *sensibilité* qu'elles exprimaient – étaient, à l'évidence, tout à fait sympathiques et parfaitement justifiées. Pour en comprendre la légitimité, il suffit du reste de se souvenir un instant du monde qui constituait alors l'arrière-plan historique de leur réflexion. C'était celui que les épouvantables guerres civiles de Religion du XVIe et XVIIe siècle avait laissé en héritage à l'Europe moderne (et dans cet héritage figurait bien souvent la « monarchie absolue »). Et à partir du moment où il semblait philosophiquement acquis – précisément à la lumière de ces guerres civiles particulièrement *traumatisantes* – que non seulement les hommes étaient égoïstes par nature mais que, de surcroît, la question des *valeurs* (généralement perçues comme un simple masque de leur intérêt privé ou de leur amour-propre) ne pouvait que les *diviser* et les précipiter, tôt ou tard, dans la « guerre de tous contre tous » (au cœur de la logique moderne – *dont la logique libérale n'est qu'un sous-ensemble* –, il y a donc d'abord cette idée pessimiste qu'il est définitivement impossible à des êtres humains de s'entendre sur « les goûts et les couleurs »), il est bien compréhensible que leurs revendications aient immédiatement éveillé la sympathie de tous les esprits honnêtes et tolérants. C'est, vous vous en souvenez peut-être, ce que j'avais appelé, lors de notre première rencontre, le « côté Georges Brassens » du premier libéralisme (il y a incontestablement du David Hume dans la *Mauvaise réputation !*). Il ne s'agissait, après tout, que de rendre enfin possible la coexistence paisible d'individus aux sensibilités idéologiques différentes, tout en veillant à protéger simultanément – contrairement aux solutions absolutistes proposées par Hobbes ou Pascal – les libertés individuelles les plus précieuses. Si par « libéralisme » on entend donc simplement désigner cette forme particulière de *sensibilité* et de préoccupations (que Spinoza partageait d'ailleurs également sans pour autant être un libéral au sens strict) je n'aurais donc, pour ma part, aucune difficulté à me dire « libéral » (c'est, du reste, en ce sens premier qu'il arrivait parfois à Orwell de parler avec affection des « vieux libéraux anglais » du XIX^e^ siècle).

Malheureusement – et ce n'est surtout pas à vous que je vais l'apprendre – il se trouve que dans l'histoire des idées, un train en cache souvent un autre. Ce qui est généralement le cas chaque fois que des intellectuels entreprennent de conférer à ce qui ne constituait jusque-là qu'une forme de *sensibilité* morale et psychologique particulière la forme plus savante et plus abstraite d'un *système métaphysique.* C'est pourquoi j'avais aussitôt pris soin de préciser – dans l'introduction de *L'Empire du moindre mal* – que le véritable objet de mes essais n'était pas tant l'analyse historienne des premiers penseurs libéraux (il existe déjà quantité d'ouvrages intelligents sur le sujet, comme, par exemple, ceux de Pierre Manent) que la *logique philosophique* que ces penseurs libéraux avaient contribué – parfois à leur insu – à mettre en mouvement (et je reste d'ailleurs intimement persuadé que si ces penseurs revenaient aujourd'hui parmi nous, la plupart d'entre eux seraient effarés devant les conséquences réelles du développement de cette logique). Je ne faisais ici, en somme, que reprendre la méthode dialectique utilisée par Marx dans *Le Capital,* lorsqu'il affirmait vouloir saisir la dynamique historique de l'accumulation du capital sous sa seule forme *abstraite* et « chimiquement pure » et non sous la forme spécifiquement anglaise qu'il avait sous les yeux (c'est, du reste, ce caractère « abstrait » du *Capital* – notamment des livres I et II – qui explique son étonnant pouvoir de prédiction politique puisque, de nos jours, c'est justement aux *formes intégralement développées* de cette logique que nous avons essentiellement affaire).

Or la *logique du système libéral* – que je distingue toujours, par conséquent, de la *sensibilité* libérale initiale – repose, depuis le début, sur deux postulats fondamentaux, qui pouvaient, à l'époque, paraître relativement anodins, mais dont l'humanité moderne n'a pas fini de payer le prix. L'idée, en premier lieu, que les hommes ne pourront vivre en paix les uns avec les autres que si l'État qui est chargé de maintenir le cadre institutionnel de leur vie commune est « axiologiquement neutre ». Autrement dit, s'il s'abstient en permanence de prescrire *la moindre norme de vie particulière* (la seule valeur commune à tous les citoyens d'un État libéral ne pouvant être, bien entendu, que la liberté elle-même, c'est-à-dire ce droit supposé « naturel » de chaque individu isolé à définir par lui-même *la totalité* de ses valeurs). Et, en second lieu, l'idée que cette liberté ne deviendra effective que si l'on remplace l'ancien « gouvernement des hommes » par une simple « administration des choses », officiellement destinée à rendre impossible toute forme de sujétion ou de *dépendance personnelle* (car, pour un libéral – il suffit de penser au mythe du *self-made man* –, il va de soi que la liberté se définit avant tout par le fait de ne dépendre d'aucun autre *être humain*, fût-ce sur le plan familial ou affectif – ce qui, au passage, lui rend quasiment impensables les concepts d'*aliénation* ou d'addiction consumériste). De là l'idée éminemment moderne (et en partie inspirée par la physique newtonienne) selon laquelle cette nouvelle « gouvernance » pourrait être entièrement assurée – pourvu, bien sûr, qu'aucune intervention *morale, religieuse ou politique* ne vienne du dehors en dérégler le libre jeu – par le seul fonctionnement combiné de deux *mécanismes anonymes et impersonnels :* le Marché autorégulé (avec sa « main invisible ») et le Droit abstrait (avec sa mécanique strictement procédurale et ses savants équilibres de pouvoir). Mécanismes anonymes et impersonnels dont les libéraux étaient fermement convaincus qu'ils ne pourraient jamais engendrer la moindre dépendance *personnelle*, à l'image de celle du paysan médiéval envers son seigneur (au rebours, par conséquent, de ce que Marx établirait plus tard, dans *Le Capital*, avec son analyse du « fétichisme de la marchandise », c'est-à-dire de ces nouvelles formes de domination de l'homme par l'homme qui sont « médiatisées par les choses »). J'ajoute qu'aux yeux des libéraux cette double dynamique, à la fois parallèle et complémentaire, du Marché et du Droit (dont le *ruban de Möbius* me paraît constituer la métaphore la plus appropriée) devait également permettre – sans qu'il soit donc nécessaire de faire appel à une quelconque vertu morale ou civique des individus – de convertir automatiquement les effets, *à présent considérés comme parfaitement légitimes*, du calcul égoïste individuel (dans une société libérale – écrivait Adam Smith – « *chaque homme* devient une espèce de marchand, et la société elle-même est proprement une société commerçante ») en comportements qui contribuent *objectivement* à l'intérêt de tous. Tel était bien, en somme, le sens profond de cette célèbre formule de Mandeville – « vices privés, vertus publiques » – qui représente certainement la définition la plus concise de la *logique libérale* (formule que Kant développerait à sa manière en soutenant qu'une telle logique fonctionnerait efficacement « même avec un peuple de démons »).

Si l'on accepte ainsi l'idée qu'il existe une différence essentielle entre la sensibilité libérale originelle (que l'on pourrait d'ailleurs faire remonter à Montaigne) et le système idéologique sophistiqué qui a progressivement fini par en monopoliser toutes les traductions politiques, les choses deviennent, me semble-t-il, beaucoup plus claires. Toute logique, en effet, est vouée par définition – du moins si aucun facteur historique *extérieur* ne vient en contrecarrer la dynamique naturelle – à développer, tôt ou tard, l'ensemble des implications théoriques et pratiques que son axiomatique initiale contient en puissance (dans le cas de la logique libérale, c'est l'immense mérite du marquis de Sade – Pasolini s'en souviendra – que d'avoir réussi, dans sa folie géniale, à percevoir d'emblée la totalité cohérente de ces implications à venir). Si, pendant près de deux siècles, un tel fait est demeuré relativement inaperçu (sauf, bien entendu, par la critique socialiste) et si, par conséquent, la logique libérale a pu aussi tranquillement délivrer, *dans un premier temps*, tous les effets d'émancipation dont elle était objectivement porteuse (du moins si on compare ces effets aux structures inégalitaires, patriarcales et oppressives de l'Ancien Régime), c'est donc essentiellement parce que son développement historique concret s'est longtemps opéré à l'intérieur d'un cadre moral et culturel structurellement *limité* (c'est, au fond, ce que vous appelez, dans votre lettre, l'époque du « libéralisme restreint »). Et si ce cadre moral et culturel était ainsi effectivement limité, c'est, en grande partie, parce que la plupart des élites libérales du XIXe siècle conservaient encore un rapport minimal avec ce bon sens, cette honnêteté, ou même ce courage intellectuel, qui avait généralement caractérisé les fondateurs de leur mouvement politique (il n'y a évidemment aucune comparaison possible, de ce point de vue, entre un Adam Smith et un Jean-François Copé ou entre une Germaine de Staël et une Christiane Taubira). Ce qui signifie tout simplement que ces libéraux « historiques » continuaient, dans leurs écrits et leurs décisions, de prendre appui, *sans même s'en rendre compte*, sur tout un tissu de valeurs morales, philosophiques, voire religieuses, qui leur semblait *aller de soi*, mais qu'il aurait été pourtant déjà impossible de déduire sans contradiction de leurs axiomes initiaux (songeons, par exemple, au patriotisme revendiqué par Benjamin Constant ou encore au rôle fondamental que Tocqueville attribuait à la culture religieuse dans le fonctionnement quotidien de la démocratie américaine). En sorte que ces premiers libéraux ressemblaient finalement beaucoup à cette « colombe légère » qu'évoque Kant dans sa seconde préface à la *Critique de la raison pure*, dont le vol ne cesse de prendre appui sur la résistance *invisible* de l'air, mais qui n'en continue pas moins d'imaginer, dans sa naïveté radicale, qu'elle pourrait voler de manière encore plus libre dans le vide absolu.

Le problème, c'est que cette dynamique de l'économie livrée à elle-même, qui devait permettre – sous le nom de « doux commerce » – de refonder pacifiquement la totalité du lien social (le commerce – se réjouissait ainsi Benjamin Constant, qui y voyait l'antidote absolu à tout esprit guerrier – est en train de devenir « le but unique, la tendance universelle, *la vie véritable des nations* »), tend toujours à produire l'effet exactement inverse, en invitant continuellement à détruire tous les fondements symboliques de la vie en commun « pour ne laisser subsister *d'autre lien*, entre l'homme et l'homme, que le froid intérêt et les dures exigences du paiement au comptant » (Marx). Chacun peut d'ailleurs vérifier par lui-même que ce sont bien, par exemple, les nouvelles exigences de la « compétitivité » et de la concurrence « libre et non faussée » qui contraignent chaque capitaliste individuel à se comporter en

« démon » (en économisant, par exemple, sur la qualité de ses marchandises, en tirant vers le bas les conditions de travail de ses employés ou en décidant de délocaliser son entreprise), quand bien même sa conscience morale ou religieuse personnelle y serait officiellement opposée. C'est donc ce déchaînement, pourtant très prévisible, des « passions les plus vives, les plus mesquines et les plus haïssables du cœur humain, *toutes les furies de l'intérêt privé* » (c'est encore Marx qui parle, qui n'était donc pas toujours utilitariste) qui explique, pour une très large part, cette lente et graduelle dissolution, à laquelle nous assistons aujourd'hui, de *tous* les remparts normatifs (qu'ils soient éthiques, philosophiques ou religieux) que l'humanité antérieure avait réussi à mettre en place – pour le meilleur et pour le pire – afin de conjurer la menace toujours présente de sa propre barbarie. Jusqu'au jour, naturellement, où – sous le poids de cette déconstruction incessante de « tout ce qui avait solidité et permanence » (Marx) – c'est la notion même de *limite*, qu'elle s'applique à l'économie, au droit ou aux « mœurs », qui devait logiquement finir par devenir *philosophiquement impensable* (sinon comme l'ultime obstacle à l'émancipation intégrale des hommes et à l'avènement d'une « mondialisation heureuse »). Avec à la clé, bien sûr, la disparition corrélative des derniers garde-fous intellectuels, psychologiques et moraux qui avaient si longtemps retardé, chez les libéraux historiques, la transformation inexorable de leur « libéralisme restreint en « libéralisme généralisé » (ou, si l'on préfère, en « néolibéralisme »). De même que la chouette de Minerve ne prend son envol qu'à la tombée de la nuit, ce n'est donc que dans les conditions crépusculaires du capitalisme développé (celui sous le règne duquel nous vivons à présent) qu'il devient effectivement possible de comprendre, une fois pour toutes, que le *principe d'illimitation* constituait, *depuis le début*, le véritable moteur métaphysique de la logique libérale. Principe longtemps dissimulé sous l'apparence inoffensive d'un État « axiologiquement neutre » et de ces « processus sans sujet » – ceux du Droit procédural et du Marché autorégulé – dont l'emprise glaçante s'étend à présent sur la planète tout entière (l'indépendance de la Banque centrale européenne ou le *high trading frequency* illustrant de manière particulièrement claire cette logique structuraliste des « processus sans sujets »).

À quoi bon, dès lors, mobiliser, comme vous le faites, l'hypothèse supplémentaire d'une « *hybris* » qui serait inhérente à la démocratie elle-même (c'est-à-dire, si je comprends bien, au contrôle par le peuple de ses propres conditions d'existence) ? Ou encore celle des impératifs supposés entièrement autonomes du développement technologique ? Car si, en effet, la politique moderne doit se transformer en simple « administration des choses » (rien n'est plus néfaste – avertissaient déjà en 1973 les idéologues libéraux de la Commission trilatérale – qu'une politique *value-oriented*), alors il est clair qu'une décision politique – qu'elle concerne, par exemple, le problème de la « dette » ou celui des retraites – ne pourra être tenue pour légitime que si elle revêt l'apparence trompeuse d'une décision purement « technique » (d'où ce culte religieux de la technique et ce règne sans partage des « experts » qui sévissent aujourd'hui). Et si tout appel à limiter – ou simplement à réguler – le développement sans fin du Droit et du

Marché (dans une véritable société libérale – disait Hayek – chacun est entièrement libre de produire, de vendre et d'acheter *tout ce qui lui passe par la tête*) doit être tenu pour « fasciste » ou « réactionnaire » dans son principe (il suffit d'écouter Pascal Lamy), quel autre type d'être humain pourrait bien advenir, sinon cet individu-monade intégralement désocialisé (et, si nécessaire, modifié génétiquement), éternellement sûr de son bon droit, et qui n'aurait plus pour seule maxime que son désir de « vivre sans temps mort et de jouir sans entraves » ? Comme vous le voyez, cher Jacques Julliard, le simple développement mécanique de la *logique libérale* – dès lors qu'« on n'y met pas obstacle », comme le précisait Marx dans *Salaire, prix et profit*) – suffit donc amplement à rendre compte de tous les phénomènes que vous déplorez à juste titre (l'un des plus récents, et des plus terrifiants, étant sans doute le projet de certains chercheurs du Pentagone – décrit par Jonathan Crary dans *Le Capitalisme à l'assaut du sommeil* – de « libérer » définitivement les humains du besoin de dormir afin qu'ils puissent ainsi être mobilisés au service de la croissance *vingt-quatre heures sur vingt-quatre*). C'est pourquoi un « libéralisme restreint » (par quoi ? par qui ?) ne saurait jamais connaître d'autre développement historique – puisqu'il abrite au plus profond de lui-même un *principe d'illimitation* – que ce « libéralisme généralisé » qui vous inquiète si légitimement.

Je serai beaucoup plus bref sur la question, assurément cruciale, de la « volonté de puissance ». Je suis, en effet, entièrement d'accord avec vous pour rejeter l'idée – fondée sur la lecture simpliste de Lévi-Strauss qui sévissait dans les années 1970 (et qui est devenue celle de toute l'« extrême gauche » contemporaine) – selon laquelle il existerait une coupure métaphysique *absolue* entre la nature et la culture (et notamment entre l'homme et l'animal). Coupure qui rendrait ainsi tout à fait légitime le projet de bricoler indéfiniment cette « culture » au gré de nos fantasmes du moment (lesquels sont généralement ceux qui s'accordent le mieux à chaque nouvelle mutation du capitalisme). Ce n'est d'ailleurs sans doute pas un hasard si cette idée (dont l'anthropologue Philippe Descola avait pourtant établi à quel point elle était profondément ethnocentrique) se trouve, à présent, au centre de *l'idéologie* du genre dont Judith Butler – la grande prêtresse de ce mouvement – résumait laconiquement le postulat fondamental en affirmant – dans *Humain, inhumain* – que ce n'est pas parce qu'on est une femme qu'on va chez le gynécologue mais c'est parce qu'on va chez le gynécologue qu'on est une femme (je suppose qu'on devrait dire de la même façon que ce n'est pas parce qu'on est handicapé qu'on utilise une chaise roulante mais c'est parce qu'on utilise une chaise roulante qu'on est handicapé).

Je vous suis tout autant – inutile de le préciser – lorsque vous écrivez (ce qui a malheureusement cessé d'être une évidence de nos jours) que nous devrions « accorder quelque crédit à la Bible, aux Tragiques grecs, à Shakespeare ou à Freud qui, chacun à sa manière, proclament qu'il y a quelque chose chez l'homme, dès lors que l'on consulte son désir, quelque chose qui ressemble à un invariant » (tout le contraire, en somme, de cette idéologie de la gauche universitaire post-moderne – dont Éric Fassin est aujourd'hui le représentant le plus caricatural – qui ne veut voir dans de tels auteurs que des *dead white European men*, dont le respect universitaire n'aurait été imposé à des générations d'écoliers que sur sous l'effet de préjugés « racistes », « homophobes » et « sexistes »). Il existe bel et bien, en effet, sinon une « nature humaine » au sens étroit du terme, du moins un certain nombre *d'invariants anthropologiques* – comme, par exemple, la prohibition de l'inceste, la logique du don, ou la rivalité mimétique – dont quelques-uns trouvent même leur *origine immédiate* dans l'ordre naturel, comme c'est, bien sûr, le cas pour la procréation (la construction, désormais logiquement prévisible, d'un marché généralisé de l'adoption et des « mères porteuses » – *qui constituait, depuis le début, la face politique cachée du « mariage pour tous »* – supposant évidemment qu'une partie de l'humanité, de préférence la plus pauvre, *continue, quant à elle, de procréer*, pour le plus grand bonheur de ces riches des pays riches qui pourront ainsi s'offrir, chaque fois que le désir les prendra, le dernier modèle d'enfant *made in Asia* ou *made in Africa*). Si, par exemple, un « père » (pour employer ce terme à présent suspect) ne peut pas allaiter lui-même ses propres enfants, ce n'est évidemment pas parce qu'un tel « privilège » lui serait politiquement *interdit*. C'est tout simplement parce que cela lui est biologiquement *impossible*. Et il suffit, à l'inverse, de considérer *toutes* ces impossibilités naturelles comme autant d'interdits arbitraires et « culturellement construits » – telle est, entre autres, la position surréaliste (fondée sur la vieille opposition bourgeoise entre nature et industrie) que défendait, récemment encore, Clémentine Autain – pour rendre, du même coup, tout à fait plausibles les revendications les plus fantaisistes, qu'il s'agisse, par exemple, du « droit d'allaiter *pour tous* », du « droit à la beauté physique *pour tous* » ou du « droit à la même espérance de vie *pour tous* » (objectif incontestablement émancipateur puisqu'il permettrait enfin d'aligner la durée de vie des hommes sur celle des femmes, celles-ci disposant du *privilège* scandaleux de vivre, en moyenne, huit ans de plus).

Là où je cesserais de vous suivre, en revanche, c'est lorsque vous en venez à soutenir que la « volonté de puissance » serait inscrite « au cœur de l'homme » lui-même. C'est là, à mon sens, une proposition beaucoup trop générale, et qui risque, de surcroît, de conforter l'idée – qui est au cœur de la pensée de Michel Foucault (et de sa disciple américaine Judith Butler) – selon laquelle toute révolution autre que « sociétale » est aujourd'hui impossible puisque l'humanité serait vouée, par définition, à s'inscrire éternellement dans des rapports de pouvoir et de domination (Foucault en tirait d'ailleurs un curieux éloge du sadomasochisme). C'est la raison pour laquelle j'ai toujours tenu à préciser que l'égoïsme (qui constitue le ressort psychologique ultime du besoin continuel de traiter les autres en simples moyens) était, en réalité, beaucoup moins *naturel* qu'*initial*. Je voulais dire par là que le désir de toute-puissance (qui n'est que l'envers de sa situation initiale de dépendance) est *d'abord* ce qui caractérise *l'enfant* que nous avons tous été. Et c'est justement la fonction première de l'éducation – quelles qu'en soient les formes, qui varient évidemment d'une culture à une autre – que de rendre progressivement possible la dissolution (ou, au minimum, la neutralisation) de ce désir premier de toute-puissance (ce qui suppose *toujours*, à un moment ou à un autre, le dépassement du rapport originellement fusionnel avec la mère et la reconnaissance corrélative de la loi symbolique qui rend possible un tel dépassement) afin de permettre à l'enfant d'accéder à la « maturité », autrement dit à cette capacité d'autonomie qui caractérise l'individu pleinement humanisé. Il suffit, dès lors, que cette éducation soit *manquée* pour une raison ou une autre (que la carence se situe principalement du côté d'une mère trop possessive ou principalement de celui – ou de celle – qui avait la charge symbolique d'assumer la *fonction séparatrice paternelle*) pour que la volonté de puissance de l'enfant se maintienne identique à elle-même et continue à organiser en sous-main – sous des formes, là encore, infiniment variées – la vie qui sera la sienne une fois devenu « adulte ».

C'est donc, en un sens, parce que « nous avons été enfants avant que d'être hommes » (encore Descartes !) que ce triste sentiment de ne pouvoir exister qu'à travers l'emprise – consciente *ou inconsciente* – exercée sur les autres peut apparaître à la fois universel sans pour autant être présent chez tous. Universel, puisque l'échec de la socialisation d'un sujet constitue assurément une possibilité aussi ancienne que l'humanité (Aristote dénonçait déjà celui qui se comporte dans la vie quotidienne « comme une pièce isolée au jeu de tric-trac »). Mais qui n'est pas présent chez tous, puisque la possibilité d'accéder (grâce à l'éducation donnée par la famille et/ou le groupe social) à la maturité et à l'autonomie

– ce qui inclut nécessairement, chez un sujet, l'aptitude à l'*empathie* et la capacité corrélative de *donner, recevoir* et *rendre* (capacité qui, aux yeux de l'égoïste, dissimule toujours un intérêt caché) – apparaît elle-même tout aussi ancienne (George Orwell allait même jusqu'à préciser que, « passé trente ans », la plupart des êtres humains ont fini par se déprendre de leur égoïsme initial et par acquérir ainsi les bases morales et psychologiques de la capacité d'aimer et de nouer des liens solides et durables fondés sur le confiance réciproque).

Il me semble que le principal avantage d'une telle conception – outre le fait qu'elle s'appuie sur le noyau rationnel de la psychanalyse – est de conférer une base beaucoup plus précise (et moins dramatique) à la critique de la volonté de puissance. L'homme de pouvoir (ou la femme) est d'abord celui (ou celle) qui n'a jamais réussi à dépasser le stade de l'enfance. D'où cette multiplication bien connue des comportements infantiles et narcissiques (lutte dérisoire pour obtenir des signes de préséance, susceptibilité maladive, rivalité mimétique exacerbée, goût prononcé pour les ruptures et les excommunications, mégalomanie, paranoïa etc.) que l'on observe presque toujours, à différents degrés, dès que l'on s'approche des sommets de n'importe quelle hiérarchie, que celle-ci soit fondée sur la puissance politique et administrative, la richesse ou la notoriété médiatique. À partir du moment, en effet, où un individu *jouit* d'un pouvoir quelconque (à tous les sens du verbe *jouir*) il se retrouve, par définition, exempté d'une partie de ces *limites* qui définissent la condition humaine ordinaire (il a, par exemple, le pouvoir de dépenser sans compter, d'imposer ses « caprices de star » ou d'ordonner une intervention militaire dans les Balkans ou en Afrique). Et c'est évidemment le fait jubilatoire de vivre ainsi à l'écart de la vie commune et de ses limites structurantes qui – en faussant sa relation aux autres – contribue de façon décisive à maintenir cet individu (ou à le faire retomber) dans un état d'enfance prolongé (Pascal a écrit des choses admirables à ce sujet dans son *Discours sur la condition des grands*).

Naturellement, et je suis entièrement d'accord avec vous sur ce point, ce désir infantile de soumettre les autres aux lois de son ego – qui peut même s'abriter, à l'occasion, sous le masque du dévouement sacrificiel à la cause militante – n'est nullement le privilège des seules élites politiques, économiques et culturelles (même si, chez ces dernières, il tend très vite à devenir une « seconde nature »). L'existence d'un « désir de parvenir » (qui seul peut donner sens à ce « refus de parvenir » qui, selon Albert Thierry, définissait l'essence même de l'esprit anarchiste) prouve suffisamment que le besoin continuel de dominer ses semblables – autrement dit, l'incapacité psychologique de supporter les relations d'*égal à égal* – peut tout aussi bien se manifester dans les classes populaires et dominées (l'histoire des révolutions – tout comme la moindre expérience de la vie militante ou associative – est malheureusement là pour le confirmer). Mais, d'une part, c'est justement l'intérêt philosophique de la tradition anarchiste que d'avoir mis ce problème crucial au centre de ses préoccupations et d'avoir ainsi invité à réfléchir sur la nature des institutions et des pratiques qui permettraient d'éradiquer – ou du moins de neutraliser – l'ambition des éventuels « Robert Macaire » et celle des Netchaïev en puissance. Et de l'autre, vous m'accorderez que ce besoin obsessionnel de vivre aux dépens de ses semblables est *généralement* moins marqué dans l'univers des gens ordinaires (le « tapeur » y restant un modèle humain relativement minoritaire, même s'il apparaît en constante progression). Ne serait-ce que parce que ceux-ci – comme l'écrivait Orwell – accordent, par définition, beaucoup plus d'importance aux « sentiments humains ordinaires », tels que « l'amour, l'amitié, la joie de vivre, le rire, la curiosité, le courage ou l'intégrité » qu'aux joies répétitives de la lutte pour les places (Simon Leys avait d'ailleurs remarquablement saisi cet aspect des choses lorsqu'il soulignait – dans son magnifique essai sur Orwell – que ce dernier était en permanence habité par le souci de rappeler aux militants sacrificiels que « dans l'ordre normal des priorités, il faudrait quand même que *le frivole et l'éternel* passent avant le politique »). En sorte que je souscrirais volontiers au jugement d'Alexander S. Neill lorsqu'il avouait qu'il aurait « l'impression d'avoir échoué » si « un enfant de Summerhill devenait un jour *Premier ministre* » (c'est, bien sûr, une autre question que de savoir si l'éducation donnée à Summerhill était la plus appropriée pour éviter ce genre de mésaventure).

En situant ainsi l'axe du « mal radical » – pour reprendre votre terminologie – non plus dans *la nature de l'homme* mais dans celle du *passage*, *toujours problématique*, *de l'enfance à l'âge adulte* (on connaît d'ailleurs toute l'importance que les sociétés dites « traditionnelles » – à la différence de la nôtre – accordent aux *rites d'initiation*, signe que doit bien se jouer ici quelque chose d'anthropologiquement essentiel dont le libéralisme a perdu la clé), il devient alors possible d'échapper en grande partie à cette vision tragique de l'Histoire qui colore votre dernière lettre. Car si le mal est métaphysiquement inscrit « au cœur de l'homme » – comme vous semblez le penser – seul un combat *héroïque* et de tous les instants (combat de surcroît sans fin) pourrait permettre aux pauvres humains que nous sommes d'espérer venir un jour à bout de leurs démons intérieurs. Ce qui ne laisse, en somme, que très peu de chance – vous l'avouerez quand même – à ce projet d'une *société décente* (selon l'expression d'Orwell) auquel vous êtes pourtant aussi attaché que moi. Or c'était justement pour contourner ce piège d'une conception essentiellement héroïque (voire stoïcienne) de la morale quotidienne que George Orwell s'était décidé à accorder une telle place à l'idée de *common decency* – le terme anglais de « *common* » désignant ici à la fois, comme on le sait, ce qui est *partagé* et ce qui est *ordinaire.* Voilà qui va donc me permettre – et ce sera ma dernière partie – de dire enfin un mot de ce concept politiquement majeur et qui ne cesse pourtant de susciter l'ire du clergé universitaire (il faut dire qu'Albert Thierry – qui, pour sa part, avait choisi de demeurer toute sa vie fidèle à son métier d'instituteur – considérait l'Université bourgeoise comme la « pompe à parvenir et l'ascenseur des parvenus »).

Souligner, comme le faisait Orwell, que le socialisme comporte *nécessairement* une dimension morale, c'est dire, en effet, au moins trois choses politiquement essentielles. C'est dire, tout d'abord, que la prise de conscience par ceux qui produisent la richesse collective de la nécessité d'abolir un système qui monopolise leur temps de vivre et sacrifie leur humanité sur l'autel du profit privé et de la « compétitivité » à tout prix ne procède presque jamais – à l'inverse de ce que croyait Lénine – d'une compréhension strictement intellectuelle « des lois scientifiques de l'histoire » (croyance qui conduisait d'ailleurs Lénine à approuver sans réserve le jugement de Werner Sombart selon lequel « d'un bout à l'autre, le marxisme ne *contient pas un grain d'éthique* »). Cette prise de conscience naît presque toujours, au contraire, d'un profond sentiment de colère et d'injustice – *c'est-à-dire d'une révolte morale* – devant la façon dont la recherche effrénée du profit (qui doit bien entretenir un rapport psychologique essentiel avec ce que vous appelez l'« appât du gain ou cupidité ») et la concurrence impitoyable qui en résulte conduisent non seulement à transformer les travailleurs, selon le mot de Marx, en simples « machines à produire de la plus-value » (avec tout ce que cela implique en termes de « management »), mais également à soumettre progressivement l'*ensemble de la société* aux seuls impératifs du « calcul égoïste » et de la guerre de tous contre tous. À charge, bien entendu, pour un mouvement socialiste digne de ce nom de développer *ensuite* cette « économie morale » spontanée des classes populaires (pour reprendre ici l'expression célèbre d'E.P. Thompson) en fondant les intuitions de cette dernière sur une analyse aussi objective que possible de la dynamique réelle du capitalisme. Et rien ne dit, évidemment, qu'un tel développement théorique – assurément indispensable – soit, là encore, le privilège des seuls intellectuels de métier.

C'est dire aussi, en second lieu, que le combat pour instituer une société décente exclut, *par définition*, l'idée prétendument « réaliste » (développée, par exemple, par Trotsky dans *Leur morale et la nôtre*) selon laquelle la légitimité de l'objectif poursuivi autoriserait l'emploi des moyens les plus immoraux – y compris entre « camarades » – à partir du moment où ils sont *supposés* favoriser le triomphe de cet objectif. En insistant sur cette évidence morale (son expérience espagnole avait évidemment achevé de lui ouvrir les yeux sur la véritable nature du stalinisme) Orwell s'inscrivait donc de la façon la plus claire possible dans ce courant majeur du socialisme *originel* – notamment dans ses formes anarchistes et populistes – qui accordait une importance centrale à la question morale et à la lutte contre ce qu'on appelait alors le « jésuitisme » politique (la récente traduction, par les éditions Pontcerq, de l'histoire des *tchaïkovtsy*, rédigée vers la fin du XIX^e^ siècle par l'un de leurs partisans anonymes, confirme d'ailleurs à quel point le populisme russe – contrairement à la présentation mensongère qui en est aujourd'hui donnée par les médias et le monde universitaire – demeurait profondément ancrée dans le double souci de ne jamais déroger à la morale ordinaire et de neutraliser, autant que possible, la dialectique des ambitions personnelles).

C'est dire enfin – et peut-être surtout – que la construction d'une société socialiste décente – loin d'impliquer la fabrication préalable, et forcément autoritaire, d'un homme *intégralement nouveau* – doit toujours prendre appui, au contraire, sur un certain nombre de ressources morales et culturelles *déjà existantes* et dont Orwell s'efforçait de saisir l'unité sous le terme de *common decency*. Certes, il s'agit là, chez lui, d'une notion très générale et essentiellement descriptive (encore qu'il suffise de relire *Hommage à la Catalogne* pour s'apercevoir immédiatement que la distinction entre une politique décente et une politique qui ne l'est pas repose sur des critères beaucoup moins arbitraires que les intellectuels de gauche ne sont habituellement enclins à le penser). C'est justement la raison pour laquelle j'avais choisi, dès mon premier livre, d'en éclairer la signification véritable et les enjeux concrets à la lumière des données de l'anthropologie de Marcel Mauss – lequel était d'ailleurs lui-même un militant actif du mouvement socialiste coopératif – et de ses multiples héritiers contemporains (il est vrai que, pour des raisons qui m'échappent entièrement, la plupart de mes critiques – à l'image de Philippe Corcuff ou de Frédéric Lordon – déploient généralement des trésors d'ingéniosité pour dissimuler à leurs lecteurs ce point absolument crucial de mon argumentation).

L'intérêt majeur des travaux de Marcel Mauss (et notamment de l'*Essai sur le don*, paru en 1924) est, en effet, d'avoir établi – sur la base de données ethnologiques et historiques largement confirmées depuis – que le fondement premier du lien social ne peut jamais être, comme le voudrait la métaphysique libérale, le contrat juridique ou l'échange marchand (pour ne rien dire de cette fable du « troc » primitif chère à Adam Smith et aux premiers économistes). C'est, avant tout, la triple obligation *universelle* – et originellement associée au sens de l'*honneur*, c'est-à-dire à une problématique de la *face* – de « donner, recevoir et rendre » (Mauss y voyait un véritable « roc » anthropologique). Or, contrairement au préjugé libéral aujourd'hui dominant, cette triple obligation (qui commande donc un mode de circulation des choses et des prestations fondé sur le « *primat du lien sur le bien* », même lorsque ce lien est « agonistique » – comme dans le cas du potlatch – ou *négatif*, comme dans celui de la vendetta) ne caractérise pas seulement le mode de vie des sociétés dites « primitives » ou « traditionnelles » (sans quoi l'*Essai sur le don* n'aurait qu'un intérêt historique). Elle continue en fait (y compris, par conséquent, dans nos sociétés officiellement individualistes et dominées par les logiques du Droit et du Marché) d'organiser – de façon, il est vrai, souvent tacite ou parfois même invisible – une part essentielle des relations humaines, et notamment de toutes celles qui s'exercent encore en *face à face*, comme c'est ordinairement le cas au sein de la famille, entre amis, entre voisins ou entre collègues de travail. Je suis par exemple persuadé, cher Jacques Julliard, que si demain l'un de vos voisins vient vous emprunter votre perceuse électrique pour le week-end, il ne vous viendra certainement pas à l'idée de lui faire d'abord signer un contrat « en bonne et due forme » et encore moins de lui remettre sur-le-champ une facture (ce qui devrait pourtant être le cas si nous suivions à la lettre les principes « rationnels » de l'économie libérale). Nous avons donc bel et bien affaire, avec cette « logique du don », à un véritable *invariant anthropologique* – du moins aussi longtemps que la logique libérale n'aura pas réussi à soumettre à son esprit calculateur *l'intégralité* des conduites humaines.

Bien entendu, si l'on en reste à ce niveau de généralité, il est clair que la logique du don ne prescrit *par elle-même* aucun contenu normatif *particulier*. Elle ne précise en rien, par exemple, ce qu'il convient concrètement de donner, de recevoir ou de rendre, ni à qui, ni sous quelles formes, ni dans quelles circonstances (c'est, en somme, à chaque culture particulière de remplir à sa manière les pages de ce cahier des charges morales laissées en blanc et de définir – pour reprendre une expression de l'écrivain polonais Stanislas Lem – sa propre « barre de solidarité »). Néanmoins, le simple fait – *commun à toutes les civilisations* (à l'exception, encore une fois, de cette société libérale moderne qui ne reconnaît *officiellement* que la logique calculatrice du « donnant-donnant ») – d'être « moralement » tenu, dans certaines situations bien définies, de satisfaire à cette obligation de réciprocité *sous peine de perdre la face* (en refusant, par exemple, de secourir « la veuve et l'orphelin », en se comportant en lâche ou en commettant une évidente « félonie ») suffit à définir de façon objective les *formes a priori* de tout comportement humain honorable et donc les vertus morales correspondantes, de la générosité à la gratitude. C'est en ce sens précis qu'il est possible de dire – comme je n'ai cessé de le faire – que la logique du don constitue le véritable arrière-plan anthropologique de toute *common decency*. Et l'idée, inséparable de la *conscience morale moderne* (j'entends par là celle qui se présente d'abord comme une *intériorisation par le sujet individuel* des impératifs collectifs du don – autrement dit, comme la capacité acquise d'accomplir son devoir « en son âme et conscience » et non plus uniquement en fonction du regard des autres), selon laquelle si je viole un commandement éthique majeur, *je ne pourrai plus jamais me regarder devant une glace*, montre d'ailleurs bien à quel point cette conscience morale moderne continue elle-même de prendre sa source dans une thématique « traditionnelle » de l'honneur et de la *face*.

Voilà qui devrait donc déjà suffire à justifier (contre toute forme de relativisme culturel « postmoderne ») le principe, assurément minimaliste, selon lequel, dans toute société humaine digne de ce nom, il y a forcément – comme l'écrivait Orwell – « *des choses qui ne se font pas* » sauf, bien sûr, à *déshonorer* leur auteur (notons, au passage, que cette notion d'honneur – dont le philosophe ghanéen Kwame Appiah a encore récemment mis en évidence la dimension universelle – ne peut évidemment présenter le moindre sens à l'intérieur de la logique relativiste des libéraux). Mais cette anthropologie du don présente également l'avantage de rendre beaucoup plus précises les raisons pour lesquelles la « socialité primaire » (cette sphère des « relations de personnes à personnes » – écrit Alain Caillé – qui « fonctionne essentiellement à l'obligation de donner, recevoir et rendre, et ne peut d'ailleurs fonctionner sur d'autres bases, sauf à se dissoudre ») ne saurait recevoir son principe constitutif de la seule logique « axiologiquement neutre » du *donnant-donnant*. Logique dans laquelle le *calcul* se substitue donc à la *confiance* et que les libéraux continuent pourtant de considérer comme la seule base possible d'un lien social « moderne », c'est-à-dire fondé sur le calcul « rationnel » et la liberté individuelle.

Comme vous le voyez, cher Jacques Julliard, je n'ai donc jamais soutenu la thèse (qu'on me prête pourtant si souvent) selon laquelle l'idée de « décence ordinaire » pourrait suffire *par elle-même* à définir la totalité du projet socialiste (j'ai toujours soutenu, au contraire, qu'elle n'en constituait que *le point de départ et le principe régulateur* et que le projet socialiste impliquait, quant à lui, une critique *spécifique* du système capitaliste). Ni même celle selon laquelle il serait possible de déduire *intégralement* les principes concrets de cette décence ordinaire à partir des *seules* propriétés universelles de la logique du don. Car si la triple obligation de « donner, recevoir et rendre » contribue incontestablement à protéger les différentes civilisations humaines contre le règne dissolvant du « chacun pour soi » (c'est même le principal obstacle culturel que rencontre le capitalisme chaque fois qu'il cherche à s'implanter dans une nouvelle région du monde), je n'ignore évidemment pas que cette forme de protection peut tout aussi bien s'exercer sous le primat d'un lien social hiérarchique et inégalitaire (les obligations définies par le don – en latin *munia*, qu'on retrouve à l'origine des mots « commun », « communauté » et « communisme » – devenant alors, en grande partie, de simples *corvées*). J'ai même régulièrement tenu à rappeler que le lien social « traditionnel » – si chaleureux soit-il – pouvait parfaitement s'avérer étouffant – *même dans les sociétés les plus égalitaires* – dès lors que le sujet individuel en venait à ployer sous le poids de *dettes symboliques* à la fois trop nombreuses et psychologiquement trop lourdes à porter (il existe, par exemple, toute une littérature anthropologique sur l'obligation d'entrer en « vendetta » qui met clairement ce point en évidence). Et dans la mesure où le Marché et le Droit permettent effectivement d'ouvrir des espaces soustraits aux contraintes symboliques du don (un droit, par exemple, est nécessairement *inconditionnel* et n'exige donc des sujets aucun contre-don particulier), j'ai donc également toujours pris soin de souligner (un long chapitre était consacré à cette question dans *L'Enseignement de l'ignorance*) que ces deux mécanismes anonymes et impersonnels pouvaient – *à la condition qu'ils restent enchâssés dans certaines limites morales et culturelles* – contribuer de façon décisive à l'émancipation des individus et à la constitution d'une véritable sphère privée (ce n'est donc pas le Droit ou le Marché en eux-mêmes que je critique, c'est uniquement le principe libéral de *leur extension indéfinie* à toutes les sphères de l'existence humaine). En sorte que je n'éprouve évidemment aucune difficulté à reconnaître que les formes concrètes de la « décence ordinaire » dépendent pour une part importante de l'Histoire et des traditions propres à chaque civilisation particulière (dans *L'Ange et le Cachalot*, Simon Leys note ainsi que les formes de *common decency* – c'est le terme qu'il emploie – qui caractérisent la culture populaire chinoise ne sauraient être pleinement comprises si on ne prend pas en compte l'héritage confucéen). C'était d'ailleurs la position de George Orwell lui-même lorsqu'il faisait observer (par exemple dans son admirable essai sur Dickens) que la *common decency* des classes populaires britanniques modernes – aussi bien ouvrière que « petite-bourgeoise » – trouvait un certain nombre de ses sources spécifiques dans un ensemble de réflexes culturels égalitaires *historiquement acquis* et liés non seulement à l'habitude qu'ont ces classes de vivre et de travailler ensemble (ces rapports horizontaux d'entraide et de solidarité qui caractérisent, par définition, toutes les communautés de base du monde, qu'elles soient villageoises ou non) mais également à leur *expérience historique singulière* de l'injustice et de l'oppression (et Orwell n'oubliait d'ailleurs jamais de mentionner le rôle joué par la culture chrétienne dans la formation de ces réflexes égalitaires occidentaux). On est là, en somme, au plus près de ces « *customs in common* » – ces formes de résistance spontanées que les classes populaires *du monde entier* ont toujours su opposer, sous des formes chaque fois singulières, au démontage méthodique de leur mode de vie traditionnel par la logique calculatrice du capitalisme moderne – qu'E.P. Thompson a si magistralement analysées. Il n'y a donc rien, dans l'analyse proposée par Orwell – à laquelle je continue naturellement de souscrire – qui autorise le clergé universitaire à pontifier en permanence sur son « essentialisme » ou à ironiser sur sa supposée « idéalisation » des classes populaires. Même s'il demeure évident – je ne le conteste pas – que pour pouvoir accueillir une représentation aussi positive (et aussi bienveillante) de ces classes populaires – représentation dont les principes sont, du reste, régulièrement confirmés par la plupart des enquêtes empiriques existantes, à l'image, récemment encore, de celle menée aux États-Unis par Paul Piff – il est effectivement nécessaire d'admettre au préalable un *postulat philosophique* dont le moins qu'on puisse dire c'est qu'il ne correspond guère à la *vision universitaire du monde*. Celui selon lequel on a beaucoup plus de chances de comprendre la *nature véritable* d'une société donnée – et donc de se comporter en conséquence –

lorsque l'on est contraint de l'observer d'*en bas* – c'est-à-dire du point de vue des « gens ordinaires » – que lorsque l'on a pris l'habitude naïve d'en analyser le fonctionnement (sans même toujours s'en rendre compte) du seul point de vue de ces élites politiques, économiques et culturelles que leurs innombrables privilèges, leur mobilité incessante et leur connaissance le plus souvent superficielle de la vie populaire tendent immanquablement à éloigner de la morale commune et parfois même du simple bon sens (et sans doute faut-il voir dans cette distance de classe la racine *première* de toutes les préventions idéologiques contemporaines contre l'idée même de *common decency*).

Voilà qui devrait me permettre de répondre de façon plus précise aux deux objections de principe que vous soulevez à la fin de votre dernière lettre. « Entre la *common decency* des banlieues communautarisées – écrivez-vous ainsi – et celle des anciens prolétariats repoussés dans la périphérie, êtes-vous sûr que le socle des valeurs communes existe encore ? » Je reconnais que vous soulevez là un problème fondamental. Le simple fait, par exemple, que *le culte de la mobilité* (aussi bien sur le plan géographique que professionnel ou affectif) soit devenu aujourd'hui le principal signe d'allégeance à l'esprit du capitalisme explique effectivement le caractère de plus en plus « multiculturel » des sociétés modernes – caractère qui ne facilite évidemment pas le travail de rassemblement de toutes les forces populaires d'une nation donnée sous un drapeau politique commun. J'ajouterai même, afin de compliquer encore un peu plus le tableau, que le conflit des cultures et des intérêts ne conduit plus seulement à dresser les différentes catégories populaires les unes contre les autres (on le voit bien, par exemple, avec l'antagonisme culturel croissant qui oppose les travailleurs du secteur privé à ceux de la fonction publique). Sous le règne du capitalisme *développé*, ce conflit traverse également chacun d'entre nous , dans la mesure où tous les sujets individuels sont désormais sommés en permanence, *en tant que consommateurs*, de privilégier des choix quotidiens (par exemple acheter des produits *low cost* fabriqués à l'autre bout du monde par des enfants esclaves) qui ne peuvent, à terme, que se retourner contre eux, *en tant que travailleurs* soumis à cette même concurrence mondiale.

Il me semble néanmoins que ce problème est beaucoup moins nouveau qu'on ne pourrait le croire. Après tout, la classe ouvrière du XIXe siècle n'était guère plus homogène que celle d'aujourd'hui (il suffit d'observer la diversité des métiers et des statuts qui caractérisait les différentes sections de la première Internationale). Et pour autant, cette hétérogénéité constitutive ne constituait pas, à l'époque, un obstacle insurmontable à l'essor d'un puissant « mouvement ouvrier », sûr de ses valeurs et de la justesse de sa cause, et déjà capable de rallier autour de son idéal philosophique des fractions entières de la paysannerie et de la petite bourgeoisie (le seul parti social-démocrate allemand, par exemple, comptait – à la veille de la Première Guerre mondiale – *plus d'un million d'adhérents !*) Mais ce qui rendait alors possible cette puissance collective de la classe ouvrière (si on laisse ici de côté certains aspects matériels de la question – sociétés dépendant du charbon ou sociétés dépendant du pétrole – tels que les analyse Timothy Mitchell dans son remarquable *Carbon Democracy*) c'était évidemment l'existence d'un *grand récit collectif* permettant à des catégories sociales dont les intérêts *immédiats* étaient déjà très loin de coïncider de se reconnaître malgré tout dans l'image d'un avenir commun (et l'on comprend, du même coup, le rôle majeur que joue l'élément moral dans la construction d'un « bloc historique » puisque le principe fondamental de toute éthique est justement la capacité pour un sujet – qu'il soit individuel ou collectif – de penser et d'agir *au-delà de ses intérêts immédiats*).

Or ce qui a clairement disparu aujourd'hui (je le soulignais déjà dans ma première lettre) c'est précisément l'idée qu'un tel type de récit collectif pourrait conserver encore le moindre sens à l'ère du capitalisme développé. À partir du moment, en effet, où l'on avait admis – sous l'influence, entre autres, des écrits de Bernard-Henri Lévy et de Michel Foucault (dont on ne saurait sous-estimer l'impact intellectuel décisif sur la conversion libérale des élites politiques de la gauche – que « commun » et « totalitaire » étaient forcément synonymes (c'est ce que Foucault appelait « la dictature du *on* ») et qu'il était donc urgent d'en finir avec toute critique *globale* du capitalisme (c'est d'ailleurs à partir de ce moment précis – c'est-à-dire au début des années 1980 – que les intellectuels de gauche allaient commencer à dissocier systématiquement libéralisme économique et libéralisme politique et culturel), il devenait forcément de plus en plus difficile de proposer aux différentes catégories populaires un programme d'émancipation collective à la fois fédérateur et cohérent. Ce que Félix Guattari et Daniel Cohn-Bendit ne manqueraient évidemment pas de théoriser à leur manière (dans un texte retentissant publié en 1986 et dont le penseur radical américain John Sanbonmatsu a bien montré, dans *The Postmodern Prince,* les effets politiques désastreux) en soutenant que l'objectif politique *premier* d'une nouvelle gauche ne pouvait plus être de « parvenir à un consensus approximatif sur quelques énoncés généraux couvrant l'ensemble des problèmes en cours, mais, *tout au contraire*, de favoriser ce qu'on appelle une *culture du dissensus* œuvrant à l'approfondissement des positions particulières et à une resingularisation des individus et des groupes humains ». Et les deux compères d'ajouter joyeusement : « Quelle ineptie que de prétendre *accorder sur une même vision des choses*, les immigrés, les féministes, les rockers, les régionalistes, les pacifistes, les écologistes et les passionnés d'informatique ! » Il n'est, bien sûr, pas très difficile de reconnaître dans cette célébration *postmoderne* de la « culture du dissensus » le fondement idéologique véritable de cette nouvelle lutte libérale contre « toutes les discriminations » (dont Jim Yong Kim – le président de la Banque mondiale – reconnaissait, il y a peu, qu'elle avait pour objectif essentiel de permettre enfin « à tous les individus productifs de participer pleinement au marché du travail ») qui représente désormais l'unique marqueur symbolique de la gauche libérale (un vague « antifascisme » surjoué de façon généralement grotesque – notamment dans le microcosme parisien – suffisant, pour le reste, à occuper *la place du mort*, c'est-à-dire celle du socialisme disparu).

Il reste que si l'on se refuse à considérer comme une « ineptie » l'idée selon laquelle toutes les cultures populaires – y compris, par conséquent, celles qui prennent leur inspiration principale dans l'Islam – sont encore massivement irriguées par les logiques du don et du contre-don (tous ces *salamalecs* qui irritent tant les théoriciens de l'échange « rationnel »), rien ne permet encore d'affirmer, du moins pour l'instant, qu'il serait devenu définitivement absurde de chercher à définir – en partant à la fois de ce « socle culturel fondateur » qu'est la logique du don et de leur *expérience quotidienne commune* de la dépossession, de l'exploitation et de l'atomisation du monde – les bases politiques concrètes d'« une même vision des choses » face à ce qui constitue toujours, jusqu'à preuve du contraire, l'*ennemi commun* de tous les « gens ordinaires » (ce n'est là, en somme, qu'un cas particulier du problème que Gramsci s'efforçait de résoudre lorsqu'il analysait la « question du *Mezzogiorno* »). Il suffit pour cela de se souvenir (contrairement à cet universalisme abstrait qui invite, de nos jours, à considérer toute *inscription* dans une culture donnée – qu'elle soit basque, bretonne ou gitane – comme un pur et simple *enfermement* « xénophobe » et « réactionnaire ») que la véritable universalité – cet « universel concret » qui doit permettre à des groupes sociaux de condition et de culture différentes de se reconnaître dans certaines valeurs *morales* communes et dans un projet *politique* commun – ne prend jamais sa source dans le sacrifice des identités particulières (lesquelles ne sont d'ailleurs jamais fixées une fois pour toutes) mais uniquement dans *le développement critique* de ce qui en constitue *le véritable sens humain* (vieille leçon hégélienne que le penseur américain Josiah Royce formulait à sa manière, au XIXe siècle, en rappelant que

« seul celui qui a des coutumes est réellement en état de comprendre les coutumes des autres »).

Cela dit, je n'entends pas me voiler la face. Il m'est impossible de nier, en effet, que le développement sans précédent de la *contre-culture* libérale pourrait conduire dans un avenir proche à modifier radicalement les termes de cette analyse (j'emploie ici le mot de « *contre-culture* » afin de désigner ce nouveau système de stratégies symboliques qui est au cœur du capitalisme mondialisé et dont l'unique principe moteur – à l'image de ce qu'a pu être autrefois le mouvement *punk* – est la volonté constante de *déconstruire* tous les codes et tous les montages normatifs existants). De fait, il est devenu très difficile *aujourd'hui* – vous avez malheureusement raison sur ce point – de ne pas commencer à s'interroger sur les « chances de survie à court terme » de ces différentes cultures populaires (notons d'ailleurs qu'il s'agit là d'un problème historique entièrement inédit puisque, jusqu'à présent, des civilisations ou des cultures avaient effectivement pu disparaître à la suite d'une conquête étrangère ou d'une catastrophe naturelle – ou même avec le temps – *mais jamais sous le seul effet dissolvant d'une contre-culture imposée de façon industrielle*). Car si la possibilité de se comporter de façon globalement décente dans les conditions *ordinaires* de la vie (je laisse évidemment ici de côté le cas de ces « situations historiques extrêmes » que Michel Terestchenko – lui-même grand lecteur de Marcel Mauss – a si finement analysées dans *Un si fragile vernis d'humanité*) ne requiert, *a priori*, aucun héroïsme moral particulier, c'est bien parce que la *common decency* – loin d'être l'affaire des seuls individus isolés – trouvait toujours, jusqu'ici, ses principales conditions de possibilité quotidiennes dans l'existence de pratiques et d'institutions *collectives* – à l'image de celles, par exemple, qui caractérisent la « vie de quartier » – qui demeurent encore massivement ordonnées par la triple obligation anthropologique de donner, recevoir et rendre. Or ce sont précisément *ces murs porteurs de la décence ordinaire* (à commencer par la vie familiale et les rapports de voisinage) que la logique libérale – notamment à travers ses formes spécifiques d'étalement urbain, d'« accélération du temps » ou de mobilité généralisée – contribue à détruire en profondeur, en favorisant ainsi l'« atomisation du monde » (Engels) et donc la prolifération correspondante de « comportements névrotiques, parasitaires, anormaux et sociopathes » (j'emprunte cette formule radicale à un remarquable essai – récemment publié par un collectif libertaire – *La Lampe hors de l'horloge : éléments de critique anti-industrielle*). Que penser en effet, et pour ne prendre ici qu'un seul exemple, de ce nouveau site montpelliérain – je découvre l'information à l'instant – qui ne se propose rien moins, *et en toute légalité*, que d'approvisionner les riches hommes d'affaires locaux en *sugar babies* consentantes, autrement dit en étudiantes recrutées sur place ? Surtout lorsqu'on découvre, un peu plus loin, la réaction de ces sémillantes *sugar babies.* « Oui, les hommes m'ont louée – reconnaît ainsi l'une d'entre elles – mais je n'ai rien fait de mal, et cela paie mes études. » Tandis qu'une autre déclare, avec plus de simplicité encore : « J'aime l'argent et j'adore sortir. Grâce à ce site, j'aimerais vivre des soirées de folie, où l'on dépense sans compter » (*Gazette de Montpellier* du 10 avril 2014). Devant de tels exemples, qu'il est d'ores et déjà possible de multiplier indéfiniment, il apparaît effectivement impossible de continuer à ignorer que la dynamique réelle du capitalisme global a désormais atteint ce point de non-retour où il lui faut maintenant s'attaquer *directement* à toutes les formes existantes de la *common decency* (et c'est généralement ici que le « sociologue » d'extrême gauche doit tenir son rôle habituel d'*idiot utile* du Système). Au point que l'hypothèse d'une disparition intégrale de cette *common decency* – et donc le règne généralisé du chacun pour soi et de la guerre de tous contre tous – ne relève déjà plus tout à fait d'un scénario hollywoodien. Jusqu'à rendre ainsi plausible – pour la première fois dans l'histoire de l'humanité – l'idée d'une *civilisation humaine* « *axiologiquement neutre* » dont le rythme vital serait défini en permanence (jusque dans les sphères les plus intimes de l'existence personnelle) par les seules logiques bipolaires de l'échange marchand et du contrat juridique, éventuellement complétées par quelques manipulations génétiques appropriées. Le mariage accompli, en somme, de l'utopie marchande d'un Jean-François Copé, du rêve contractualiste d'un Noël Mamère et des délires biopolitiques d'une Christiane Taubira.

À supposer, toutefois, qu'un tel monde à la *Blade Runner* puisse un jour devenir réalité – ce qui impliquerait déjà que les idéologues de la gauche « postmoderne » aient réussi, entre-temps, à imposer à tous les peuples de la planète leurs nouvelles normes de vie *posthumaine* – ne pensez-vous pas, cher Jacques Julliard, que votre chère philosophie du « Progrès » pourrait y être aussi pour quelque chose ? Car c'est bien – convenez-en – le vieux dogme des Lumières selon lequel tout ce qui est *nouveau* constitue, par définition, un progrès *indiscutable* de la Raison et de la Liberté (que seul un « conservateur » ou un « réactionnaire » pourraient, par conséquent, encore contester) qui conduit *mécaniquement* la Gauche, depuis maintenant plus de trente ans, à devoir accompagner l'un après l'autre – quand ce n'est pas à devancer joyeusement – *tous les pas en avant* de la méga-machine capitaliste, que ce soit sur le plan de l'économie, de la politique *ou de la culture et des mœurs* (quant à la question de savoir si telle ou telle innovation particulière représente un progrès véritable ou, au contraire, une aliénation supplémentaire, c'est au débat démocratique qu'il devrait appartenir d'en décider – et non plus, comme aujourd'hui, à la seule logique aveugle du Droit et du Marché).

Certes, je reconnais qu'il est devenu aujourd'hui très difficile, après plus de trois siècles de croyance religieuse ininterrompue en un mystérieux « sens de l'Histoire » (« pour le philistin – écrivait en 1911 l'anarchiste Gustav Landauer – rien n'est plus important, plus formidable, plus sacré que la Technique et le Progrès ») de se déprendre entièrement de l'étrange fascination qui s'empare toujours de l'être humain devant cette *fuite en avant* perpétuelle qui définit la modernité capitaliste. Le jeune Engels lui-même n'y avait d'ailleurs pas échappé. « Je ne reconnais rien qui soit plus imposant – écrivait-il ainsi en 1845 – que le spectacle offert par la Tamise, lorsqu'on remonte le fleuve depuis la mer jusqu'à London Bridge. La masse des maisons, les chantiers navals de chaque côté, surtout en amont de Woolwitch, les innombrables navires rangés le long des deux rives, qui se serrent les uns contre les autres et ne laissent finalement au milieu du fleuve qu'un chenal étroit, sur lequel une centaine de bateaux à vapeur se croisent en pleine vitesse – *tout cela est si grandiose, si énorme, qu'on en est abasourdi et qu'on reste stupéfait de la grandeur de l'Angleterre avant même de poser le pied sur son sol.* »

Engels eût-il été un *homme de gauche*, sa description en serait certainement restée là. Mais, et c'est bien là toute la différence, il observait d'abord ce monde industriel naissant en *socialiste*. De là, cette seconde partie de son texte, devenue aujourd'hui forcément inintelligible pour la plupart des électeurs de François Hollande ou de Daniel Cohn-Bendit. « Quand aux sacrifices que tout cela a coûté – continuait donc l'ami de Marx – *on ne les découvre que plus tard.* Lorsqu'on a battu durant quelques jours le pavé des rues principales, qu'on s'est péniblement frayé un passage à travers la cohue, les files sans fin de voitures et de chariots, lorsqu'on a visité les mauvais quartiers de cette métropole, c'est alors seulement qu'on commence à remarquer que ces Londoniens ont dû sacrifier *la meilleure partie de leur qualité d'homme* pour accomplir tous les miracles de la civilisation. » Et de fait, comment imaginer qu'une compréhension aussi *dialectique* du « Progrès » et des nuisances du capitalisme moderne puisse encore rencontrer, de nos jours, un quelconque écho intellectuel parmi les naïfs sectateurs de la nouvelle gauche « citoyenne » et « antiraciste » ?

Le problème, c'est qu'en renonçant ainsi à critiquer cet univers capitaliste (le souci de « rassurer les marchés » et le culte suicidaire de la croissance et de la compétitivité internationale en lieu et place de l'ancienne lutte pour une société décente *et sans classes*) cette nouvelle gauche « citoyenne » a probablement compromis ses dernières chances de renouer avec ces classes populaires dont la « mondialisation heureuse » défait chaque jour un peu plus les conditions d'existence, pourtant déjà suffisamment difficiles et précaires. Car pour espérer retrouver une place dans le cœur de ceux qui se débattent aujourd'hui dans les soutes insalubres du paquebot libéral (pendant que les passagers de première classe dansent sur le pont au rythme hypnotique du *Grand Journal* de *Canal* +) il faudrait d'abord que cette gauche « citoyenne » commence par chasser du temple socialiste tous ces « honnêtes esclaves » que moquait jadis Guy Debord et dont l'unique crainte est « qu'on puisse les soupçonner d'être *passéistes* ». Honnêtes esclaves qui ont d'ailleurs *logiquement* fini par constituer le nouveau noyau dur de ses légions militantes et « associatives », tout comme la source permanente de son moralisme arrogant et de sa bonne conscience insupportable. Une telle gauche – désormais beaucoup plus proche d'Adolphe Thiers (à quelle autre grande figure historique de la gauche pourrait-on, en effet, comparer François Hollande, Pascal Lamy ou Manuel Valls ?) que de Marx, de Proudhon ou de Rosa Luxembourg – peut-elle encore avoir aujourd'hui les ressources *morales* – sans même parler des capacités *intellectuelles* – de prendre une décision politique aussi radicale et aussi contraire à ses intérêts électoraux immédiats (ce serait, en somme, un *Bad Godesberg* à l'envers) ? Vous comprendrez sans doute, à la lecture de mes précédentes lettres, que c'est là une hypothèse à laquelle je ne crois plus beaucoup. Mais c'est à vous, cher Jacques Julliard, que je laisserai le soin de répondre à cette désespérante question.

*Jacques Julliard à Jean-Claude Michéa*

*Juin 2014*

Cher Jean-Claude Michéa,

Nous voici parvenus, d'un commun accord, au terme de nos échanges. Il y aurait du plaisir intellectuel à les prolonger, et je ne doute pas que nous aurons, dans le futur, l'occasion de le faire sous d'autres formes. Mais, dans l'immédiat, il ne faut pas abuser de la patience du lecteur. C'est pourquoi, hormis un échange oral en forme de conclusion dont nous avons retenu le principe, la présente lettre sera la dernière que je vous adresserai. D'où mon souci de reprendre une dernière fois les points qui sont encore en litige entre nous, comme du reste vous venez de le faire dans votre longue et vigoureuse lettre. J'y distingue quatre questions sur lesquelles je veux revenir, moins pour avoir le dernier mot que pour circonscrire nettement les désaccords subsistants. Ce sont, dans l'ordre : la question du progrès, celle du libéralisme, les rapports nature-culture, et enfin la morale. Après quoi, j'essaierai de dire sommairement à quelles conditions l'expression de « socialisme du peuple tout entier » pourrait retrouver un sens.

Et donc, tout d'abord, cette question du progrès, qui court comme un fil de discorde tout au long de nos échanges. Je crois qu'il faut en distinguer soigneusement deux formes : l'innovation scientifique et technique, qui est un fait, et la pensée du progrès, qui est une philosophie. Cette dernière a inspiré la gauche pendant toute la République, jusqu'à l'effondrement du marxisme dans le dernier tiers du XXe siècle. Le christianisme, le positivisme, le socialisme sont des philosophies de l'Histoire, récemment rebaptisées « grand récits », qui reposent toutes sur l'idée de progrès, c'est-à-dire d'une scansion orientée du temps historique. Ces philosophies de l'Histoire n'ont plus guère cours, et c'est ici, au-delà des accidents de la conjoncture, la raison de la baisse tendancielle du taux de « gauchité » dans les sociétés développées. Nous ne les regretterons pas trop, car ces philosophies de l'Histoire, convaincues d'avoir l'avenir en partage, ont un penchant naturel à se transformer en doctrines autoritaires, soucieuses avant tout de précipiter le cours de leur avènement.

Et puis, il y a l'innovation scientifique et technique, souvent stimulée par le capitalisme, qui a un besoin continuel de renouvellement, mais dont vous conviendrez qu'elle a sa propre dynamique et sa propre logique de développement. Elle a pu, dans le passé, donner naissance à son tour à une philosophie de l'Histoire, sous le nom de positivisme ou de scientisme. Mais, aujourd'hui, les sciences et les techniques se sont largement affranchies de ce conditionnement idéologique. Cela ne les empêche pas, bien au contraire, de servir de base à des sociétés en perpétuel changement ; un changement dont je me plais à souligner les avantages, tandis que vous auriez tendance à en déplorer les inconvénients. Il n'empêche que pour tout le monde l'innovation est un cadre imposé, dont il faut peu ou prou s'accommoder.

Longtemps, les classes populaires ont pu considérer que, pour l'essentiel, l'amélioration de leur sort était liée, malgré le chômage induit par le machinisme, à l'avancée des sciences et des techniques. La gauche fut longtemps l'entremetteuse de cette alliance et la République le cadre de ces noces historiques. Depuis que la mondialisation, habilement manipulée par le capitalisme, a mis les travailleurs du nouveau monde émergent en concurrence avec ceux du vieux monde industriel, ces derniers ont perdu leur confiance dans le progrès, tandis que la gauche institutionnelle y demeurait attachée. D'où le divorce actuel que nous avons décrit l'un et l'autre, par des chemins et des rythmes différents, entre la gauche et le peuple.

Mais la question demeure : que faire avec l'innovation ? Dans l'hypothèse où on la juge globalement néfaste, tenter de s'y opposer ? Ce ne serait guère réaliste. Il faut donc la maîtriser, l'accommoder aux besoins prioritaires de l'homme. Toute société en mouvement, faute de pouvoir s'appuyer sur la tradition et la coutume, a donc besoin d'une régulation volontaire. Les sociétés immobiles, ou quasi immobiles, peuvent se contenter de se laisser vivre ; les sociétés changeantes ont besoin d'organiser leurs propres normes.

Question : le capitalisme, qui repose à tout moment sur la *destruction*, celle des formes de production, celle des institutions, celle des normes intellectuelles même, est-il compatible avec une régulation extérieure ? Spontanément, non. Empiriquement, oui. C'est ainsi qu'on a vu dans l'immédiat après-guerre une société capitaliste et une classe dirigeante fortement compromises avec les horreurs de la période précédente, celle de la guerre, s'accommoder sans trop regimber des conditions qui leur étaient désormais faites. Le capitalisme, qui repose sur la force, ne comprend que les rapports de forces. Une grande partie de la réussite économico-sociale des Trente Glorieuses repose sur un tel rapport de forces : un État respecté, un mouvement ouvrier puissant, un capitalisme résigné bon gré mal gré à la philosophie de l'intérêt général. Telle fut l'idéologie du Plan voulu par de Gaulle, qui reposait moins sur des normes contraignantes que sur la concertation, c'est-à-dire la négociation entre les principales forces de la nation. Pourquoi l'Europe paraît-elle aujourd'hui vouée au libéralisme le plus débridé ? Parce qu'il n'y a pas d'État européen pour s'entremettre entre les acteurs sociaux et imposer ses arbitrages. Imaginez un *État européen*, c'est-à-dire une puissance politique à l'échelle du continent, et vous verriez l'idéologie européenne, indécrottablement libérale aujourd'hui, parce que la nature a horreur du vide, adapter ses normes aux nouveaux rapports de pouvoir qui se seraient alors créés.

Car, cher Michéa, dans une société en perpétuel changement, la nécessité d'une autorité supérieure de régulation s'impose, quelle que soit par ailleurs l'organisation de cette société en termes d'appropriation des moyens de production et de systèmes de commandement. Oui, dans les sociétés modernes, des unités de production largement décentralisées, ou même autogérées, telles que nous les souhaitons l'un et l'autre, ont besoin de procédures de coordination et d'harmonisation, si l'on veut les voir répondre aux besoins de la société tout entière. Pour le dire de façon personnifiée, Proudhon ne reparaîtra sur le devant de la scène que la main dans la main avec Saint-Simon, la libre association et la planification démocratique se prêtant mutuellement assistance au lieu de se combattre. Voilà, cher compagnon d'espérances, ma conviction la plus profonde : Marx est mort, parce qu'au-delà de l'analyse la plus pénétrante qui ait jamais été faite du capitalisme, il a été incapable d'imaginer, fût-ce sous forme d'esquisse, les fondements d'une société post-capitaliste. Comme si, à force de critiquer les ressorts du vieux monde, il avait fini par en épouser la logique.

Vous me reprochez de ne considérer le socialisme que sous la forme autoritaire que l'un et l'autre nous récusons. Non sans quelque raison. Mais l'explication en est simple. Le marxisme autoritaire, le marxisme-léninisme en somme, est parvenu à imposer son hégémonie intellectuelle sur les mentalités à un point tel qu'il a littéralement oblitéré toute autre forme d'imaginaire socialiste ; et que le plus platement réformiste de nos socialistes finit par épouser l'univers mental du stalinien – ou post-stalinien – le plus endurci : une vision dichotomique où ne coexistent que le socialisme le plus caporalisé avec le capitalisme le plus cupide : le socialisme proudhono-saint-simonien est mort étouffé entre ces deux mastodontes stupides.

Alors, ma réponse à la question : « que faire du progrès ? » tient en une seule formule : il faut l'organiser.

L'organiser pour qu'il serve au bien-être du plus grand nombre ; l'organiser aussi pour en limiter les inévitables dégâts. Les notices pharmaceutiques modernes nous ont accoutumé à l'idée qu'il n'y a pas de vertu curative des médicaments sans effets secondaires nocifs, dont il faut limiter la portée. Il en va de même du progrès scientifique et technique.

Sous quelle forme ? Dans la période d'intense fermentation intellectuelle qui a précédé et suivi le grand mouvement social de 1968, la CFDT avait proposé un triptyque qui peut paraître aujourd'hui bien utopique, mais à la fécondité duquel je continue de croire : appropriation collective des grands moyens de production et d'échange, planification démocratique, autogestion. Je veux insister ici sur la liaison nécessaire ente l'autogestion, c'est-à-dire la réappropriation du travail par les travailleurs eux-mêmes, et la planification démocratique, c'est-à-dire la régulation collective de la production. Comme il n'est pas question de revenir purement et simplement à la production artisanale de jadis, dans laquelle l'autoconsommation et le commerce de proximité tenaient lieu de régulation empirique, il faut bien concevoir des formes de planification dont le néocapitalisme a tout fait pour se débarrasser là où elles existaient, comme dans la France de l'après-guerre. Tout le monde aujourd'hui comprend, au spectacle du saccage de la planète par l'industrialisme, que la libre entreprise sans aucun contrôle est condamnée par le système même qui l'a produite. Il en va de même de l'obsolescence forcenée des biens industriels, de l'innovation purement mercantile sans aucune utilité sociale, de la consommation ostentatoire qui ne produit que le gaspillage. Alors que dans le secteur primaire, celui de la production des biens de la terre, on est passé, depuis le néolithique, de l'économie de la cueillette à l'agriculture fondée sur la prévision et l'organisation, le secteur secondaire, en dépit de son essor au cours des deux derniers siècles, en est resté à une sorte d'économie de la cueillette en ce qui concerne l'énergie et une grande partie du matériau brut. Le néocapitalisme sauvage n'est qu'un méandre provisoire : tôt ou tard, sous une forme pacifique ou catastrophique, la régulation de la production industrielle s'imposera à l'humanité du siècle à venir comme une nécessité absolue.

Elle mettra fin au passage à l'une des pires aberrations du capitalisme financier par rapport au système industriel proprement dit : son incapacité, malgré sa phase fordienne, à organiser la consommation et d'abord ce qui la conditionne, c'est-à-dire le salaire et l'emploi.

Car le machinisme n'a pas été conçu pour créer des emplois, mais au contraire pour économiser de la main-d'œuvre et substituer le travail des machines à la peine des hommes. Les économies de main-d'œuvre devraient pouvoir être saluées comme une des plus grandes réussites de l'esprit humain contre l'obligation faite à l'homme de gagner son pain ou son riz à la sueur de son front. Et c'est le contraire qui se produit. Par paresse, par faiblesse ou par pusillanimité, la gauche en est réduite à ne rapporter les changements économiques qu'au seul critère de l'emploi, et les syndicats, au lieu de scander « des salaires, des salaires ! », se résignent à réclamer « du travail, du travail ! » Quand l'esclave ne se propose plus comme objectif que la conservation de sa chaîne, c'est que quelque chose est pourri au royaume de Mercure. L'objectif du mouvement ouvrier – ce qui passe par son organisation à l'échelle internationale, comme le patronat lui-même – devrait être d'imposer à tout progrès de la productivité une augmentation corrélative du salaire. Nous sommes loin, très loin du compte. Le système dominant a réussi au contraire à maintenir des durées du travail proches de celles du début du XXe siècle, tandis que la productivité s'est accrue dans des proportions faramineuses. Aujourd'hui plus que jamais, l'organisation du travail passe par l'organisation des travailleurs, avec des objectifs qui soient résolument offensifs – accroissement des salaires et diminution du temps de travail – et non défensifs – maintien du volume global du travail –, quitte à consentir à des réductions de salaire.

En vérité, les syndicats en apparence les plus radicaux – en France, la CGT et Force Ouvrière – sont ceux qui ont le mieux intégré la logique capitaliste, celle qui condamne l'ouvrier à une durée du travail fixe et définitive, quels que soient les gains de productivité enregistrés.

En un mot, le marché a besoin d'être organisé grâce à la planification démocratique, afin d'interdire que lesdits gains de productivité ne profitent qu'à un nombre de plus en plus réduit de personnes à la surface de la planète. Le retour au capitalisme patrimonial, à la surexploitation du travail, à la monstrueuse concentration des bénéfices dans un nombre de plus en plus limité de mains, quelle défaite pour le mouvement ouvrier, quel renoncement à ses ambitions initiales, quel recul pour la pensée rationnelle ! Oui, décidément, il est urgent que le camp des travailleurs renoue avec la rationalité économique abandonnée par un néocapitalisme aussi stupide que tout-puissant et se réapproprie la pensée du progrès sous la forme de la réorganisation sociale.

« J'affirme le Progrès, et comme incarnation du Progrès, la réalité de l'homme collectif, et comme conséquence de cette réalité, une science de l'économie : voilà mon socialisme. Rien en deçà, rien au-delà. »

De qui est cette déclaration que l'on pourrit aisément soupçonner de tendances technocratiques ? De Saint-Simon ? Non, de Proudhon dans sa *Philosophie du progrès* publiée en 1853 à Bruxelles, mais écrite en prison, à Sainte-Pélagie, en 1851 [1]. Pour l'auteur de la *Capacité politique des classes ouvrières* (posthume, 1865), il n'y a de progrès économique valable qu'accompagné d'un progrès politique, dans le sens de l'autogouvernement du peuple. Dans l'ouvrage que je viens de citer, il le précise expressément :

« Dans l'ordre politique, le progrès a pour synonyme *la liberté*, c'est-à-dire la spontanéité collective et individuelle évoluant sans obstacles, par la participation graduelle des citoyens à la souveraineté et au gouvernement [2]. »

Pour me résumer, je dirai que la création des richesses dans les sociétés modernes est devenue une chose trop sérieuse, trop génératrice d'effets secondaires néfastes, pour être exclusivement confiée à la tyrannie du profit maximal. Dans les sociétés émergentes, la loi du profit peut, dans l'ensemble, coïncider assez bien avec l'intérêt général, parce que la production des biens de première nécessité en matière d'équipement et de consommation impose ses priorités. Voilà pourquoi le capitalisme libéral reste la meilleure formule pour sortir du sous-développement. Mais dans des sociétés fortement développées, le

1. Lebègue, imprimeur, Bruxelles, 1853, p. 73-74.
2. *Ibid.*, p. 75.

divorce entre la logique du profit et l'intérêt général se fait chaque jour plus profond et plus apparent. Nous en sommes, en Occident, à ce stade où une planification indicative de la production devient ou redevient une nécessité économique autant que sociale. Le progrès ne s'arrêtera pas ; mais il appartient désormais à la collectivité, sous peine de catastrophe majeure, de l'orienter vers des objectifs socialement utiles. L'épreuve de force que cela suppose avec un capitalisme devenu ivre de sa propre puissance et incapable de se donner d'autres objectifs que le renforcement indéfini de cette puissance et des profits qu'elle induit, cette épreuve de force est désormais inévitable. Or, les classes ouvrières, préoccupées par l'urgence de sauver les emplois qui les font vivre, pèsent « objectivement », comme on disait jadis, pour la conservation du capitalisme en l'état. Telle est la perversité du système. Pour de multiples raisons, il est donc impensable que cette épreuve de force prenne la forme de la lutte des classes canonique, et encore moins de la révolution lénino-blanquiste. C'est désormais à la société tout entière qu'incombera une mutation radicale de son mode d'organisation économique.

Mais sous quelle forme, puisqu'en ce domaine la révolution est impossible et la réforme impuissante ? Il faut imaginer, à l'occasion d'une période de tension internationale, ou mieux, d'une crise économique mondiale, une secousse assez forte pour déstabiliser les pouvoirs en place, essentiellement le pouvoir économique et en particulier celui des banques. Cela suppose une nouvelle alliance entre les classes populaires, la nouvelle bourgeoisie que l'on qualifie d'ordinaire de « bobo » et des intellectuels. J'y reviendrai pour finir.

Mais je poursuis mon chemin et c'est bel et bien du libéralisme à l'époque contemporaine qu'il nous faut maintenant parler.

Je ne reviens pas sur les données historiques. Vous avez sans doute raison quand vous caractérisez ma perception du problème comme celle d'un historien, quand la vôtre relève davantage d'une sorte d'anamnèse philosophique de la question libérale. Il me suffit que vous admettiez qu'il a bien existé une « sensibilité morale et psychologique », dites-vous, précédant chronologiquement ce que vous nommez « le système métaphysique du libéralisme », qui se serait en somme construit en cours de route. Pourquoi pas ? Même si je trouve « sensibilité » bien faible pour caractériser un grand mouvement historique dont la Révolution française est le cœur, celui de l'émancipation politique de l'individu.

Je vous ai déjà dit, résumant le parcours que j'ai suivi dans *Les Gauches françaises*, que celles-ci ont hérité de cet individualisme libéral de la Révolution, par opposition à l'organicisme de l'Ancien Régime ; que ce primat de l'individu, parfaitement exprimé par Benjamin Constant qui fut le leader de la gauche parlementaire sous la Restauration, a été remis en cause par l'irruption du prolétariat industriel et du socialisme, au cœur du XIX^e^ siècle, qui a amené la gauche à privilégier désormais le point de vue du collectif ; et qu'enfin à l'époque contemporaine, avec l'épuisement du socialisme d'origine marxiste et l'effondrement du système soviétique, le balancier est reparti en sens inverse, dans le sens du « sociétal » au détriment du social, c'est-à-dire de la promotion des droits juridiques de l'individu. Telle est la situation que nous vivons aujourd'hui, où le « sociétisme », qui nous est venu de la social-démocratie scandinave, sert de cache-misère à un socialisme qui paraît avoir épuisé sa fécondité. Ce « sociétisme » a complètement détrôné, dans la vision du PS, le socialisme ouvrier, au grand dam des classes populaires, comme nous l'avons vu plus haut.

Votre thèse, celle de la genèse du libéralisme moderne à partir d'un double *phylum* économique et politique, je ne la récuse nullement ; je la trouve historiquement convaincante. Je constate du reste qu'elle n'est en aucune façon contestée par les libéraux eux-mêmes, qui ont toujours présenté libéralisme politique et libéralisme social comme les deux faces, indissociables, d'une même réalité. Ils en tirent une conséquence dont j'ai plusieurs fois discuté avec François Furet, qui y tenait fort : à ses yeux, la société marchande, fondée sur le libre-échange, était la condition de l'essor de la liberté. L'air de la ville, qui est celui du commerce, libère, quand celui de la campagne, qui est celui de l'attachement à la glèbe, se traduit par du servage, sinon de l'esclavage.

Quant à la caractérisation de ce double système, tel que vous le décrivez, par la dominante de ces deux grands principes que sont le Marché et le Droit, elle ne serait pas non plus récusée par les libéraux purs, quitte à se séparer de vous quand il s'agirait d'apprécier les conséquences de cette double domination. J'ai, pour ma part, de la peine à trancher entre la thèse optimiste, celle de Montesquieu, de Mandeville et d'Adam Smith, qui voient dans le « doux commerce » la condition d'épanouissement d'une société policée, et la thèse pessimiste, celle des marxistes, qui voient dans la concurrence non le bien commun, mais au contraire la perspective d'une guerre perpétuelle entre les classes et, aussi, dans la recherche de la domination impérialiste entre les nations. Selon les lieux et les moments, l'une ou l'autre de ces deux thèses me paraît confirmée par la réalité. Je note tout de même que la thèse d'Hilferding et de Lénine, qui voyaient dans la Grande Guerre de 1914-1918 le fruit d'impérialismes économiques rivaux, a perdu beaucoup de terrain, faute de faire la part des passions politiques dans le déclenchement des conflits.

Ce que je voudrais souligner est ce qui suit : quelles que soient leurs origines communes, libéralisme économique et libéralisme politique peuvent bel et bien être dissociés dans la réalité. De ce point de vue, l'exemple de la Chine contemporaine est éclatant, comme pouvait l'être hier celui du Chili de Pinochet : contrairement à la thèse libérale classique, l'établissement du libéralisme économique ne s'étend pas automatiquement au système politique. Les aventures d'Adam Smith au pays de Mao Tsé-toung constituent un des chapitres les plus originaux de la philosophie politique contemporaine.

J'en tire pour ma part une conséquence : celle de l'autonomie du système libéral et démocratique, qui ne saurait, quelles qu'en soient les origines, être considérée comme un sous-produit du libéralisme économique, mais comme un système de valeurs *sui generis*, qui doit être défendu et développé comme tel. Mais si les exemples chinois ou chilien remettent en cause la philosophie politique libérale, qui n'est ni plus ni moins qu'un matérialisme historique, très comparable à celui du marxisme, la thèse inverse, la thèse idéaliste de la gauche, qui postule que le libéralisme politique peut s'épanouir en l'absence de libéralisme économique, demande à son tour à être prouvée. Sauf à considérer les démocraties scandinaves comme un exemple probant de socialisme réalisé – ce à quoi se refusent les gauches radicales – il reste à démontrer, au moins par un exemple historique concret, qu'un socialisme pur et dur peut laisser subsister une société politiquement libre.

J'en conclus une fois pour toutes que la question des libertés ne saurait être soumise à un préalable économique quel qu'il soit, qu'il se nomme libéralisme ou socialisme.

Pour en finir avec cette question du libéralisme, je veux revenir un instant à ce primat croissant de l'individu et de ses exigences sociétales : est-il compatible avec ce que j'appellerai le socialisme de la vie courante ? Ou, plus simplement encore, avec l'exercice de la citoyenneté ? Jamais on ne l'avait autant évoquée ; jamais pourtant elle n'avait joué un rôle aussi faible dans les préoccupations de l'homme ordinaire. Le patriotisme est une notion en voie de disparition, sauf sous ses formes pathologiques : chauvinisme sportif, détestation du supranationalisme européen... À l'ère de l'individualisme, le sentiment d'appartenance a tendance à se replier sur des communautés considérées comme plus naturelles : petites patries, régionalisme, ethnicisme, religions, etc. Il existe aujourd'hui un contraste saisissant entre l'idéologie officielle, qui développe un universalisme sans limites, où toute espèce de discrimination, ou de simple différenciation fondée sur l'origine, le sexe, l'âge, la croyance est considérée comme le mal radical, et l'idéologie vécue qui s'épanouit sans vergogne dans le sectarisme communautaire : l'école, le quartier, l'atelier, le bureau sont organisés de façon de plus en plus tribale : contradiction majeure, dont nous ne tarderons pas à ressentir les effets destructeurs de toute vie sociale et de toute tolérance à l'autre.

Par rapport à ces régressions identitaires, le libéralisme comme doctrine anthropologique est fondé sur l'universalisme, c'est-à-dire le rejet de ce qui divise, et la préférence pour ce qui unit les humains. Fût-ce l'intérêt économique proprement dit. C'est pourquoi je déplore que le vocabulaire courant ait fini de nos jours par l'identifier purement et simplement au néocapitalisme patrimonial qui exerce ses ravages sur la planète.

J'en viens maintenant à cette question de la volonté de puissance, dont certains s'étonneront de la place que nous lui donnons dans un débat consacré aux rapports de la gauche et du peuple. À tort ; car c'est pour avoir négligé, je l'ai déjà dit, la dimension psychologique des problèmes – la question des passions, comme on disait au XVIIe siècle –, que deux siècles plus tard, deux doctrines opposées mais jumelles, le libéralisme et le marxisme, se sont révélées incapables d'interpréter justement les comportements politiques, et le cas échéant, d'en prévenir les dérives. Je passe rapidement sur sa dimension proprement ontologique. Vous vous méfiez de toute invocation de la nature humaine, et je peux le comprendre en pensant à l'usage mystificateur que l'on a souvent fait de cette notion. Je me garderai donc bien d'affirmer sommairement que la volonté de puissance fait partie de la nature humaine, puisque la philosophie contemporaine et les sciences de l'homme ne savent plus très bien ce qu'est cette nature humaine. Aussi bien le mot important dans cette expression n'est-il pas « humaine », mais « nature ». Et s'il est vrai qu'il y a, à l'état rudimentaire, une « politique animale », c'est-à-dire naturelle (cf. Jean-Claude Monod, « Les grands singes, la politique et la parole », *Le Débat*, mai-août 2014, p.70-77), cette politique est caractérisée chez l'animal supérieur, comme chez l'homme, par des tendances agonistiques, l'agressivité, la compétition, le désir de domination. Certes, il y a aussi des tendances bienveillantes et altruistes dans la politique animale – comme dans la politique humaine ! –, mais force est d'admettre qu'elles ne constituent pas le fondement de cette politique. Quant à vous, plutôt que de qualifier de *naturels* l'égoïsme et la volonté de puissance qui en découle, vous préférez les dire *initiaux*, c'est-à-dire infantiles. Soit. Je me demande pourtant au passage si des penchants initiaux, tels que ceux que l'on remarque chez l'enfant, peuvent être autre chose que *naturels* : c'est-à-dire antérieurs à toute culture, culture sociale, ou bien encore culture de soi-même. Peu m'importe la formulation, dès lors que nous sommes d'accord pour dénoncer la croyance extravagante au pouvoir illimité de la culture pour modeler la nature, dont un certain féminisme offre aujourd'hui des illustrations parfaitement ridicules. Mais avec un optimisme qui m'a impressionné, sinon convaincu, vous affirmez, Orwell à l'appui, que, « passé trente ans », la plupart des êtres humains se révèlent capables de dépasser l'égocentrisme forcené de la jeunesse, qui tend à faire du monde extérieur et des autres êtres humains de simples prolongements du moi. Je ne suis pas assez versé en psychologie de l'enfant ou en psychanalyse pour discuter de cette thèse, qui me paraît valoir essentiellement pour la petite enfance. Mais j'ai beaucoup de mal à admettre que de telles tendances s'effacent vers la trentaine. Une observation empirique me ferait pencher pour la thèse inverse. C'est lorsque l'âge mûr s'annonce que la plupart des êtres humains affichent les plus grandes ambitions, le plus grand cynisme, notamment en termes de pouvoir social. Chateaubriand dit quelque part qu'il y a dans la vie humaine trois âges : celui des plaisirs, qui est le fait de la jeunesse ; celui des pouvoirs, qui est le fait de la maturité ; et celui des vanités, qui caractérise la vieillesse. Cette vision me paraît juste. Aussi ai-je beaucoup de mal à admettre une décroissance de la volonté de puissance sur autrui à partir de la trentaine.

Mais je suis encore plus dubitatif quant au moyen que vous préconisez pour encourager cette dépossessivité : l'éducation. Je me demande, cher Jean-Claude Michéa, si sur ce point vous n'êtes pas en train de céder un peu à ce panculturalisme que vous dénoncez avec tant de verve et de raison chez nos contemporains et nos contemporaines. Il y a là sans doute une constante de la raison républicaine : renvoyer à l'éducation tous les problèmes que l'on est incapable de résoudre par d'autres moyens. Ce que les Anglais attendent du Parlement, les Américains de la libre entreprise et les Chinois du commerce, nous avons tendance, nous autres Français, à le demander à l'École. On peut suivre ce filon tout au long de notre histoire contemporaine, depuis la Révolution française, avec une autre acmé sous la Troisième République. J'entends bien que l'éducation à laquelle vous pensez excède de toutes parts l'institution scolaire proprement dite ; en lecteur de Proudhon, vous êtes convaincu – moi aussi – que toute démocratie est une démopédie. Et je ne sous-estime certes pas la capacité de l'éducation sous toutes ses formes à transformer le regard porté sur les institutions politiques ou sociales et plus généralement sur les mentalités collectives. Quant à modifier la psychologie individuelle, autrement dit les invariants anthropologiques, il y a là un pas que, pour ma part, je ne franchirai pas. Et je ne vois guère quels exemples on pourrait invoquer à l'appui de cette thèse. En tout cas, pas l'École telle que nous la connaissons aujourd'hui en France.

En vérité, je vais y revenir, c'est toute la culture démocratique qui est aujourd'hui à repenser face aux défis de l'époque. Le « refus de parvenir », selon la formule d'Albert Thierry, proche du syndicalisme révolutionnaire, n'est plus à la mode aujourd'hui, où la réussite est donnée en exemple, quelle que soit la manière de l'obtenir. À supposer que je me laisse convaincre par votre enthousiasme pédagogique, vous conviendrez avec moi que les institutions éducatives n'ont de chance de lutter efficacement contre la volonté de puissance qu'à condition d'entrer en guerre ouverte avec la société ambiante et les valeurs qu'elle véhicule. Quel peut être l'effet de la morale dispensée par l'école à l'élève, quand chaque soir la télévision lui prêche le contraire ?

L'amour de la démocratie est, pour paraphraser Vigny, un « amour taciturne et toujours menacé ». À défaut d'héroïsme de la part du citoyen, il requiert, pour être efficace, quelques figures exemplaires qui font aujourd'hui cruellement défaut.

C'est pourquoi, à ce point de la réflexion, vous avez eu raison de parler ici de la morale, ou comme vous préférez dire à la suite de Georges Orwell, de *common decency* populaire.

Afin de ne pas répéter ce qui a déjà été dit, et en faisant l'hypothèse que celle-ci aura pu réussir à subsister face aux assauts de la société de la réussite individuelle et du cynisme, je l'accepte comme hypothèse de départ. La question que je veux poser est la suivante : les principes d'une morale individuelle adaptés aux relations privées peuvent-il s'appliquer à la moralité publique, celle qui doit gérer la vie politique ? Je crains que non. Pour reprendre l'exemple que vous avez utilisé, je ne vais pas en effet établir un contrat écrit, comme le voudrait le système juridique, avec mon voisin qui vient m'emprunter ma perceuse électrique. Ce qui caractérise les relations privées, et qui fait leur douceur, c'est qu'elles sont fondées sur la confiance. Mais si c'est un inconnu qui vient m'emprunter ma perceuse, je serai nécessairement un peu plus circonspect, et lui demanderai pour le moins son adresse et son numéro de téléphone.

Autrement dit, j'ai de la peine à concevoir que le triptyque de Marcel Mauss auquel vous vous référez, donner, recevoir et rendre, puisse s'appliquer tel quel aux relations collectives comme il le fait ou peut le faire quand il s'agit des relations de proximité. Je le vois comme un défi plutôt que comme un modèle ; un instrument de résistance à la doctrine du libéralisme généralisé, qui vise à aligner l'ensemble des relations sociales, publiques et privées, sur le schéma mercantiliste. Il est en effet inacceptable et odieux que les relations politiques, par exemple entre gouvernants et gouvernés, candidats et électeurs, partis et opinion soient commandées par une prétendue loi de l'offre et de la demande généralisée. Une telle loi implique la séparation radicale entre les citoyens et le pouvoir ; une extériorité absolue qui érige le personnel politique en classe autonome, se comportant avec les citoyens comme des marchands de savonnettes parfumées à l'égard des lectrices de magazines féminins.

Le rétablissement d'une moralité publique passe par l'abolition de cette extériorité radicale, qui fait de la politique le domaine d'une caste fermée et défendant des intérêts propres. Comme nous allons le voir, la moralisation de la vie politique passe par sa déprofessionnalisation et sa réappropriation par le peuple.

Parlons donc du présent et du futur. Pour beaucoup de nos modernes docteurs, la question est de savoir à quelles conditions la gauche retrouvera la confiance du peuple. Et la réponse est immuable : à condition qu'elle cesse de trahir ses promesses et ses électeurs, que *la gauche* soit vraiment *de gauche*, que ce soit une gauche de gauche, etc. On connaît la chanson, on ne s'en lasse pas ; on suce le mot comme un bonbon acidulé, on le répète avec emphase, avec satisfaction, avec délices. Au passage, il faudrait bien se demander à quoi correspond cette tendance naturelle à trahir qui serait celle de la social-démocratie depuis ses origines, et qui n'a pas échappé à la vigilance sans défaut de nos docteurs trotskystes. Est-ce une tendance innée, un ADN particulier, une tare originelle ? Il en faut moins aujourd'hui pour se faire condamner par les tribunaux antiracistes qui pullulent sur les décombres de nos idéologies défuntes. Mais à supposer que cela soit vrai, qu'il y ait en somme une nature sociale-démocrate comme il y aurait une nature humaine – je suis sûr que vous n'aimerez pas cette idée –, il resterait à se demander pourquoi le peuple, le peuple tout court qui, lui, est vraiment de gauche, qui est la gauche faite réalité – je n'insiste pas –, pourquoi ce peuple donc choisit invariablement de préférence les prétendus faux derches de la social-démocratie plutôt que ses soi-disant vrais serviteurs, les ex-maoïstes, les toujours trotskystes, les alter ceci et les alter cela, les écolos révolutionnaires, tous les officiers, officiers supérieurs surtout, généraux et maréchaux de cette armée sans troupes que l'on appelle le peuple de gauche ?

À cette redoutable question, à cette question qui est à la philosophie de gauche ce que la preuve ontologique est à la philosophie médiévale, il y a en réalité deux réponses : celle des bobos, qui pensent que le peuple est en train de trahir la gauche, et celle des gogos, qui pensent que la gauche est en train de trahir le peuple. Les premiers croient que le peuple est raciste parce qu'il est naturellement réactionnaire ; les seconds que ce peuple est continuellement trompé parce qu'il est naturellement trompable. Les premiers pensent qu'il faut se passer du peuple ; les seconds qu'il faut en changer.

Vous voyez, mon cher Michéa, qu'il y a encore beaucoup d'essentialisme dans la philosophie de la gauche moderne ; des gens qui pensent comme ma chère grand-mère que « les sortes sont les sortes » et que les corbeaux ne font pas des canaris. S'il en est ainsi, si réformisme et révolution sont des invariants inscrits dans les gènes individuels, on peut à la rigueur se rassurer sur le sort des réformistes dans les sociétés réformistes, car il y aura toujours des réformes à y effectuer, mais il y a du souci à se faire pour les révolutionnaires dans les sociétés post-révolutionnaires, où il n'y aura plus de révolution à préparer. Nous laisserons donc les docteurs réformistes et les docteurs révolutionnaires à leurs *disputationes*, pour nous poser la seule question qui vaille : à quelles conditions le peuple pourra-t-il se débarrasser des uns et des autres pour prendre lui-même ses affaires en mains ?

C'est là un point de vue qui ne plaira ni à la droite ni à la gauche ; car au-delà de leurs chamailleries, l'une et l'autre sont d'accord sur un point essentiel, antérieur à tout débat, et qu'elles se gardent bien d'évoquer jamais : qu'en tout état de cause, c'est à elles et à elles seules qu'il appartient de régler les affaires du peuple. Tel est le fondement de la démocratie représentative, qu'il vaudrait mieux appeler substitutive, puisque l'effet, sinon le but de l'élection est de substituer au peuple ses représentants, et pour mieux dire, d'escamoter proprement celui-ci. De Hobbes jusqu'aux théoriciens de la République troisième du nom, en passant par Sieyès, règne l'unanimité pour dire que l'acte par lequel le peuple se choisit des représentants est celui-là même par lequel il s'engage à ne plus mot dire jusqu'à la prochaine consultation générale : souveraineté limitée à une journée tous les cinq ans…

Le système représentatif est une fiction qui confisque la souveraineté populaire au projet de la classe politique ; grâce à lui, cette dernière se constitue en caste autonome. De service public qu'elles étaient au départ, les fonctions électives se transforment en profession fermée et réglementée, comme les huissiers, les notaires et les chauffeurs de taxi. Il y règne une certaine concurrence interne, mais dans la limite des privilèges qui lui permettent de subsister. « Il y a moins de différence, écrit Robert de Jouvenel dans *La République des camarades*, entre deux députés dont l'un est révolutionnaire et l'autre ne l'est pas, qu'entre deux révolutionnaires dont l'un est député et l'autre ne l'est pas. » Longtemps ce système a été toléré par la population comme un pis-aller. Faute de moyens d'expression autonomes et universels, les citoyens ont accepté d'être représentés. Aujourd'hui où les moyens de communication permettent de se déplacer aisément, où Internet offre à chacun la possibilité de s'exprimer et où les enquêtes d'opinion par sondage disent jour après jour l'état d'esprit des populations, le système représentatif est perçu comme un archaïsme. Il suscite moins l'hostilité que l'indifférence. Il persuade l'ensemble des citoyens que la politique est redevenue, comme sous l'Ancien Régime, un monde auquel ils n'ont pas accès. N'est-il pas frappant que la classe politique, c'est-à-dire l'ensemble des individus réellement susceptibles d'être élus et d'exercer des fonctions gouvernementales, n'ait guère augmenté en nombre depuis l'époque de la monarchie censitaire (1815-1848) ? Au maximum, une centaine de milliers de personnes sur une population de 65 millions d'habitants.

Ce divorce entre les électeurs et les élus, entre les gouvernés et les gouvernants, personne aujourd'hui ne le conteste ; son existence menace la démocratie, qui est fondée sur la confiance. Cette crise est si grave qu'elle transcende les clivages ordinaires entre la gauche et la droite, entre les salariés et les possédants.

Avec un mélange indéfinissable de naïveté et de rouerie, les professionnels de la politique s'accordent, toutes opinions confondues, pour désigner un coupable : c'est le système présidentiel ! C'est lui qui, en organisant le face-à-face direct entre le chef de l'État et la nation, court-circuite les intermédiaires et dépouille le Parlement de ses prérogatives. Tous donc s'accordent à penser qu'il faut, pour « rééquilibrer le système », revaloriser le Parlement, « instiller » une dose de proportionnel dans les scrutins législatifs, et autres emplâtres pour jambe de bois. En un mot, revenir à la IVe République, véritable âge d'or de la profession politique, ses rituels, ses hypothèques que l'on lève, ses « majorités d'idées » à la Edgar Faure, ses gouvernements semestriels qui entretiennent en permanence dans la gent politique l'espoir pour chacun de devenir prochainement ministre.

Qui ne voit pas, s'il consent à prendre un peu de recul, que le remède serait pire que le mal ? Que le fameux fossé entre le peuple et la représentation nationale deviendrait un canyon ? N'est-il pas évident que le seul moment où le peuple se passionne pour les jeux de la gent politicienne, c'est l'élection présidentielle ? Ne serait-ce que parce qu'il a le sentiment d'être pour une fois l'arbitre et même le maître du jeu. Alors qu'au contraire, quand il élit des députés, il ne sait pas du tout quelle formule, quelle majorité, quelles alliances sortiront des urnes. L'élection présidentielle vaut par sa simplicité : j'indique, par un simple carré de papier, le nom de celui que je veux voir à l'Élysée. Le seul autre scrutin qui intéresse autant les foules, c'est le scrutin municipal, car le maire, c'est le Président à l'échelle de la commune.

— Mais le Président a trop de pouvoirs !

Écoutez : depuis un demi-siècle que je m'intéresse à la chose politique, je n'ai pas entendu une fois – vous entendez, pas une fois – un citoyen quelconque se plaindre de cet excès de pouvoir. J'entends plus souvent dire que le Président ne fait rien, autrement dit qu'il ne se sert pas de ses pouvoirs. C'est donc à peu près l'inverse. Et quand quelque chose ne va pas, ce n'est pas au député que l'on s'adresse, mais au Président lui-même. La V<sup>e</sup> était à peine installée que les ouvriers se mirent à défiler – à l'époque, c'était les ouvriers qui revendiquaient, non pas les notaires et les dentistes – aux cris de « Charlot ! des sous ! »

J'entends bien qu'il s'agit là d'une conception un peu primaire de la démocratie, pour ne pas dire magique. Je l'entends. Mais au moins, que l'on ne me dise pas que le peuple se languit après le rétablissement du système parlementaire. Au contraire. Entre la démocratie gouvernée du passé et la démocratie gouvernante (Georges Burdeau) de l'avenir, le système présidentiel constitue comme une transition.

Il ne faut donc pas être dupe. Lorsque la classe politique, pour une fois à peu près unanime, demande une « VI<sup>e</sup> République », c'est le retour au système parlementaire qu'elle réclame, c'est-à-dire le rétablissement intégral de ses privilèges.

C'est pourquoi, si l'on veut que le peuple retrouve sa place dans le système politique, il est nécessaire, il est inévitable de relativiser la place de l'élection dans la démocratie. C'est tardivement que la démocratie s'est identifiée et s'est réduite au système de l'élection. Or, celui-ci a été tenu, au cours de l'Histoire, comme constitutif non de la démocratie mais de l'aristocratie.

Celle-ci est le gouvernement des meilleurs, celle-là le gouvernement de n'importe lequel. Il est démocratique que les magistratures soient attribuées par le sort, et oligarchique qu'elles soient électives. Montesquieu ne dit pas autre chose : « Le suffrage par le sort est de la nature de la démocratie. Le suffrage par le choix est celle de l'aristocratie. » Dans le meilleur des cas, le choix, c'est-à-dire l'élection, est censé désigner les meilleurs du point de vue du mérite ou du dévouement. Aujourd'hui, il désigne le plus riche, le plus intrigant ou le plus démagogue. Cette désignation se fait en deux étapes. La première est de se faire accepter et reconnaître comme membre de la classe politique ; car c'est celle-ci qui dispose de fait du monopole de la candidature aux fonctions électives ; la seconde est de se faire désigner au sein de cette classe à une candidature particulière.

Il y aurait un moyen radical d'abolir ce monopole : ce serait d'abolir la candidature elle-même ! Celle-ci a souvent été assimilée à la brigue, c'est-à-dire à l'utilisation de moyens frauduleux pour s'assurer du suffrage des électeurs : distribution d'argent, de faveurs, de promesses. C'est toute l'ambigüité de la notion de promesse électorale. Dans sa version noble, elle désigne l'engagement du candidat à s'orienter d'une certaine façon, de privilégier telle ou telle voie. C'est un contrat moral. Dans la pratique, elle est devenue un marché : votez pour moi, je vous donnerai en retour l'avantage que voici. La réduction de la politique à un marchandage dont chacun attend un avantage particulier est un avilissement de la chose publique, qui devrait être dominée par l'intérêt général. Aujourd'hui, tout candidat s'adresse à une clientèle propre et lui promet en échange de son vote des avantages particuliers. Dans le système électif issu pour partie du droit ecclésiastique, il n'était pas permis, par exemple pour l'élection du père abbé d'un monastère, de se porter candidat. C'est l'assemblée elle-même qui était censée, dans sa sagesse, distinguer et désigner le meilleur.

Pendant la plus grande partie de la Révolution française, comme l'a montré Patrick Gueniffey [1], les élections se sont faites sans candidat. Même chose dans un certain nombre de *caucus* américains au XIX^e^ siècle. L'inconvénient du système, outre une très grande dispersion des voix, c'est que l'élu n'est pas censé défendre un programme. Il n'est désigné que sur sa bonne mine et sa bonne réputation.

Il est donc malheureusement impossible d'échapper au système de la candidature et du monopole de désignation des candidats par des institutions formées à cet effet que l'on appelle les partis politiques. C'est donc le système électif lui-même qui est responsable de la constitution d'un personnel spécialisé, recruté exclusivement dans une caste séparée.

« La longue progression de la décision majoritaire et du vote secret, écrit Olivier Christin en conclusion de son livre [2], a bien produit des effets spécifiques d'autonomisation d'une sphère de la politique, de formation d'une classe d'agents dont c'est la profession que d'y

1. *Le Nombre et la raison. La Révolution française et les élections*, EHESS, 1993.

2. *Vox Populi, une histoire du vote avant le suffrage universel*, Seuil, 2014.

agir, d'accélération de la construction d'une volonté collective, mais aussi d'atomisation des citoyens et de désengagement, de défiance à l'égard de la classe politique et de désillusion, qui ne sont ni incompréhensibles, ni inévitables. »

Alors, que faire ? Comment détruire le monopole de la classe politique ?

L'opinion est parfaitement consciente de la dérive du système électif et de la confiscation du vote par le tri sélectif opéré par les partis. C'est elle qui a imposé à la droite comme à la gauche le système des primaires, qui vise à réintroduire le peuple, c'est-à-dire un personnel non spécialisé, dans la sélection des candidatures. Pour le moment, cette procédure n'a pas changé grand-chose, car ces primaires sont organisées par les partis eux-mêmes. À plusieurs reprises, ce suffrage semi-universel a pourtant désigné des personnalités qui n'étaient pas les favoris des partis, Ségolène Royal au lieu de Dominique Strauss-Kahn en 2007, François Hollande au lieu de Martine Aubry en 2012.

Mais le système ne pourra donner de résultats tangibles que le jour où les primaires seront organisées à l'écart des partis et effectivement ouvertes à des personnalités non encartées.

La deuxième mesure, complémentaire de la précédente, c'est le retour aux origines de la démocratie athénienne, c'est-à-dire le recours au tirage au sort. Entendons-nous : je ne suis pas en train de proposer la désignation du président de la République par tirage stochastique parmi les citoyens inscrits sur les listes électorales, ni le recrutement des pilotes de ligne parmi les ivrognes de village. Les Grecs eux-mêmes connaissaient ce que nous appelons des listes d'aptitude. C'est ainsi que les archontes, qui étaient désignés par le sort, furent rapidement doublés par des stratèges, c'est-à-dire des chefs militaires qui relevaient de l'élection. D'une manière générale, la démocratie grecque organisait le plus souvent des systèmes mixtes, combinant le sort et le suffrage. Il existe aujourd'hui dans nos sociétés une multitude de fonctions collectives où le recours au tirage au sort parmi des volontaires permettrait de redonner au peuple le sentiment qu'il participe ou peut participer au gouvernement de la cité.

En attendant, la mesure la plus facile à prendre pour déprofessionnaliser la fonction politique est la non-rééligibilité des élus. Car c'est la rééligibilité indéfinie des mêmes hommes qui leur permet de se constituer en caste politique fermée, détentrice de la volonté populaire à titre viager. À la rigueur, et pour ne pas se priver à jamais d'un talent exceptionnel qui se serait révélé au cours de son mandat, je consens que l'on puisse se représenter après un ou deux mandats de viduité politique. Le but, c'est d'éviter à tout prix la continuité du mandat et par conséquent la formation d'une profession politique. Parmi les hommes et les femmes politiques français d'aujourd'hui, la plupart n'ont pas connu, à la sortie de Sciences-Po et de l'ENA, d'autre activité que politicienne, depuis les cabinets ministériels et la fonction d'attaché parlementaire, en attendant le premier mandat électif qui consacre l'entrée officielle dans la « carrière ». La plupart entrent dans cette carrière alors que leurs aînés y sont encore, mais la continuité est assurée, la consanguinité aussi.

— Mais la compétence ? L'expérience ? Vous faites bon marché des risques inhérents à des assemblées novices et livrées aux manipulations des technocrates et de fonctionnaires !

Je réponds que je ne crains rien de tout cela. L'expérience est, en politique, le nom que l'on donne au conservatisme et à la préservation des privilèges. Les Assemblées dont on se souvient, celles qui ont fait la France, qui ont fait avancer la justice, étaient composées de gens neufs et sans expérience politique, mais munis le plus souvent d'un bagage professionnel acquis ailleurs : ainsi les constituantes de 1789, de 1848, de 1946, élues à la suite d'une révolution ou d'un bouleversement radical, comme celui qui a suivi la libération de la France.

Il est en effet un non-dit qui sous-tend et qui détermine l'univers politique dans son ensemble : c'est que la politique ne peut être faite que par un personnel spécialisé. Tous, conservateurs, réformistes ou révolutionnaires ; démocrates, bonapartistes, fascistes ou maoïstes sont d'accord, sans le dire, sur cette loi constitutive du monde moderne, antérieure à toute autre distinction : l'existence d'un corps séparé de politiciens professionnels. Si l'on se garde bien de le dire, c'est que cette règle absolue, appliquée absolument, est la négation même de cette autre règle, celle-là avouée, proclamée, ressassée et complètement bafouée : la démocratie, c'est-à-dire le gouvernement du peuple par lui-même. Entre les deux, il faut choisir, et la caste qui nous gouverne a choisi, une fois pour toutes, la première règle au détriment de la seconde. Le système électoral, cette vache sacrée de la démocratie représentative, n'a pas d'autre but que de faire entériner périodiquement par le peuple son dessaisissement définitif au profit de la classe politique ; accessoirement, le scrutin donne aussi la clé de répartition des sièges entre ces lobbys professionnels et concurrents que l'on appelle les partis, et qui ont pour unique objectif l'accaparement du pouvoir à leur profit exclusif.

Pourquoi, en définitive, toutes les révolutions du XXe siècle ont-elles échoué, pour terminer dans la dictature et dans le sang ? Parce que toutes, sans exception, ont eu pour règle la dévolution définitive du pouvoir aux mains de ceux qui les avaient accomplies. En Russie, en Chine, à Cuba, au Cambodge, mais aussi en Algérie et en Afrique du Sud, les révolutionnaires, une fois le pouvoir conquis, s'en sont considérés comme les propriétaires à titre définitif. Les moyens pour le conserver sont variés : ils vont des élections truquées à la dictature pure et simple, mais le résultat est identique : le monopole du pouvoir, sans même le moindre contrôle populaire par le parti vainqueur, constitués de professionnels de la politique.

Lénine dans *Que faire ?* a du reste théorisé ce principe, qui est lui-même au fondement du totalitarisme : la politique ne saurait être l'affaire que de révolutionnaires professionnels, fussent-ils d'origine bourgeoise : leur prééminence absolue sur les organisations de masse, soupçonnées non sans raison d'une tendance irrésistible au réformisme (le trade-unionisme), est la loi fondamentale du régime : antidémocratique, totalitaire, héréditaire. Comme l'a très bien montré Makhaïski, le marxisme-léninisme n'est nullement, même à l'origine, une doctrine du pouvoir populaire et prolétarien : il est l'idéologie de classe des intellectuels et de la bureaucratie.

Il est tout de même extraordinaire, quand on y pense, que l'ensemble du mouvement révolutionnaire, qui se résout si facilement à l'abolition de la propriété privée des instruments de production et à l'expropriation de ses détenteurs, quels qu'en soient les inconvénients, n'ait jamais réclamé l'expropriation des instruments de gouvernement. Les plus radicaux et les plus monstrueusement fous de ces révolutionnaires ont bien pu mettre en œuvre la dépropriation absolue de la famille, du nom, de toutes les formes de l'identité personnelle, ils n'ont pas estimé un seul instant qu'une telle dépropriation puisse s'appliquer à la fonction politique et à ses détenteurs. La propriété privée des instruments de gouvernement reste le seul invariant de tous les régimes politiques sans exception. Voilà qui donne raison à l'anarchisme.

Pour revenir à nos démocraties représentatives bourgeoises, dans lesquelles la dictature de la classe politique est tout de même beaucoup plus souple à cause de la persistance du pluralisme en son sein, elle n'en fonctionne pas moins selon les mêmes principes. C'est pourquoi la non-rééligibilité des élus devrait devenir la première exigence de tous les partisans sincères et non hypocrites de la démocratie.

Ainsi, à la dictature de la classe politique tout entière, on ne peut opposer que le pouvoir du peuple tout entier.

Pourquoi ? Parce que la politique selon la lutte des classes a échoué. Parce qu'elle n'est ni possible, ni souhaitable. Parce que ceux qui ont prétendu l'exercer n'ont jamais été capables que de famines et de massacres. Parce qu'elle n'est guidée que par une seule idée : celle de l'extermination. Toujours la logique hégélienne : il faut dépasser les contradictions de la réalité afin de parvenir à une réalité supérieure. Donc, plus de classes antagonistes. Plus de bourgeoisie exploiteuse. Plus de prolétariat exploité. À leur place, un peuple nouveau, venu de nulle part, sans racines, sans histoire, sans spécification. Un peuple sans qualités, homogène et transparent. Lorsque Staline, à la fin des années 1920, décida d'en finir avec la paysannerie, qui a toujours opposé une résistance spontanée et en quelque sorte naturelle à l'homogénéisation de la société, il la baptisa « koulak » et proclama la dékoulakisation de la société soviétique. L'abolition logique d'une classe non conforme précède l'extermination physique de ceux qui la composent. Tout le système polpotien n'est que l'extension à la société tout entière de la logique stalinienne.

Nous n'en sommes plus ici à ces extrémités. Les courants politiques ou sociaux qui se réclament de la lutte des classes, comme par exemple la CGT, se gardent bien d'en prolonger la logique dans une vision gouvernementale. Autrement dit, ils ne réclament plus la disparition de la classe adverse. C'est en 1973, au Congrès de Grenoble, que la CGT a renoncé à l'objectif de l'abolition du salariat et du patronat. Il est vrai que cette formule, héritée de l'anarcho-syndicalisme, renvoyait à une philosophie plus libertaire que dirigiste, plus proudhonienne que marxiste. De sorte que la lutte des classes sans la perspective de l'abolition des classes, la lutte des classes comme dernier marqueur marxiste, débouche sur une vision intégralement conservatrice de la société. Au nom de la lutte contre le chômage, un tel syndicalisme milite désormais, non plus contre l'abolition, mais au contraire pour la sauvegarde du salariat. Désormais, dans les syndicats, le choix n'est plus entre une vision révolutionnaire et une vision réformiste, mais entre une vision réformiste et une vision conservatrice du devenir de la société capitaliste. On s'est longtemps demandé qui de la CGT ou de la CFDT l'emporterait, eh bien ! c'est Force Ouvrière qui a triomphé. C'est-à-dire la lutte des classes conservatrice. Et comme le rapport des forces, tant national qu'international, est en défaveur du travail au profit du capital, cette vision accumule les échecs. Les syndicats sont incapables de s'opposer aux licenciements ou de restaurer la part du travail dans la répartition du produit industriel et commercial. Et comme ils ont renoncé à articuler la moindre proposition positive, par incapacité structurelle ou par crainte de passer pour réformistes, leur action est devenue purement illusoire, et, sauf colère passagère, ils perdent toute force mobilisatrice, tandis que leurs effectifs fondent un peu plus chaque jour.

La gauche n'est plus que la forme politique de cette impuissance. Ou bien elle gouverne, façon Hollande, et elle limite son ambition à la restauration de la capacité productive du capitalisme français, gravement affaibli face à la concurrence étrangère ; ou bien elle s'oppose systématiquement, façon Mélenchon, et elle n'est plus qu'une caricature, un disque rayé ressassant les refrains du passé. Comment s'étonner dans ces conditions que le peuple se détourne de cette gesticulation et lui préfère les vieilles consolations du nationalisme ?

Telle quelle, cette situation est sans issue. Sans reconstitution de l'alliance, telle qu'elle a existé au XIXe siècle avec des limites et des éclipses, entre les couches populaires et la bourgeoisie démocrate, il est à craindre que la toute-puissance du néocapitalisme ne cesse de s'affirmer.

Vous voyez, cher Jean-Claude Michéa, que j'ai évité à dessein l'expression convenue de bourgeoisie progressiste. Pas seulement pour vous êtes agréable, mais parce que le progrès n'est plus, s'il le fut jamais, l'apanage de cette bourgeoisie. Considérés sous l'angle technologique et économique, la bourgeoisie patrimoniale et ses alliés dans les couches intellectuelles supérieures sont sans conteste progressistes. Et c'est au contraire de la bourgeoisie bobo, celle qui vote volontiers écolo, qu'émanent les critiques les plus fortes à l'égard de la spirale sans fin du progrès économique et de la croissance.

Mais la base intellectuelle d'une telle alliance reste inchangée. Il s'agit :

– de rétablir la part des salaires, qui n'a cessé de baisser, dans la composition du capital ;

– de maîtriser, grâce au contrôle du crédit, un capitalisme financier devenu fou, ivre de sa puissance, et férocement irresponsable ;

– de restaurer la dignité du travail, complètement avili et mercantilisé par le système capitaliste et productiviste.

Sur le premier point, je ne m'attarderai pas, car la bataille pour les salaires, capitale pour lutter contre la surexploitation et faire reculer le chômage, est une affaire simple et toute d'exécution. Face à un capitalisme mondialisé, les travailleurs et leurs organisations en sont restés au XIXe siècle. Ils gesticulent contre les délocalisations et la concurrence de la main-d'œuvre à bon marché venue d'ailleurs, alors qu'il s'agit pour eux de s'organiser et d'opposer des réponses communes. La finance internationale a su donner l'exemple en dépassant les frontières ; les travailleurs et leurs syndicats sont restés étroitement nationalistes. Je n'irai pas jusqu'à dire qu'ils n'ont pas volé ce qui leur arrive, mais enfin… Au XIXe siècle et au début du XXe siècle, l'internationalisme était le fait des ouvriers et le provincialisme celui des patrons, au moins en France. C'est aujourd'hui l'inverse : le mouvement ouvrier et socialiste devrait avoir honte de son provincialisme petit-bourgeois et de son étroitesse de vue.

Le deuxième objectif de la nouvelle alliance dont nous avons besoin, c'est le contrôle du crédit. Ce n'est pas nouveau : Saint-Simon, Marx et surtout Proudhon ont bien vu que la base de la toute-puissance du capitalisme, le fondement dernier de son exorbitance, c'est le monopole exercé par les banques sur le capital disponible. Un des signes les plus infaillibles de cette exorbitance, c'est la domination absolue du capitalisme financier sur le capitalisme industriel. Depuis la crise de 2008, un capitalisme de casino complètement dévoyé, incapable de se maîtriser lui-même, menace à tout moment de faire exploser la planète économique plus sûrement que le pouvoir nucléaire peut faire exploser la planète géographique. Le retour d'un capitalisme que l'on avait pu croire en voie de civilisation à travers le New Deal aux États-Unis, le compromis rhénan en Allemagne, la planification indicative et les Trente Glorieuses en France, le retour de ce capitalisme à sa sauvagerie primitive, à son asocialité originaire, est le grand fait de la période ouverte par l'effondrement du communisme en 1989. Il est allé de pair avec l'explosion du pouvoir des banques, l'accaparement sans précédent des fruits du travail humain par une poignée de banquiers et de spéculateurs à l'échelle internationale.

La nationalisation de tout ou partie du crédit n'est pas une démarche à proprement parler socialiste ; c'est véritablement une mesure de salut public, dont l'Internationale socialiste, si elle existait, devrait faire son objectif prioritaire. Elle serait une première étape vers une réappropriation du travail par le travailleur, et plus généralement de l'activité économique par l'humanité elle-même. C'est en ce sens que l'idée de Proudhon d'une Banque du peuple pour démocratiser le crédit est une idée d'avenir, que l'on retrouve aujourd'hui dans toutes les tentatives de microcrédit qui se font jour à travers le monde. Il n'est pas vrai que celui-ci soit condamné à aller vers de plus en plus de gigantisme dans les entreprises. Il n'est pas vrai que le grossissement indéfini de l'échelle produise des économies d'échelle. Dans bien des domaines, c'est le contraire qui est vrai.

Sur un plan anthropologique enfin, il n'est pas tolérable qu'au moment où nous sommes en train de passer en politique, par étapes successives, du stade hétérocratique au stade homocratique, ou, si l'on préfère, de la société gouvernée à la société gouvernante, un mouvement inverse s'affirme dans le domaine économique, privant les individus de leur liberté d'action et de toute joie dans le travail, au profit de quelques autocrates ivres de leur puissance et dispensés de rendre des comptes. Certes, le système industriel et capitaliste est en train, grâce à une productivité sans précédent dans l'histoire de l'humanité, de libérer l'homme des contraintes élémentaires de la faim, de la soif, de certaines maladies. On ne peut ni l'oublier ni refuser d'en tenir compte. Mais il a privé le travailleur de toute joie, de toute création dans son travail. La machine devait libérer l'homme de la malédiction divine, celle du travail forcé. Il l'a désormais reconstituée.

De machine à produire des biens, le capitalisme est devenu une machine à produire et à reproduire de l'argent pour ses maîtres. Ce faisant, il avilit tout ce qu'il touche. Le grand connaisseur du football que vous êtes, l'auteur inspiré de l'admirable essai *Le plus beau but était une passe* (Climats, 2014), sait à quoi s'en tenir : la beauté du jeu, la dimension ludique du foot, est en train de disparaître au profit de l'obsession du résultat, qui est au sport ce que le profit monétaire est l'activité économique : une inversion de la finalité, une perversion radicale. En quelques années, le rugby, qui a toujours eu mes préférences, à cause de son provincialisme longtemps préservé, de son parochialisme, comme disent les Anglais, est en train de suivre la même voie. Et Boudjellal est en train de faire de Toulon ce que le Qatar a fait du PSG : un ramassis de mercenaires sans âme, dominé par l'appât du gain et l'obsession maladive du résultat.

De cette domination absolue de l'argent sur l'esprit, le journalisme en France donne un autre éclatant exemple. En quelques années, les journaux les plus réputés pour leur qualité et pour leur indépendance sont devenus des machines chaotiques où les patrons de presse les plus inventifs, les plumes les plus réputées sont ballotés comme des coquilles de noix sur la mer démontée de la rentabilité financière. Dire qu'il y a peu encore, on se gargarisait de l'insolente tyrannie de quelques patrons à la Prouvost, ou du célèbre Comité des forges, sur la presse française de l'entre-deux-guerres ! Mais ces tyranneaux du passé ne sont que des agneaux au regard de la domination absolue qu'exerce aujourd'hui l'argent carnassier sur les entreprises de presse.

On pourrait multiplier les exemples. C'est inutile. Ce que j'ai voulu suggérer, cher Michéa, et je suis sûr que sur ce point nous tomberons aisément d'accord, c'est que la lutte contre le pouvoir de la finance n'a plus, comme aux temps héroïques qui ne tarderont pas à passer comme l'âge d'or de la lutte des classes, pour seul enjeu le social, mais désormais le moral.

Je m'explique. La lutte des classes à l'ancienne était censée opposer deux camps, celui du capital et celui du travail, pour le partage de la plus-value dans le court terme, pour la dévolution du pouvoir politique dans le long terme. Même si elle n'a jamais fonctionné dans la réalité comme le prévoyaient les textes canoniques, elle a été longtemps l'explication la moins substituable de la dynamique sociale. Tel n'est plus le cas aujourd'hui.

En revanche, l'irruption du néocapitalisme patrimonial et actionnarial a déclenché depuis une vingtaine d'années une véritable crise dans la civilisation, dont toutes les valeurs sont bafouées. Jamais le caractère révolutionnaire, au sens destructeur du terme, du capitalisme n'avait été aussi prononcé, au moment même où toutes solutions alternatives paraissent exclues. C'est en cela qu'il s'agit, au-delà du social et même du politique, d'une crise morale, ressentie comme telle dans toutes les couches de la société, hormis une couche dirigeante de plus en plus mince et de plus en plus coupée du reste de la population.

C'est pourquoi une nouvelle alliance est possible ; c'est pourquoi une nouvelle alliance est nécessaire, au-delà de la division classique des camps. Elle est comme le Tiers-État décrit par Sieyès à la veille de la Révolution française : elle peut englober l'immense majorité de la population. La prochaine révolution, comme toute révolution authentique, sera donc le fait du peuple tout entier. Elle est à terme inévitable. Je pense tout à coup à ce dernier mot de Georges Sorel, compagnon de route du syndicalisme révolutionnaire, en post-scriptum à ses *Réflexions sur la violence* :

« Je ne suis qu'un vieillard, dont l'existence est à la merci de minimes accidents ; mais puissé-je, avant de descendre dans la tombe, voir humilier les orgueilleuses démocraties bourgeoises, aujourd'hui cyniquement triomphantes ! » (« Pour Lénine », 1919.)

Je m'aperçois qu'au terme de cette lettre, déjà trop longue (mais vous avez votre part de responsabilité là-dedans !), j'ai beaucoup parlé du peuple, et bien peu de la gauche. C'est, d'une certaine manière, vous rendre les armes. Mais j'avais prévu d'emblée qu'il en serait ainsi, dès lors que nous nous rapprocherions de l'actualité. En demandant que l'on fasse à la gauche sa part, j'ai plaidé pour une idée, non pour un parti. Et tenez : en tant que parti, ou que partis, je suis convaincu que la gauche va disparaître. Je suis convaincu qu'en tant que parti, il faut qu'elle disparaisse. Non seulement parce que les partis sont mauvais conducteurs de la volonté générale, mais parce qu'ils l'empêchent de se former ou de s'exprimer. Qu'ils soient étendus, comme cette grande cohue que l'on appelle le Parti socialiste, ou restreints, comme ces avortons querelleurs qui l'entourent, petits rémoras à la remorque du gros poisson, ils sont désormais incapables d'aider le peuple à inventer sa voie. Mais je ne renonce pas à appeler « gauche » le rassemblement populaire qui, tôt ou tard, s'imposera. L'habitude ? Pas seulement.

Il faut que le mouvement brownien qui agite la société trouve à la fin un fil conducteur. À défaut de parti, il faut un point de ralliement. Ou si l'on préfère, un « grand récit » qui replace le mouvement dans une continuité historique. Ou encore, au sens de Georges Sorel, un mythe, c'est-à-dire une représentation collective qui organise les actions surgissant plus ou moins spontanément du sein de la société. Du fait de l'inconsistance de son être empirique, la gauche est désormais un mythe disponible. Elle demeure un imaginaire incontournable, inscrit dans le subconscient des citoyens. Pas plus, mais pas moins.

Croyez, cher Jean-Claude Michéa, à tout le plaisir que j'ai eu à dialoguer avec vous.

*Pour mettre un point final à ces lettres croisées, décision fut prise de réunir Jacques Julliard et Jean-Claude Michéa – qui ne s'étaient rencontrés « en chair et en os » qu'une seule fois auparavant – dans les bureaux de leur éditeur, à Paris, afin de leur adresser quelques questions liées à l'actualité. Tel est le point de départ de l'entretien qui suit.*

*Juillet 2014*

## ENTRETIEN

*Ma première question concerne le résultat des élections européennes en France et en Europe, notamment la poussée du Front national (25 % des votes exprimés). Comment interpréter ce vote majoritairement issu des classes populaires ?*

Jean-Claude MICHÉA : Ce vote était éminemment prévisible ! Depuis plus de trente ans, les classes populaires ont eu tout le loisir de vérifier la valeur du fameux théorème d'Helmut Schmidt – « les profits d'aujourd'hui sont les investissements de demain et les emplois d'après-demain » – qui constitue le mantra de base de toutes les politiques libérales modernes. Et comme, par ailleurs, ces classes populaires saisissent de plus en plus clairement le lien existant entre ce système économique, qui exige d'elles toujours plus de sacrifices, et le développement d'un monde fondé sur le « chacun pour soi » et l'exhortation corrélative à transgresser toutes les limites naturelles et morales – ce que Foucault appelait la « vie antifasciste » –, on ne doit donc pas s'étonner de leur désaffection grandissante à l'endroit des partis de gauche. En réalité, seul un mouvement capable de prendre en compte la totalité de leurs souffrances – ou, du moins, de leur donner ce sentiment – pourrait encore trouver grâce à leurs yeux. Or la « gauche de la gauche » n'y parvient pas, pour deux raisons. D'une part, sa critique du capitalisme dépasse rarement le point de vue keynésien d'une « relance de la croissance par la consommation ». Cela tient, en partie, au fait que sa base militante est surtout constituée de salariés de la fonction publique, c'est-à-dire de travailleurs que leur statut protecteur – préférence nationale et sécurité encore massive de l'emploi – rend trop souvent étrangers aux conditions de vie réelles de ceux qui subissent de plein fouet la concurrence mondiale. D'où, entre autres, leur incapacité pathétique à imaginer de nouvelles formes de lutte susceptibles de leur assurer la compréhension des autres travailleurs. De l'autre, en reprenant naïvement à son compte le libéralisme culturel des nouvelles classes moyennes urbaines – dont elle ne perçoit toujours pas le lien avec la dynamique du capital – cette « gauche de la gauche » ne peut que heurter de front la sensibilité profonde de ces classes populaires qui, elles, ont à vivre en permanence sous le feu de l'ennemi. Dans ces conditions, le parti qui saura traduire dans leur cohérence réelle – fût-ce sous une forme mystificatrice – toutes les dimensions de l'exaspération actuelle des classes populaires aura forcément un boulevard devant lui. Or, de ce point de vue, il faut bien admettre que le Front national a pris plusieurs longueurs d'avance sur ses concurrents de droite et de gauche.

*Pourquoi cet anticapitalisme contemporain se manifeste-t-il sous la forme historiquement datée du nationalisme ?*

Jean-Claude MICHÉA : Vous posez le problème à l'envers ! C'est parce que la gauche a renoncé depuis longtemps à toute critique radicale de la société bourgeoise que les quelques « éléments de langage » anticapitalistes encore présents dans le champ politique officiel sont ordinairement empruntés à l'arsenal intellectuel de la droite antilibérale. Or si on laisse de côté la critique « réactionnaire » du nouveau monde industriel (celle de Balzac ou de Joseph de Maistre) c'est essentiellement au croisement – au lendemain de la défaite de Sedan et de l'écrasement de la Commune – du socialisme et du nationalisme que s'est historiquement forgée la droite « anticapitaliste » moderne. Bien entendu, un tel « socialisme national » est incohérent dans la mesure où il est impossible de penser la lutte des classes sous le signe de l'union sacrée de tous les « nationaux », sauf à recourir à une solution antisémite. Mais puisque la gauche moderne a fait sienne la formule de Foucault – elle date de 1977 – selon laquelle tout ce que « la tradition socialiste a produit dans l'histoire est à condamner », il ne faut pas s'étonner si le retour d'une critique anticapitaliste populaire revêt souvent cette forme « historiquement datée ». La gauche ne doit s'en prendre ici qu'à elle-même.

Jacques JULLIARD : Notre débat en témoigne : le « peuple » est désormais de plus en plus difficile à saisir.

Cela ne signifie pas qu'il a disparu, mais il n'a plus ni la visibilité ni l'homogénéité qu'on lui prêtait, à tort ou à raison, dans le passé. Entre l'ancien prolétariat industriel, tel qu'il s'est pour partie replié dans zones périphériques, et les nouveaux prolétariats alimentés notamment par l'immigration, il y a un écart visible, ne serait-ce qu'à travers tous les résultats électoraux.

La crise de l'idée même de peuple est évidemment liée à l'évolution du capitalisme, à la désindustrialisation qui décourage et même désespère tous ceux qui ont constitué le système industriel du passé. L'une des principales leçons des récentes élections, notamment européennes, c'est l'incapacité des formes traditionnelles de la politique à répondre aux questions posées. Au-delà de la déception engendrée par François Hollande, c'est tout le « réformisme heureux », celui des Trente Glorieuses, qui a cessé d'entretenir la patience et d'alimenter les espoirs des classes populaires. On aurait donc pu s'attendre à ce que des propositions radicales aient du succès. Or, plusieurs élections successives le démontrent, le Front de Gauche n'a pas avancé d'un iota. Les gens ne croient plus à la réforme, mais ils n'ont plus aucune espérance dans la révolution. Autrement dit, les forces politiques paraissent incapables de répondre à ce malaise qui est économique et social bien sûr, mais d'abord peut-être culturel et existentiel. Je crois que c'est cela qui est en cause. Lorsque Jean-Claude dit que le parti qui sera capable de répondre à cette aspiration mal formulée ramassera la mise, il a raison. Mais pour le moment, je ne l'aperçois pas.

Quant au repli nationaliste, je le verrais moins conjoncturel que lui. C'est un réflexe presque viscéral dans les périodes de troubles. C'est pourquoi je crois que nous n'en avons pas fini avec lui. Je suis sensible à votre défiance envers le mot « populisme ». Cela dit, je pense qu'il y a quelque chose que je suis bien obligé d'appeler le « national-populisme », parce que le populisme prend aujourd'hui inévitablement une forme nationaliste. C'est vrai en France, mais aussi dans d'autres pays : on vient de le voir en Grande-Bretagne, en Grèce et dans l'ensemble de l'Europe. Nous avons donc affaire à quelque chose qui n'est pas nouveau mais régressif.

Jean-Claude MICHÉA : Le nationalisme est à la nation ce que le psychologisme est à la psychologie. Il est donc absurde de considérer *a priori* comme « nationaliste » – selon la tactique habituelle des médias – toute référence positive au cadre national. Le projet de renationaliser le système bancaire n'a évidemment rien à voir – n'en déplaise à José Manuel Barroso – avec une quelconque forme de « repli sur soi » ou de « tentation xénophobe ». C'est pourquoi la retour de la référence locale et nationale dans le débat politique européen ne possède pas forcément ce caractère régressif que Jacques semble parfois lui attribuer. Derrière la critique de l'oligarchie bruxelloise – ou, demain, derrière celle d'un « gouvernement démocratique mondial » dont le siège serait situé à Sydney ou Toronto – on peut tout aussi bien lire la claire conscience que les décisions politiques que prennent au loin des bureaucrates inconnus et des « experts » autoproclamés sont nécessairement plus difficiles à contrôler par les citoyens ordinaires que celles qui se négocient sous leurs yeux ou, *a fortiori*, avec leur concours. En sorte que le supposé « nationalisme » de l'électorat populaire n'est peut-être pas si éloigné, au fond, de la critique par Jacques de ce qu'il a si bien nommé la « démocratie substitutive » des libéraux.

Jacques JULLIARD : Le nationalisme n'a pas la même signification chez les électeurs du Front national et chez ses dirigeants. Mais je suis obligé de constater qu'historiquement le nationalisme va vers l'extrême droite comme le fleuve va vers la mer. Je n'ai jamais vu de repli nationaliste qui conduise à une solution positive. Même si l'on est d'accord pour dire que, derrière le vote pour le Front national, il y a toutes les frustrations que vous venez de décrire, toutes les espérances que l'on peut entretenir, avant d'en arriver là, il faut constater que le nationalisme est d'abord cette chose qui, à un moment donné, permet à l'extrême droite, avec ses propres armes, avec ses propres forces, d'utiliser les courants populaires de manière quasi irrésistible. Je ne veux pas dire que nous sommes en route vers un nouveau fascisme. On a trop longtemps diabolisé Marine Le Pen et ce qu'elle représentait et, par là même, on l'a favorisée. Il n'empêche que le nationalisme a désormais pris corps, et que l'extrême gauche, qui le chevauche à sa manière, est incapable d'en tirer profit. En un sens, tant mieux ! C'est pourquoi la résultante politique de tout cela est très préoccupante.

Deuxième remarque à ce sujet, il y a effectivement derrière les votes protestataires l'aspiration à participer et à être plus proche des décisions. Là aussi, je veux souligner que l'échelon national n'est guère plus satisfaisant que l'échelon international, en l'occurrence, européen. Toute une série de sondages à la suite des élections européennes ont montré que, contrairement à ce que disent les leaders que j'appelle nationalistes et donc d'extrême droite, les gens n'ont pas davantage confiance dans les institutions représentatives nationales que dans les institutions représentatives internationales. Le Parlement national inspire à peine plus de confiance que le Parlement international. D'où la tentation de se replier de plus en plus vers l'échelon local, celui où l'on peut avoir le sentiment d'avoir une prise directe sur les événements et les décisions. Et donc le renouveau, sous des formes extrêmement diverses, d'une sorte de localisme politique, peut-être positif, mais qui ne constitue qu'une voie limitée. Car la critique du capitalisme appelle une régulation à l'échelle nationale, européenne, internationale, et pas seulement à l'échelle de la commune. Une nation, c'est plus qu'une addition de communes. L'Europe, c'est plus qu'une addition de nations.

Dans le débat qui est le nôtre, il est essentiel de distinguer deux plans : celui de la politique politicienne et celui qui est en train de s'inventer d'une manière qui n'est pas exactement politique, mais plutot parapolitique. Il serait dangereux de mettre tous nos œufs dans le même panier. Si l'on se désintéresse de la politique traditionnelle, soyez assuré qu'elle ne se désintéressera pas de nous, parce que le nationalisme a sa dynamique propre. Il faut y faire attention. Et, inversement bien sûr, il ne faut pas investir complètement dans la politique telle qu'elle est pratiquée aujourd'hui : j'approuve ce que vous avez commencé à dire sur un renouveau de la vie publique. La grande difficulté, à l'heure actuelle, est de tenir les deux bouts de la chaîne.

Jean-Claude MICHÉA : Vous admettrez néanmoins que certaines des difficultés que nous rencontrons tiennent d'abord au fait que la gauche moderne est devenue absolument incapable de penser la différence entre le « patriotisme » – terme qui désignait l'attachement légitime que la majorité des individus éprouvent pour leurs différentes communautés d'appartenance – et le « nationalisme », terme qui ne devrait s'appliquer, en toute rigueur, qu'à cette forme d'unification artificielle d'un peuple fondée sur la haine de l'étranger. Il s'agit d'ailleurs là d'une incapacité assez ancienne puisque Orwell déplorait déjà le fait qu'un intellectuel de gauche préférait toujours être pris à piller le tronc d'une église que surpris en train d'écouter l'hymne national ! Or il n'est pas besoin de connaître la dialectique hégélienne de l'universel et du particulier pour comprendre que ce n'est certainement pas le fait d'aimer Villon, Rimbaud ou Mallarmé qui nous rend à jamais inaccessible la beauté des haïkus japonais ou de la poésie arabe. Il y a fort à parier, au contraire, que c'est celui qui reste indifférent au génie de sa langue maternelle et de sa littérature nationale – un type humain que l'école s'emploie désormais à forger avec une redoutable efficacité – qui aura le moins de chances de s'ouvrir au génie des autres langues ou à celui des littératures étrangères. C'est même cette propriété transitive de l'enracinement culturel qui conduisait jadis Jaurès à soutenir que si un peu d'internationalisme éloigne de la patrie, beaucoup l'y ramène nécessairement.

Quant à la question politique de l'« emboîtement » des différents niveaux d'appartenance, il me semble que le principe de subsidiarité de Proudhon – et sa théorie corrélative du « fédéralisme » – y répond de manière globalement satisfaisante. Tout ce qui peut être réglé, sans nuire au bien commun, au niveau local ou régional devrait pouvoir, en effet, être librement décidé à ce niveau. Et seule la gestion des problèmes qu'il est clairement impossible de résoudre à cette échelle – comme, par exemple, ceux qui concernent la construction des réseaux de transport en commun, l'éducation ou encore le traitement global des problèmes écologiques – devrait, par conséquent, se voir transférée à une instance nationale ou supranationale. Naturellement, un tel schéma proudhonien ne peut fonctionner que si sa mise en œuvre s'accompagne en même temps d'un développement sans précédent du contrôle par le peuple de ces instances de coordination et de planification « fédérales ». Il va de soi, en effet, qu'aucune sortie civilisée du système capitaliste n'est possible là où le pouvoir de décider des formes de la vie commune reste entre les mains de politiciens de métier, là où les puissances d'argent conservent la possibilité de manipuler l'information et là où les règles claniques de la cooptation universitaire favorise la reproduction d'une intelligentsia moutonnière.

Jacques JULLIARD : Vous venez de définir le niveau le plus pertinent d'intervention et de contrôle démocratique. L'erreur du nationalisme, c'est de s'obstiner à croire que, quel que soit le sujet, ce niveau demeure celui de l'État-nation.

Or, je suis convaincu que quel que soit le régime économique, il y a des formes de mondialisation des échanges économiques sur lesquelles on ne reviendra pas. Ces formes de mondialisation, si redoutables qu'elles soient pour certains vieux pays développés comme la France, ont permis, sinon provoqué, le décollage d'une grande partie du tiers-monde. Ce n'est pas parce que le capitalisme c'est le plus souvent le libre-échange, que le socialisme, c'est nécessairement l'autarcie !
S'il y a en revanche un domaine où la souveraineté doit être protégée, c'est bien celui de la culture. C'est là que la mondialisation, et même tout simplement l'européisme, sont vécus comme une dépossession et une dépersonnalisation. En matière de langue, de littérature, de culture, de mœurs, d'alimentation, rien de plus important que de permettre à tout un chacun de se réapproprier son patrimoine culturel. Les classes populaires en particulier ont le sentiment d'avoir été chassées de leur propre culture...

*Pourtant, paradoxalement, il n'y a jamais eu, en France, autant de personnes scolarisées, instruites...*

Jacques JULLIARD : Il ne suffit pas d'être instruit, d'acquérir un certain niveau culturel ou intellectuel. Il faut que cette culture représente quelque chose qui parle à chacun. J'ai connu un paysan qui n'avait lu dans sa vie que *Les Misérables*. Et il était cultivé. Il s'était forgé un univers : on ne peut construire une culture qu'à partir d'éléments que l'on possède. En revanche, une anthologie des littératures européennes est un miroir aux alouettes. Autrement dit, ce dont les gens aujourd'hui ont le plus besoin c'est de retrouver leur identité culturelle. Il faut aider le peuple à retrouver cette identité, à refaire sien le patrimoine culturel du pays. Il n'y aura pas de révolution politique sans cette base.

Jean-Claude MICHÉA : Entièrement d'accord avec Jacques sur ce dernier point. L'idée de culture commune – et, *a fortiori*, d'identité régionale, nationale ou européenne – n'a strictement aucun sens d'un point de vue libéral. Pour qu'une « société ouverte » fonctionne de façon optimale, il suffit, en effet, que le marché soit protégé de toute intervention politique – ce qui inclut une liberté totale de migration des capitaux, des marchandises et de la main-d'œuvre – et que les règles de base du droit libéral soient officiellement respectées. Pour le reste, peu importe que les citoyens n'y parlent pas la même langue ou qu'ils ne partagent aucune référence historique ou littéraire commune. Ce principe de neutralité axiologique – c'est le fondement même du « multiculturalisme » libéral – est, bien entendu, extensible à l'infini. Le sénateur UMP de l'Oise – Philippe Marini – proposait ainsi récemment de prendre en compte le chiffre d'affaires de la délinquance dans le calcul du taux de croissance de l'économie française. Taux de croissance qui, à l'inverse, n'intègre pas les activités bénévoles ! C'est à ce genre de détail qu'on peut mesurer tout le sérieux qu'il faut accorder au discours de la droite libérale sur la « sécurité » et la « défense des valeurs traditionnelles ».

Jacques JULLIARD : Il y a quelques années, Alain Minc avait proposé que l'anglais devienne la langue commune de tous les Européens. Pas seulement une sorte de langue d'usage, mais véritablement qu'on unifie l'Europe autour d'une langue qui ne pouvait être que l'anglais. Voilà un exemple très représentatif de cet état d'esprit qui considère qu'il n'y a pas d'identité culturelle indépendante des puissances économiques elles-mêmes. Et c'est là-dessus que l'Europe est en train de se casser la figure.

Jean-Claude MICHÉA : Encore un point d'accord entre nous ! En revanche, j'aurai beaucoup plus de mal à suivre Jacques lorsqu'il nous disait, tout à l'heure, qu'on ne reviendrait pas en arrière sur la mondialisation de l'économie. S'il s'agit simplement de souligner qu'une politique décente est nécessairement universaliste et qu'il y aura donc, sous le socialisme, une coopération permanente de tous les peuples, c'est une évidence. Le cosmopolitisme kantien se fondait déjà sur l'idée que notre Terre étant sphérique, les hommes ne pouvaient s'y disperser à l'infini et étaient donc voués, tôt ou tard, à entrer en relation. Mais, quant au reste, le principe de mondialisation se heurte manifestement à deux obstacles majeurs – sans même évoquer ici la réduction à terme inéluctable, pour des raisons écologiques évidentes que rappelait récemment l'ONU, de l'ampleur déjà excessive du trafic routier et aérien. D'une part, il est clair que certaines formes de l'activité économique, comme par exemple l'agriculture, ont vocation à s'exercer dans un espace aussi local que possible (et l'agriculture, les Occidentaux l'oublient trop souvent, représente aujourd'hui 40 % de l'emploi mondial, essentiellement sous forme de petites exploitations familiales). Chacun voit bien, en effet, que seuls les circuits courts et l'agriculture non productiviste correspondent vraiment aux exigences de souveraineté alimentaire des populations locales, de traçabilité, saveur et non-toxicité des produits proposés, ou de protection des sols contre l'érosion et l'acidification. D'autre part, et c'est le point le plus important, l'accumulation mondialisée du capital se trouve désormais confrontée à une limite structurelle. Comme Marx l'avait prévu – je l'ai souligné dans ma deuxième lettre – le processus d'innovation technologique permanente qu'impose la concurrence mondiale conduit, en effet, à diminuer toujours plus la part du travail vivant dans le produit final et donc celle de la valeur globale – source ultime de tout profit capitaliste – effectivement créée. D'où, à la fois, une augmentation continuelle de la quantité de biens matériels produits – la destruction méthodique de nos paysages par le règne des grues et du béton en administre la preuve quotidienne – et une tendance corrélative à la baisse du taux moyen de profit à l'échelon mondial. Certes, en développant la consommation de masse fondée sur la publicité et le crédit, le système fordiste-keynésien a longtemps réussi à compenser les effets négatifs pour l'emploi de cette productivité croissante. Mais, à partir des années 1970, ce système – celui que symbolisaient les « Trente Glorieuses » – a fini par rencontrer sa limite interne. En dérégulant, au début des années 1980, le marché des produits financiers, et notamment celui des produits dérivés, les politiciens « néolibéraux » ont donc utilisé l'un des derniers jokers encore à leur disposition pour relancer provisoirement l'accumulation du capital. Mais

– Ernst Lohoff et Norbert Trenkle l'ont remarquablement montré – c'est uniquement en conférant à cette dernière la forme suicidaire d'une « pyramide de Ponzi ». La croissance « néolibérale » repose en effet beaucoup moins sur une création réelle de valeur par le travail vivant que sur cette capitalisation anticipée de la valeur non encore créée qui constitue l'essence de ce que Marx nommait le « capital fictif ». Autant dire que le système capitaliste va droit dans le mur ! Car en termes monétaires, le volume cumulé des produits dérivés – autrement dit, celui de ces paris spéculatifs sur une hypothétique croissance future – représente d'ores et déjà une somme plus de vingt fois supérieure à celle correspondant au PIB mondial ! Il est évident qu'aucune « économie réelle » – même en tablant sur les pays « émergents » – ne pourra jamais combler un tel écart. Nous avons donc devant nous une bulle spéculative mondiale d'une ampleur historique sans précédent – bien que source de profits fabuleux pour les détenteurs de titres – dont les politiques de gauche et de droite ont aujourd'hui pour seul objectif (sous le nom mystificateur de « problème de la dette ») de repousser le plus longtemps possible l'éclatement à terme inexorable. Voilà qui ne plaide certainement pas en faveur du caractère « irréversible » de la mondialisation !

*Comment faire, concrètement ?*

Jacques JULLIARD : De quel levier disposons-nous ? Je pense que le mouvement socialiste international doit mettre l'accent sur la réappropriation du capital par le peuple. On n'empêchera pas l'internationalisation au sens des libéraux du XIXe siècle, c'est-à-dire la complémentarité de la production aussi bien agricole qu'industrielle entre les divers pays. Ça, c'est le progrès, le commerce et, à mes yeux, c'est très bien. En revanche, ce qui fait de la mondialisation quelque chose de funeste pour les peuples, c'est que l'argent n'a pas d'identité. Si le mouvement ouvrier socialiste avait encore une volonté et un dessein, il ferait de la réappropriation du capital un objectif unificateur à l'échelle internationale. Même à l'échelon national, la faiblesse de la gauche provient en partie de son incapacité à se donner un but. « Nationalisation » n'est tout de même pas un gros mot ! Même les puissances capitalistes, dans l'urgence de la crise de 2008, n'ont pas craint de faire des nationalisations provisoires. Je ne vois pas ce qu'il y aurait de choquant, ni de contre-productif, ni d'antiprogressiste, bien au contraire, à renationaliser tout ou partie du crédit. Si on donnait aux mouvements nationaux et internationaux populaires un objectif précis comme celui-là, ce serait un grand pas en avant. Mais le mouvement ouvrier et socialiste est intimidé, et comme tétanisé par les succès du capitalisme international. Surtout, ne rien changer, telle est la philosophie de ses dirigeants. Je constate que nous sommes très forts pour analyser et dénoncer le capitalisme, mais qu'il n'y a presque plus personne lorsqu'il s'agit de passer aux propositions. Même à l'extrême gauche.

*Qu'est-ce qu'il faudrait nationaliser ou renationaliser ?*

Jacques JULLIARD : Le système bancaire ! Nous sommes aujourd'hui dominés non pas par la grande industrie, mais par le système bancaire international. On voit très bien ce qui se passe autour de quelques banques. Parce que la BNP a trafiqué en dollars depuis des années, une véritable crise s'installe entre les États-Unis et la France, tout simplement parce que chaque gouvernement est à la remorque de ses banques. C'est une situation inacceptable. C'est un gouvernement gaulliste, à la Libération, qui avait nationalisé une grande partie du système bancaire et on n'est pas tombé pour autant dans le socialisme stalinien. Ce que je dis n'a rien de révolutionnaire ni de nouveau. La plupart des grands socialistes, comme Saint-Simon et Proudhon, ont pensé que c'est par le contrôle du crédit que le peuple pouvait retrouver une partie de son indépendance par rapport au système.

*Vous êtes d'accord, Jean-Claude Michéa ?*

Jean-Claude MICHÉA : Bien sûr ! L'empressement avec lequel les gouvernements de gauche européens – sous l'influence majeure d'un Jacques Delors – se sont peu à peu dessaisis de tous leurs outils de contrôle sur le monde financier a d'ailleurs, rétrospectivement, quelque chose de surréaliste. D'autant que la maîtrise du crédit – Jacques a raison de le rappeler – constituait depuis l'origine l'un des axes majeurs du programme socialiste, notamment chez Proudhon. C'est, en effet, l'un des leviers les plus efficaces dont dispose une collectivité autonome pour orienter la production des biens fondamentaux – à travers un cahier des charges lié aux prêts – dans le sens de l'intérêt collectif. Alors que sous le capitalisme – les petites entreprises en savent quelque chose – les prêts bancaires ne sont généralement accordés qu'en fonction du seul critère de « retour sur investissement ».

Jacques JULLIARD : La banque européenne (BCE) pourrait être un excellent instrument de limitation des dangers du néocapitalisme. À condition que le système bancaire ne soit pas indépendant du pouvoir politique comme il l'est aujourd'hui. La construction d'une banque européenne – débat qu'il faut avoir avec les Allemands – qui serait, à l'échelon européen, ce qu'a été à un moment donné la Banque de France à l'échelon national, est quelque chose de fondamental. On voit très bien que le capitalisme le plus avancé, le capitalisme allemand à l'heure actuelle, s'y refuse absolument. La docilité de la social-démocratie à l'égard du système bancaire tel qu'il existe est la raison de son impuissance actuelle.

Jean-Claude MICHÉA : Il faut quand même rappeler que toutes ces propositions supposent au préalable l'existence d'un puissant mouvement populaire capable de contester la dynamique même du capitalisme. Et pas simplement de le « réguler » ou de le « moraliser ». Cette idée n'est d'ailleurs pas si extrémiste qu'on pourrait le penser. Elle prend simplement acte du fait élémentaire que, dans une logique capitaliste, le but premier de la production n'est pas de contribuer à l'épanouissement moral et psychologique des individus mais d'entretenir indéfiniment l'accumulation du capital. En d'autres termes, une entreprise intégralement capitaliste – toutes ne le sont évidemment pas – ne fabrique jamais une nouvelle marchandise parce que celle-ci correspondrait à un besoin humain réel – cette marchandise peut, du reste, se révéler inutile, écologiquement destructrice, voire toxique. Elle le fait d'abord parce que cette marchandise est censée lui rapporter du profit. D'où le caractère paradoxal du monde où nous vivons. Le volume des biens proposés sur le marché mondial n'a, en effet, jamais été aussi grand – jusqu'à engendrer parfois des « crises de surproduction » – alors même qu'une majorité d'êtres humains ne dispose pas, ou plus, des conditions minimales d'une vie digne de ce nom. Et comme, par ailleurs, les développements continuels de ce mode de production reposent structurellement sur un idéal de vie consumériste qui « sépare l'homme de lui-même et de la communauté » – pour reprendre la formule de Marx – il s'ensuit logiquement que seule une remise en question radicale de cette dynamique aveugle peut encore interrompre la rencontre de l'humanité avec l'iceberg. Et si ce n'est pas un mouvement politique qui prend sur lui de favoriser une telle remise en question, celle-ci aura lieu de toute façon – à un coût humain, hélas, beaucoup plus élevé – sous l'effet des inévitables catastrophes écologiques et financières qui se profilent déjà à l'horizon. Et notez, encore une fois, qu'il n'est nul besoin d'être un farouche extrémiste pour accepter une telle analyse. Le simple bon sens devrait, en effet, suffire à comprendre que l'idée d'une croissance matérielle infinie dans un monde fini est, par définition, privée de sens.

*Ce bon sens n'augmente pourtant pas les scores des écologistes…*

Jean-Claude MICHÉA : Ceux qu'on appelle aujourd'hui les « écologistes » – les Noël Mamère, les Cécile

Duflot ou les Jean-Vincent Placé – n'ont, bien sûr, plus grand-chose à voir avec les critiques radicaux – tels Pierre Fournier ou René Dumont – qui avaient popularisé ce mouvement au lendemain de Mai 68. De toute évidence – et sans même évoquer leurs tristes dérives politiciennes – ces nouveaux « écologistes » urbains se sentent bien plus concernés par la légalisation du cannabis ou le vote des étrangers que par la moindre remise en question du mode de production capitaliste, comme en témoigne d'ailleurs clairement leur hostilité presque générale à ce que Luc Ferry appelait il y a peu « la logique affreuse de la décroissance ». Le fait que leur actuelle dirigeante, Emmanuelle Cosse, soit précisément issue de la fraction la plus radicale du mouvement libertarien – elle a longtemps été présidente d'*Act Up* – ne laisse malheureusement présager aucun changement immédiat sur ce point.

Jacques JULLIARD : Je décrivais tout à l'heure la manière de passer d'un capitalisme incontrôlé à un capitalisme contrôlé. Et vous m'avez répondu avec raison qu'il faut aller plus loin, que c'est la logique même de ce système qu'il faut remettre en cause. D'accord. Seulement, je pose la question des rythmes et des concomitances. Ce à quoi je ne crois plus – et à quoi plus personne ne croit plus –, c'est qu'il soit possible à un moment donné de couper radicalement le cordon ombilical qui relie le capitalisme au corps social et de passer tout de go à un autre système. Autrement dit, garder la voiture mais en faisant un échange standard de moteur. Cela n'a marché nulle part et je crois que cela s'accompagnerait nécessairement de catastrophes comme celles que

l'on a connues dans le passé avec le communisme stalinien.
Comment articuler dans le temps cette démarche ? Je vois trois étapes : 1) contrôle du capital ; 2) planification démocratique ; 3) remise en cause de la logique marchande. Je fais ici confiance à une nouvelle logique qui s'enclenche dans la vie elle-même. S'il y a un minimum de planification démocratique, quels seront les critères de choix ? Ce seront les critères d'utilité sociale. Dans un premier temps, on oblige le capitalisme à se plier à une certaine utilité sociale. Pendant les Trente Glorieuses, à la suite de la guerre et du retard industriel que la France avait accumulé, la reconstruction de la France est devenue « ardente obligation », comme disait de Gaulle. Cela n'a pas empêché par la suite le capitalisme de revenir à son génie prédateur en profitant des circonstances, mais, pendant quelque temps, un certain équilibre a été trouvé. Avec l'exigence d'une production socialement utile, on passe progressivement de l'idée de mettre fin aux excès du système actuel à celle de changer la logique même de ce système. Il n'y a pas coupure entre les deux, il y a forcément conjugaison de la démarche réformiste et de celle que je n'appelle plus révolutionnaire mais utopiste.

Jean-Claude MICHÉA : Boukharine parlait de « socialisme à pas de tortue ». C'est une expression qui me va. Non seulement parce qu'il est devenu effectivement impossible d'imaginer aujourd'hui une sortie du capitalisme fondée – comme l'écrivait déjà Engels en 1895 – sur l'action de « petites minorités conscientes à la tête de masses inconscientes » censées faire le bonheur du peuple malgré lui. Mais également parce que la reconversion d'un complexe technologique et industriel, conçu en fonction du seul critère de rentabilité capitaliste, en une série d'unités de production à taille humaine, conviviales et capables de fabriquer des biens de qualité – autrement dit, robustes, réparables et réellement utiles – exigera forcément un temps très long. Pour ne prendre qu'un exemple, il est évidemment beaucoup plus facile de transformer une région de polyculture vivrière africaine, dans laquelle chaque type de plantes est l'objet de soins individualisés et attentifs, en une zone de monoculture industrielle intensive dopée aux pesticides et aux engrais chimiques et destinée à l'exportation, que de procéder à la transformation contraire. Ne serait-ce que parce que des sols exploités selon un tel mode auront sans doute perdu une grande partie de leurs propriétés nutritives initiales. Et si encore ils n'ont pas été recouverts de béton entre-temps afin de permettre la construction d'un nouveau complexe hôtelier géant destiné aux riches touristes occidentaux ! Mais en même temps, il va de soi qu'un certain nombre de mesures politiques radicales devront impérativement être prises le plus vite possible si l'on veut que ce processus de reconversion socialiste puisse s'enclencher sereinement. Car si le projet d'une société socialiste est bien, en dernière instance, de libérer autant qu'il est possible le potentiel d'autonomie des individus et des collectivités – qu'il s'agisse d'ailleurs de coopératives populaires, d'institutions gérant l'usage des « communs » ou de petites entreprises privées –, il faudra évidemment déconstruire dès les premières semaines le carcan juridique mis en place, depuis des décennies, par les différentes oligarchies libérales – en premier lieu, par les institutions européennes – dans le seul but d'organiser la dépendance des individus et des peuples envers le marché mondial. Et si l'on ajoute la nécessité absolue – Jacques en convient lui-même – de reprendre le contrôle politique du système bancaire et de soustraire l'information au pouvoir de l'argent – c'était déjà le programme de la Résistance –, on comprend encore mieux qu'un gouvernement réellement soucieux du bien commun n'aura donc guère d'autre choix que de procéder, dès son entrée en fonction, à une série de ruptures à la fois fondatrices et émancipatrices. Tout cela pour dire que j'approuve donc entièrement Jacques lorsqu'il rejette la vieille opposition entre une politique dite « révolutionnaire » – dans laquelle le but final serait tout – et une politique dite « réformiste » – dans laquelle ce but final aurait été abandonné. Une politique socialiste moderne doit savoir marcher sur deux jambes.

Jacques JULLIARD : Ne nous est-il pas un peu trop commode de rejeter toute la responsabilité sur la sottise des politiques, sur la docilité des réformistes devant le capitalisme, sur l'inconscience des révolutionnaires qui se trompent d'époque ? N'y a-t-il pas une responsabilité propre aux intellectuels ? Je constate qu'ils sont incapables de concevoir ce que j'appelle une transition à double commande, à la fois réformiste et radicale. Je vois que beaucoup d'entre eux ont capitulé devant la logique du capitalisme tandis que d'autres sont nostalgiques d'un système radical, à la fois effroyable et impossible. D'un côté Alain Minc, de l'autre Alain Badiou, et pas grand-chose entre les deux. Quand je dis « intellectuels », il ne s'agit pas simplement de gens qui font profession de l'être par leur mode de vie ou par leur mode de revenus, mais de gens qui jouent effectivement un rôle dans le domaine des idées. Des vues aussi élémentaires que celles que nous venons d'échanger, Jean-Claude et moi, n'ont pratiquement pas cours dans les débats, ni à la télévision, ni à l'intérieur des partis. Il y a une formidable défaillance d'imagination du mouvement ouvrier et socialiste. Il y a aussi une impuissance des intellectuels. Aujourd'hui, à mes yeux, la problématique est la suivante : il faut être idéalement radical et techniquement réformiste !

Jean-Claude MICHÉA : Même lorsqu'elle défend des intérêts catégoriels précis, une politique est, en effet, toujours portée par des idées. Il y a donc forcément une responsabilité spécifique des intellectuels – Jacques a raison – dans la situation politique actuelle. Le fait que le socialisme ait pu être massivement identifié, tout au long du XX^e^ siècle, à la seule expérience stalinienne a évidemment joué ici un rôle fondamental. Car lorsque les intellectuels ont enfin accepté, dans les années 1970, de porter un regard lucide sur cette expérience désastreuse, ils en ont généralement profité pour jeter le bébé avec l'eau du bain. Dès 1976, un Foucault pouvait ainsi conclure son cours au Collège de France en suggérant que le projet socialiste était fondamentalement lié au racisme et au fascisme. Hypothèse naturellement absurde, mais dont Mitterrand et ses sherpas se souviendront certainement lorsqu'ils auront l'idée de génie, en 1984, de placer leur conversion intégrale au libéralisme sous l'étendard beaucoup plus valorisant de l'« antifascisme » et de l'« antiracisme ». C'est donc bien, en somme, au moment même où la logique libérale commençait à envahir la totalité de notre vie – et la totalité de la planète – que tous les éléments philosophiques qui auraient encore permis de dénoncer cette invasion allaient se trouver brutalement éliminés de la scène médiatique officielle au profit de la nouvelle lutte « contre toutes les discriminations ». Et le fait qu'une grande partie des intellectuels de gauche d'aujourd'hui aient grandi sous cette configuration idéologique mitterrandienne – ils sont souvent venus à la politique, à la différence de leurs aînés, à travers la seule lutte « antiraciste » – a forcément joué un rôle clé dans leur incapacité sidérante à saisir l'essence de la logique capitaliste. Comme, par ailleurs, bon nombre de ceux qui avaient eu le mérite de ne rien oublier – à l'image, en effet, d'un Alain Badiou – n'ont généralement rien appris – je reprends ici la formule de Talleyrand –, on comprend donc pour quelles raisons le champ intellectuel français actuel ressemble tellement à un champ de ruines.

*Ne dressez-vous pas tous deux le constat, en tant qu'historien et en tant que philosophe, qu'on a peut-être renoncé à définir le terme « bien commun » ?*

Jacques JULLIARD : L'expression « bien commun » appartient à la théologie chrétienne depuis saint Thomas d'Aquin. Mais elle a aussi une signification, dans tous les régimes politiques, qui renvoie à l'idée de « bon gouvernement », telle qu'elle s'exprime dans les fresques d'Ambrogio Lorenzetti sur les murs du palais municipal de Sienne. Elle passe par la réintroduction du peuple dans le processus politique, contrairement aux tendances modernes de la technocratie. Aucun parti, aucune classe sociale n'est aujourd'hui capable d'être à soi seul le moteur et le guide d'une telle restauration. Désormais, le degré d'éducation et de conscience démocratique est tel que la société est en état de se prendre en mains et de procéder elle-même à ce que Castoriadis appelle son « institution imaginaire ». Or les élites, toutes les élites, y compris les élites intellectuelles, ont tourné le dos à cet objectif. C'est pourquoi elles sont désormais l'objet d'une commune méfiance. Nous sommes au point de jonction entre la société gouvernée du passé et la société gouvernante de l'avenir. La tâche actuelle est comparable à celle des Lumières du XVIIIe siècle qui, partant d'une spéculation proprement philosophique, ont conduit par étapes successives, le plus souvent inconscientes, à la Révolution française.

*Qu'avez-vous retenu, l'un et l'autre, de cet échange ?*

Jean-Claude MICHÉA : J'ai d'abord appris qu'un débat bienveillant et ouvert restait encore possible entre des gens qui ont, à la fois, des points communs et des points de désaccord. Tout au long de cet échange, Jacques n'aura cessé de prouver qu'on pouvait débattre loyalement des malheurs de la Gauche sans jamais mobiliser une seule fois le « point Godwin » ni recourir à toutes ces stratégies de diabolisation qui empoisonnent aujourd'hui le débat politique. Ce type d'honnêteté intellectuelle est devenu suffisamment rare – j'en sais quelque chose ! – pour que je saisisse ici l'occasion de le remercier chaleureusement. Quant aux évolutions de chacun d'entre nous au cours de ce débat, j'imagine que le lecteur se fera une opinion par lui-même.

Jacques JULLIARD : Nous sommes des intellectuels pour qui la nécessité de réconcilier le réalisme politique et l'utopie est vraiment la tâche numéro un du moment. Lorsque Jean-Claude dit que des débats tels que celui que nous venons d'avoir n'auraient pas la moindre signification aux yeux d'un socialiste parlementaire, je pense que c'est un peu notre faute. Les intellectuels n'ont pas été capables d'apporter des utopies réalistes chaque fois que la gauche virait à la capitulation. C'est la raison pour laquelle j'ai rompu avec l'idée de deuxième gauche. À l'inverse, je suis effrayé de voir que la plupart des intellectuels n'ont pas saisi l'occasion de se réconcilier avec l'usage quotidien de la politique. La dimension utopique de la pensée de Jean-Claude m'est très utile – je n'entends pas par « utopique » la construction d'un univers abstrait qu'on pourrait rabattre à un moment donné sur la réalité, mais l'idée d'une exigence qui est chaque fois au-delà du simple possible à un moment donné. L'utopie véritable, c'est toujours le possibilisme +10 %.

Jean-Claude MICHÉA : Paul Éluard disait qu'un autre monde était possible mais qu'il était déjà contenu dans celui-ci. C'est une formule que j'aime beaucoup parce qu'elle nous rappelle que l'« utopie » n'exige pas forcément qu'on fasse du passé table rase ni, *a fortiori*, qu'on fabrique un homme nouveau ou génétiquement modifié. Une authentique société socialiste sera nécessairement fidèle à tout ce que l'humanité a déjà produit de meilleur.

# Table

Mise en page par Meta-systems
59100 Roubaix

CET OUVRAGE
A ÉTÉ ACHEVÉ D'IMPRIMER
SUR ROTO-PAGE
PAR L'IMPRIMERIE FLOCH
À MAYENNE EN SEPTEMBRE 2014

N° d'édition : L.01EHBN000655.N001. N° d'impression : 87292
Dépôt légal : octobre 2014
Imprimé en France